关键点合规

房地产开发合规实务指引

吴方荣 著

法律出版社 LAW PRESS·CHINA
北京

图书在版编目(CIP)数据

关键点合规：房地产开发合规实务指引 / 吴方荣著
. -- 北京：法律出版社，2024
ISBN 978-7-5197-9103-2

Ⅰ.①关… Ⅱ.①吴… Ⅲ.①房地产企业-房地产法-研究-中国 Ⅳ.①D922.384

中国国家版本馆 CIP 数据核字(2024)第 088722 号

关键点合规:房地产开发合规实务指引
GUANJIANDIAN HEGUI: FANGDICHAN KAIFA HEGUI SHIWU ZHIYIN

吴方荣 著

责任编辑 陈昱希
装帧设计 贾丹丹

出版发行 法律出版社
编辑统筹 法规出版分社
责任校对 杨锦华
责任印制 耿润瑜
经　　销 新华书店

开本 710 毫米×1000 毫米 1/16
印张 19.75　**字数** 290 千
版本 2024 年 5 月第 1 版
印次 2024 年 5 月第 1 次印刷
印刷 三河市龙大印装有限公司

地址:北京市丰台区莲花池西里 7 号(100073)
网址:www.lawpress.com.cn
投稿邮箱:info@lawpress.com.cn
举报盗版邮箱:jbwq@lawpress.com.cn

销售电话:010-83938349
客服电话:010-83938350
咨询电话:010-63939796

书号:ISBN 978-7-5197-9103-2　**定价**:68.00 元

凡购买本社图书,如有印装错误,我社负责退换。电话:010-83938349

序言

二十年前，笔者初入行，有前辈提点说，做律师和做业务，处理的都是客户的身家性命和非常要害的事情，须万分谨慎，最需要保持心态，要牢记“如临深渊，如履薄冰”这八个字。这八个字出自《诗经·小雅》，原文说：“不敢暴虎，不敢冯河。人知其一，莫知其他。战战兢兢，如临深渊，如履薄冰。”常用来形容人要敬畏自身认知的局限性、要敬畏规则，不能莽撞蛮干，要时刻谨慎。这句话用在律师行业、用在今时的房地产合规领域，也都是合适的。个人理解，所谓“如临深渊”，体现在案件办理上，永远有未知的事实，永远有可挖的证据，常在律师的视线之外，可能会助力或颠覆案件，故律师对于诉讼案件证据材料的梳理、案件事实的挖掘，形同凝视深渊，一定要看到更远、更深的地方；所谓“如履薄冰”，尤其体现在办理非诉业务时，风险的识别、关系的梳理、方案的论证、架构的搭建、叙述表达的准确，均须步步小心，如同行走于微薄冰面，必须预判探明薄弱处，谨慎再谨慎，尽早避开危险的区域；走的每一步，须得左顾右探、小心翼翼，方不致坠入深渊或跌入冰河。故这八个字，受用至今。

时光弹指即过，笔者已在专业领域深耕二十年。工作期间主办过许多大型房企的收并购交易、数量众多的重大诉讼案件，也见证了房地产行业从起步、发展、辉煌、深度调整等阶段，也见识到了行业发展中的许多沉疴痼疾。此前一直有想法将工作中遇到的案例、处理过的问题、积累的经验和教训加以整理和输出，但一直忙于手头工作，直至今年方才下定决心。

选择以“房地产开发合规指引”作为本书主题，则是因为我国房地产行业已进入需要精细化合规管理的时代，若仍选择以往快速周转、相对粗放、漠视合规的理念从事房地产开发，在当下的时代背景下，实难以为继。

事实上，房地产行业的最快速发展时期已经过去，市场供需关系发生深刻变化。根据笔者的观察，企业合规管理越完善的房企，越能平稳度过市场低谷时期，实现企业的可持续发展；而若一味选择捷径，漠视合规、过度追求盈利，企业效益和持续发展反而难以尽如人意。在这样一个高度重视企业合规管理的时代，本书具有其现实意义。

笔者执业二十周年之际出版本书，是为总结这二十年的工作经验，也是为顺应时代和行业发展，把自身及团队的法律实务经验梳理成册，以飨诸位读者。对房地产行业从业人员而言，本书虽不一定能时时翻阅、开卷有益，但可能关键时刻在一些关键问题上能成为其找到答案的地方。另外，对于有志于从事房地产专业法律服务的年轻律师和公司法务，本书也可以作为一个有益的行业观察窗口，供其了解房地产行业的实操细节、运行规则，以及规则与实践的区别、变化、衔接等。

最后，作为房地产行业发展的受益者和学习者，希望能对这个行业的合规发展略尽绵力，以期与行业共同进步、迎来高度合规、平稳发展的新阶段。

吴方荣

于钱塘江畔

目录 Contents

房地产开发合规概述

一、房地产开发的特点和形势在呼唤强合规

房地产项目的开发建设需要经过立项、设计、施工、预售、验收、交付等阶段。若以各阶段的主要工作内容作为划分标准，又至少可将房地产开发流程划分为项目融资、规划报建、工程施工和经营管理等条线，各条线间交叉并行，跨越不同阶段。以规划报建条线为例，房企取得土地之后，则从立项到项目规划、设计、施工、验收、备案等环节需获得政府相应部门的审批或确认，贯穿房地产项目开发的全流程。房地产企业在开展项目融资、工程施工、经营管理等条线时，几乎每一环节都不同程度地受到政府相关部门的监管。

可见，房地产项目的开发其本身即具有多线交叉并行的复杂性及强监管性。若任一链条出现违规行为，进而导致行政处罚或刑事犯罪，将影响整个项目的顺利进行。

房地产行业作为我国经济的支柱产业，其在我国经济发展中的重要地位自不必多言。虽然房地产行业本身的复杂性、强监管性及其重要性等要求房企重视监管、合规，但此前，由于中国房地产行业处于快速扩张与高速发展时期，房地产行业盈利空间大、落地管理细节尚不完善，导致不少房企选择以罚代规范。以未取得施工许可证先行动工开发为例，根据《建设工程质量管理条例》等规定，违规者，将被责令停止施工，限期改正，处工程合同价款1%以上2%以下的罚款。但实务中，即便明知会面临前述处罚后果，更多房企仍会选择在尚未获得施工许可证之时先行施工，以抢工期。

在房地产市场供需关系发生转变的背景下，房地产项目销售受阻，项目营利能力不如往昔。若仍采取以往漠视合规的态度，且不论对此后的房企而言，是否依然能够承受高额的违规罚款，因违规开发行为导致的相关人员涉刑、企业形象受损甚或导致项目烂尾引发重大民生问题等，前述后果均非房企所能承受。近年来众多著名大型房企相继暴雷，相关人员涉刑新闻频发，就是前述不重视合规的典型事例。

二、房地产开发企业合规的概念和目标

在愈加重视房企违规行为监管的当下，合规一词也正在成为我国的热点及发展趋势。2017 年，我国正式发布合规管理的国家标准《合规管理体系指南》（GB/T 35770—2017，已废止）；2018 年，《中央企业合规管理指引（试行）》等文件发布，推动国有企业合规管理的发展；2020 年，最高人民检察院印发《关于开展企业合规改革试点工作方案》，启动企业合规改革试点工作；等等。企业合规管理已成为现代企业，包括房地产开发企业可持续发展不可忽视的一大重点工作。

关于企业合规的内涵和外延，目前尚存一定的争议。陈瑞华教授在其《企业合规理论》中，通过总结相关公司建立合规体系的案例，总结出企业合规应具有三个方面的基本含义：一是从积极的层面来看，企业合规是指企业在经营过程中要遵守法律和遵循规则，并督促员工、第三方以及其他商业合作伙伴依法依规进行经营活动。二是从消极的层面来看，企业合规是指企业为避免或减轻因违法违规经营而可能受到的行政责任、刑事责任，避免受到更大的经济或其他损失而采取的一种公司治理方式。三是从外部激励机制来看，为鼓励企业积极建立或者改进合规计划，国家法律需要将企业合规作为宽大行政处理和宽大刑事处理的重要依据，使企业可以通过建立合规计划而受到一定程度的法律奖励。①

---

① 参见陈瑞华：《企业合规基本理论》（第 2 版），法律出版社 2021 年版，第 7 页。

体现在房地产开发领域，便意味着：第一，房企应当遵守法律法规规定的全部义务和其在开发过程中所作出的全部承诺，并且应将该合规理念融入企业文化及其工作人员的行为和态度中。第二，房企应当采取可避免违规开发导致行政责任、刑事责任的公司治理方式。第三，房企应熟悉相关行政法和刑法上的奖励制度，在发生违反行政法、刑事法规的行为后，争取以企业合规换取宽大行政或刑事处理。

具体到房企的每一开发建设行为之中，首先，应准确识别与分析该行为的合规风险，包括对合规义务的来源、构成要件的分析，以及违规的法律后果。其次，建立相应的合规路径，即在符合合规义务的前提下实现企业发展目标。最后，有针对性地建立违规事件发生后的纠正机制，及时弥补或减少已发生损失，并防止同一事件二次发生。

三、本书的主要内容和解决的问题

本书的主要内容是，在政府对房地产行业监管愈加严格的背景下，向读者呈现房地产项目开发各阶段的常见、重大合规风险要点，对各项风险的合规来源、构成要件进行深入剖析，配合解读典型案例，并针对各项风险点提供相应的纠正机制和合规路径。

本书的主题是房地产项目开发行政、刑事合规的识别及应对。行政和刑事合规与民事风险控制有本质区别。一方面，行政、刑事合规中存在行政权力的监管，而房企正处于被监管地位。一旦产生行政、刑事风险，进入立案调查程序，面对具有行政强制力的政府监管部门，房企将处于一定的被动状态。故需要善用行政、刑事法律规范，通过法定的行政听证程序或刑事辩护制度等合法手段维护权益。另一方面，就法律后果而言，行政、刑事风险的后果不仅表现为高额罚金，还有如列入诚信档案、取消资格、对主要负责人员限制人身自由等法律后果。相较于民事风险的金钱损害赔偿后果，行政、刑事违规的法律后果更加难以弥补。严重者甚至会关乎项目和企业的存亡。故行政、刑事合规理应成为各房企要迫切应对的课题，也是当下房地产法律服务人员投入更多精力的一大专业领域。

房地产项目开发周期长、环节众多，其中，项目的获取与融资、规划报建、建设施工、项目销售、物业管理和商业运营以及税务处理等环节不仅是项目开发的核心环节，也是房企违规行为的高发阶段。故本书以前述六个核心环节作为章节标题，并针对各环节工作开展特征，选取其中常见、重大的合规风险点加以分析：

第一章为房地产项目获取与融资环节合规。土地招标、拍卖或者挂牌取得、资产收购和股权收购是获取房地产项目的主要方式。房企在参与土地招标、拍卖或者挂牌流程时，应当注意符合各地土地出让规则，在竞买人资格、竞买程序及竞买人资金来源等方面符合规范。拟采取资产收购或股权收购方式获取项目的，应当符合法律的限制性规定，及时进行反垄断申报。房企无论是向金融机构融资还是民间借贷融资，都应当注意防范骗取贷款罪、贷款诈骗罪、非法吸收公众存款罪和集资诈骗罪。

第二章为房地产项目规划报建环节合规。首先，房地产企业应按照土地使用权出让合同约定的土地用途、建筑位置、绿地率、建筑高度、容积率、建筑密度、建筑后退红线距离、建筑间距、配建要求等一系列的规划条件以及建设用地规划许可证规定的土地用途和范围、建设工程规划许可证规定的设计方案开发建设项目地块。其次，房企应在立项用地规划许可、工程建设许可、工程施工许可、竣工验收四个阶段合法合规完成报建工作。

第三章为房地产项目建设施工环节合规。在施工准备阶段，应注意施工、采购等行为符合招投标流程、反商业贿赂合规。在施工阶段，应注意防范无施工许可证先行施工、逾期开工、验收程序不合规等开竣工合规风险，以及环境污染问题、避免使用黑恶势力强揽工程的合规问题，并应注意施工质量、商品房改造及精装修合规。

第四章为房地产项目销售环节合规。第一，房企销售房屋的，应具备法律规定的销售资格，应在取得预售或现售许可证及外销证（若有）

后开展销售行为。第二，房企应在销售过程中明码标价、不强制捆绑销售、不使用价格欺诈诱导消费者、按照备案价格等合规方式进行销售。第三，具备广告发布条件后按规定发布房地产销售广告。第四，房企应按规定备案预售合同等文件合规使用预售资金等。

第五章为物业管理及商业运营合规。房屋交付使用后，房企需要对住宅进行物业管理和对商业进行运营管理。房企提供物业管理服务的，应重视住宅前期物业招投标程序合规、办理物业承接查验手续合规、前期物业费定价合规、物业服务业务中转委托合规、物业共有部位对外经营合规等事项。从事商业经营管理的房企，应注意重点关注对外租赁用途合规、招商营销宣传方式合规、产权式商铺经营模式合规、经营场所消防安全合规、商业综合体演出程序合规等事项。

第六章为房地产项目开发的税务合规。房地产行业从立项、规划、土地出让或转让、拆迁、建设到销售，繁杂的经济活动产生复杂的财务核算，涉税税种繁多，是涉税风险的高发地带。该章简要列举了项目开发过程中的常见税务处理不合规情形及合规应对方式。房地产企业应当在每一个环节都妥善处理增值税、土地增值税、企业所得税等税费核算，降低因税务不合规产生漏缴、少缴税款而被行政，甚至刑事处罚的风险。

综上所述，本书的目标是为房地产开发中可能出现的重大行政、刑事风险提供合规预防以及出现风险后的纠正机制。希望本书能够成为对各大房企的前期、投资、营销、运营、设计、商管、法务各条线的管理层，及本行业相关的法律服务从业人员有益的参考。

第一章　房地产项目获取与融资环节合规

第一节　房地产项目获取环节

一、土地招拍挂取得的合规风险

《招标拍卖挂牌出让国有建设用地使用权规定》第3条规定，“招标、拍卖或者挂牌出让国有建设用地使用权，应当遵循公开、公平、公正和诚信的原则”。《民法典》第347条第2款也要求“工业、商业、旅游、娱乐和商品住宅等经营性用地以及同一土地有两个以上意向用地者的，应当采取招标、拍卖等公开竞价的方式出让”。

国家层面的法律法规，一方面确立了土地招拍挂取得方式的原则，即公开、公平、公正和诚信；另一方面表明具体的土地出让条件由地方相关政府部门自行决定、实施。

《城市房地产管理法》第12条第1款规定，土地使用权出让，由市、县人民政府有计划、有步骤地进行。出让的每幅地块、用途、年限和其他条件，由市、县人民政府土地管理部门会同城市规划、建设、房产管理部门共同拟定方案，按照国务院规定，报经有批准权的人民政府批准后，由市、县人民政府土地管理部门实施。

《招标拍卖挂牌出让国有建设用地使用权规定》第9条规定，招标拍卖挂牌公告应当包括投标人、竞买人的资格要求以及申请取得投标、竞买资格的办法……

《招标拍卖挂牌出让国有土地使用权规范（试行）》第10.1条规定，国有土地使用权招标拍卖挂牌出让的申请人，可以是中华人民共和国境内外的法人、自然人和其他组织，但法律法规对申请人另有限制的除外。申请人可以单独申请，也可以联合申请。

各级地方政府也在不断完善土地出让规则，以确保土地招拍挂程序的公开、公平和公正。例如，杭州、上海等城市在挂牌出让公告及相关出让挂牌文件中均对竞买人的资格、竞买程序及竞买人资金来源等提出了详细具体的要求。同时，在查处招拍挂取得阶段中的违规问题上，规定了通过取消竞买资格、行政罚款甚至刑事责任等方式规制相应房企的违规违法行为。

具体来说，在房地产项目通过招拍挂方式取得的过程中，较为常见的不合规行为有：借名竞买、自身资金来源不合规及串通投标等。

（一）借名竞买

1－1　合规义务的来源及合规风险的识别

【合规义务的来源】

《招标投标法》

第五十四条　投标人以他人名义投标或者以其他方式弄虚作假，骗取中标的，中标无效，给招标人造成损失的，依法承担赔偿责任；构成犯罪的，依法追究刑事责任。

依法必须进行招标的项目的投标人有前款所列行为尚未构成犯罪的，处中标项目金额千分之五以上千分之十以下的罚款，对单位直接负责的主管人员和其他直接责任人员处单位罚款数额百分之五以上百分之十以下的罚款；有违法所得的，并处没收违法所得；情节严重的，取消其一年至三年内参加依法必须进行招标的项目的投标资格并予以公告，直至由工商行政管理机关吊销营业执照。

《招标投标法实施条例》

第六十八条　投标人以他人名义投标或者以其他方式弄虚作假骗取中标的，中标无效；构成犯罪的，依法追究刑事责任；尚不构成犯罪的，依照招标投标法第五十四条的规定处罚。依法必须进行招标的项目的投标人未中标的，对单位的罚款金额按照招标项目合同金额依照招标投标法规定的比例计算。

投标人有下列行为之一的，属于招标投标法第五十四条规定的情节严重行为，由有关行政监督部门取消其1年至3年内参加依法必须进行招标的项目的投标资格：

（一）伪造、变造资格、资质证书或者其他许可证件骗取中标；

（二）3年内2次以上使用他人名义投标；

（三）弄虚作假骗取中标给招标人造成直接经济损失30万元以上；

（四）其他弄虚作假骗取中标情节严重的行为。

投标人自本条第二款规定的处罚执行期限届满之日起3年内又有该款所列违法行为之一的，或者弄虚作假骗取中标情节特别严重的，由工商行政管理机关吊销营业执照。

《招标拍卖挂牌出让国有建设用地使用权规定》

第二十五条　中标人、竞得人有下列行为之一的，中标、竞得结果无效；造成损失的，应当依法承担赔偿责任：

（一）提供虚假文件隐瞒事实的；

（二）采取行贿、恶意串通等非法手段中标或者竞得的。

《刑法》

第二百二十三条　【串通投标罪】投标人相互串通投标报价，损害招标人或者其他投标人利益，情节严重的，处三年以下有期徒刑或者拘役，并处或者单处罚金。

投标人与招标人串通投标，损害国家、集体、公民的合法利益的，依照前款的规定处罚。

【合规风险的识别】

“借名竞买”，即投标人、竞买人不符合土地招拍挂竞买条件/资格而委托他人参与投标、竞买。我国法律法规均规定地方招拍挂公告中应设置“投标人、竞买人的资格要求”，并要求地方政府对土地投标人和竞买人的准入设置具体的、可操作的限制条件。地方上对竞买人的限制条件通常有企业股东出资额、企业上一年度为员工缴纳社会保险的人数、企业联合竞买的方式等。对于一些特殊的工业用地，则有特殊的经营业态要求如表 1 所示。

表 1　部分地区招拍挂文件中对投标人、竞买人资格的规定

地区招拍挂文件	具体规定
东莞市《关于规范土地招拍挂竞买资格的通告（试行）》	第 2 条　（一）企业“股东及出资信息”中的“实缴出资额”必须大于“0”，以“国家企业信用信息公示系统”“东莞市企业信用信息公示系统”查询信息为准。 （二）企业上一年度为员工逐月缴纳“城镇职工基本养老保险”“职工基本医疗保险”人数必须大于“0”。 （三）企业需连续纳税申报一年以上，且纳税总额必须大于“0”。 （四）符合挂牌出让文件中规定的其他资格要求。
《杭州市国有建设用地使用权挂牌出让须知（杭政储出【2023】45 号地块出让须知）》	第 9 条　同一集团成员企业不得同时报名竞买（含联合竞买）同一地块。同一集团成员企业包括但不限于：与集团公司存在关联关系的公司（含全资公司、控股公司、参股公司）。 第 19 条　交易结束后将对竞得（入选）人竞买资格、购地资金开展审查，经审查，不符合上述规定的，采取以下综合措施： 1. 取消竞得资格，已缴纳的竞买保证金不予返还；已签订土地出让合同的，出让人有权解除合同，受让人无权要求返还定金，且出让人可请求受让人赔偿损失； 2. 相关违规情况记入竞买人及其投资决策主体社会信用体系； 3. 对首次违规的竞买人及其投资决策主体进行约谈；同一集团成员企业第二次违规的，同一集团成员企业三年内不得参与我市土地竞买。

续表

地区招拍挂文件	具体规定
《瑞安市国有建设用地使用权挂牌出让公告（瑞土告字〔2023〕15号）》	三、竞买对象：……（二）竞得人如非企业法人或不具备本地块所要求准入产业条件对应的经营范围，需设立企业法人或增设经营范围。（三）申请人可以单独申请，也可以联合申请，联合申请的应当签订联合竞买协议书。（四）竞买人竞得土地后成立新公司的，达产验收时及今后连续5年的年亩均税收按新公司达产后实际缴纳的年亩均税收值认定；竞买人竞得土地后不成立新公司的，达产验收时及今后若干年的年亩均税收按竞买人在瑞安市范围内实际缴纳的年税收减去竞买人在竞得本地块之前三年平均年税收额再除以本地块亩数认定。

对于在土地出让的过程中，竞买人不符合土地招拍挂竞买条件而委托他人参与竞买的，目前的法律法规对此行为尚无明确的规定，但相关行为实质上涉嫌构成弄虚作假中标、竞得的事实。而且，若因此损害其他竞买人的公平竞买权利，存在其他竞买人提起行政复议、行政诉讼，要求确认此类串通投标行为无效的情形。

如参与竞买人竞买不符合招拍挂出让文件中的竞买人条件，采取虚假申报材料方式隐瞒相关事实，或借他人名义参与竞买，则需按照《招标投标法》第54条、《招标投标法实施条例》第68条及《招标拍卖挂牌出让国有建设用地使用权规定》第25条，甚至《刑法》等规定承担相应的法律责任：

（1）投标、竞买行为无效。中标或竞买成功的，中标行为无效，被没收竞买保证金、被取消竞买资格。以杭州市为例，不仅违规参与竞买人相关违规行为将被记入社会信用体系，同一集团成员企业第二次违规的，同一集团成员企业3年内不得参与土地竞买。

（2）尚不构成犯罪的，处中标项目金额5‰以上10‰以下的罚款，对单位直接负责的主管人员和其他直接责任人员处单位罚款数额5%以上10%以下的罚款；有违法所得的，并处没收违法所得；情节严重的，取消其1～3年内参加依法必须进行招标的项目的投标资格

并予以公告，直至由工商行政管理机关吊销营业执照。（《招标投标法》第54条）

（3）构成犯罪的，依法追究刑事责任。

1-2 典型案例

【基本案情】

2019年5月，某市土地出让服务中心组织公开挂牌出让国有建设用地使用权活动，出让位于该市某城区的城镇住宅、商务金融用地，用地面积约100亩，容积率为3.5。

该宗地建设用地使用权公开出让公告中明确要求：无正当理由拖欠政府土地出让金的单位、自然人和其他组织不得参加竞买。该市A公司希望竞买该地块进行项目开发，但因其2018年竞得该市旧城区的商业用地未缴清土地出让金，尚欠土地出让金约8000万元，不符合竞买该地块的报名条件。于是，其公司法人覃某与该市C房地产开发集团公司（以下简称C公司）签订合作竞买协议，由C公司与覃某共同出资，委托覃某以个人名义参与上述地块的竞买活动，竞得土地后交由A公司开发。

随后，覃某向土地出让服务中心提出竞买申请。竞买资格获得确认后，覃某与D公司等竞买人共同参与了公开挂牌出让活动。经过多轮竞价，覃某以成交价1.2亿元挂牌拍得此宗地块并与市土地出让服务中心签署了成交确认书。土地公开挂牌出让过程中，D公司了解到C公司与覃某之间的委托协议后，对覃某的竞买资格提出书面异议，要求市土地出让服务中心查清覃某竞买资金来源后，重新组织竞拍。

市土地出让服务中心答复称，覃某未拖欠土地出让金，具有参加竞买的资格。2019年6月，D公司两次致函，要求市自然资源局到市场监管部门等有关机关调取证据，取消覃某的竞买资格，撤销市土地出让服务中心的答复，重新组织竞拍。在一直未获明确答复的情况下，D公司将市自然资源局、市土地出让服务中心等部门起诉至该市中级人民法院，并将覃某列为第三人，要求市自然资源局依法履行核查竞买人资格的职责，撤销成交确认书。

【处理结果】

覃某虽然代表C房地产开发集团参加土地的竞买，提交了身份证明等竞买资料，竞买资格得到了市土地出让服务中心确认，竞得了该宗土地开发使用权，但其参加竞拍报名之前已与C公司达成协议，即竞拍成功后以A公司的名义进行开发，并签署了协议。竞得宗地的实际开发主体是A公司，而其因拖欠土地出让金不符合土地竞买条件，违背了公开挂牌出让公告中“无正当理由拖欠土地出让金的单位、自然人和其他组织不得参加竞买”的约定，其行为应属于恶意串通参与竞买，竞得结果无效。

1－3 纠正机制和合规路径

【纠正机制】

一旦发现企业内部出现借名竞买的情况，应及时止损，制止并放弃相关的违法行为。如在参与投标、参与竞买的过程中，发现相关申报资格或内容不合规的情形，应及时与相关部门沟通，对相应的限制性条件进行合理解释，补充提交相应资料证明企业符合条件，并对不合规的事项及时进行自我纠正。

若竞买主体因资格不合规被取消竞买资格或者竞得资格，如果其认为相关违规事实不存在或不服行政主管部门相应行政决定，可以选择就相关行政行为提起行政复议或者行政诉讼。

【合规路径】

在参与土地竞买的过程中，房地产开发企业应当符合相关法律法规规定以及土地出让文件和公告设定的相关规则。因各地招拍挂出让文件中对土地竞买主体资格的具体限制性要求不同，在报名申请参与相关土地竞买时，应仔细审阅相应地块全部招投标文件中所设置的竞买人资格要求，以适格的主体参与竞买。例如，（1）拟成立项目公司开发土地的，应以项目公司作为竞买主体或事先书面声明项目公司的股东及股权比例；（2）各方联合竞买的，各合作方均应符合竞买人资格的要求；（3）以境外企业或境内外资企业作为主体参加竞买的，应重点关注地方政府对外商投资的特殊审查程序，如涉及外汇管理政策，还需关注外汇额度使用等问题。

除通过选择合适的主体参与土地竞买外，对于参与竞买的房企自身，应加强企业内部的审核和风控措施，制定完整的企业合规内审程序。通过较为完备的企业内控程序，在企业决策的过程中提前杜绝此类借名竞买的方案，降低相应的合规风险。

此外，若对土地出让部门设置的限制条件有异议，认为该限制条件不公平、不合理影响部分竞买人相关权利，可以通过行政诉讼等方式主张相应出让条件或程序违法，维护自身的合法权益。

（二）自身资金来源不合规

2－1 合规义务的来源及合规风险的识别

【合规义务的来源】

《国务院关于坚决遏制部分城市房价过快上涨的通知》（国发〔2010〕10号）

……房地产开发企业在参与土地竞拍和开发建设过程中，其股东不得违规对其提供借款、转贷、担保或其他相关融资便利。……

《国务院办公厅关于进一步做好房地产市场调控工作有关问题的通知》（国办发〔2011〕1号）

……加强对企业土地市场准入资格和资金来源的审查。参加土地竞买的单位或个人，必须说明资金来源并提供相应证明。……

《国土资源部、住房和城乡建设部关于进一步加强房地产用地和建设管理调控的通知》（国土资发〔2010〕151号）

……（三）严格土地竞买人资格审查。国土资源主管部门对竞买人参加招拍挂出让土地时，除应要求提供有效身份证明文件、缴纳竞买（投标）保证金外，还应提交竞买（投标）保证金不属于银行贷款、股东借款、转贷和募集资金的承诺书及商业金融机构的资信证明。……

【合规风险的识别】

自有资金来源合规，是指房地产开发企业在参与土地竞拍和开发建设过程中，应使用自有资金参与竞拍，并用自有资金支付土地出让金。自有资金，在会计学中的定义为，企业为进行生产经营活动所经常持有，可以自行支配使用并无须偿还的资金，是与借入资金对称的。以杭州市土地出让规则为例，竞买人的购地资金应来源于以下途径：（1）项目销售、出租收入等经营性资金；（2）公司注册资金；（3）利润分配等投资收益性资金。

早在 2010 年 4 月，国务院即发布《国务院关于坚决遏制部分城市房价过快上涨的通知》，要求房地产开发企业的股东不得违规对房地产开发企业提供借款、转贷、担保或其他相关融资便利。随后各地出台地方性文件，进一步明确自有资金的范围，并在出让文件中进一步细化落实自有资金合规要求。

各地对房企的购地资金要求及违规后果的具体规定和表述有所不同，但就是否属于合规出资进行竞地这一点，本质上主要涉及以下两个方面的规则：

第一，交易资金来源是否合规。不得使用包括但不限于银行贷款、信托资金、资本市场融资、资管计划配资、保险资金等。

第二，出资主体、方式和额度是否合规。股东不得违规对房地产开发企业提供借款、转贷、担保或其他相关融资便利等；禁止房地产上下游关联企业违规提供借款或预付款；竞买人的报价不得超过其申报的自有资金金额等要求。

具体而言，房地产企业一般情况下不能将下列资金直接用于购买土地及支付土地价款：（1）IPO 募集的资金；（2）商业银行专项贷款；（3）房地产项目贷款；（4）流动资金贷款；（5）信托贷款；（6）发行企业债券募集的资金；(7) 商品房预售款；等等。

按照部分地区所公布的出让公告，资金来源不合规的后果，一般由各地土地出让规则予以规定。具体要求见表2，以上海为例，如违反其中自有资金来源合规义务，申请人、竞买人将被取消竞买资格；同时，竞得人将被取消竞得资格。除相应的民事赔偿责任外，该违约主体及其投资决策主体的违约行为应列入诚信档案；该违约主体、其投资决策主体及投资决策主体的子公司1年内不得参加上海市国有建设用地使用权招标拍卖挂牌出让活动。若上述申请人、竞买人或竞得人违约行为发生在违约人关联方的违约处罚期内，则违约人本人及其所有关联方均将被纳入诚信档案，3年内不得参加上海市国有建设用地使用权招标拍卖挂牌出让活动。

表2 部分地区出让公告中对自有资金的具体要求

地区出让公告	具体规定
《杭州市国有建设用地使用权挂牌出让公告（杭规划资源告［2021］R001号）》	……三、购地资金要求。竞买人的购地资金（含竞买保证金、出让价款）来源应符合我国法律法规政策规定。竞买企业股东不得违规对其提供借款、转贷、担保或其他相关融资便利等。购地资金不得直接或间接使用金融机构各类融资资金，购地资金不得使用房地产产业链上下游关联企业借款或预付款，购地资金不得使用其他自然人、法人、非法人组织的借款，购地资金不得使用参与竞买企业控制的非房地产企业融资等。……
《关于杭规划资源告［2021］R001号、杭规划资源告［2021］R002号公告相关情况说明》	……竞买人的购地资金（含竞买保证金、出让价款）来源应为以下途径： （一）来源于经营性资金。 1. 项目销售。提供预售许可证（或销售许可证）、已售项目的银行流水单、房产项目销售收款进度表。 2. 出租收入。提供租赁合同、房租收入资金流水单和资金入账的进账单。 3. 其他收入。提供相关证明材料。 （二）来源于公司注册资金。提供有关公司章程、工商材料、银行进账单等证明材料。 （三）来源于投资收益性资金。提供有关协议、票证、流水等证明材料。 1. 利润分配。提供利润分配决议、分配利润的银行进账单、分配利润单位当年的审计报告。

续表

地区出让公告	具体规定
	2. 其他投资收益。提供相关投资协议、收益证明、银行流水单等证明材料。 3. 处置或收回投资。提供股东（董事）会决议、资产回收清单、处置或收回投资协议等。 （四）来源于其他资金。提供相关证明材料。……
《松江区广富林街道 SJC10004 单元 2 街区 19－01、25－01 号地块及人民北路地下连通道－出让须知》	……（二）根据房地产市场平稳健康发展长效机制的有关要求，对竞买主体的交易资金（即购地资金）来源规定如下： …… 3. 竞买主体申报的用于本地块交易的各项资金来源，不得存在以下情形： （1）与其他已公告未成交地块的交易资金来源全部或部分重复； （2）与其他已成交地块竞得人/中标人所申报的交易资金来源全部或部分重复。 4. 竞买人在挂牌期间及现场竞价时的报价均不得超过其申报的自有资金金额，否则报价无效。……

2－2 典型案例

【基本案情】

2018 年 6 月 26 日，某市区原国土资源局对 A 公司作出《关于（20××）××号地块中止挂牌的通知》，内容为：我局收到举报信，对贵（公）司缴纳的“××市××区国土资源局（20××）××号地块”的挂牌竞买保证金的资金来源提出举报。指出贵（公）司缴纳的竞买保证金并非贵（公）司的自有资金，不符合竞买文件的竞买要求，与贵（公）司出具的资金来源承诺书不符。现决定原定于 2018 年 6 月 27 日举行的该地块挂牌出让竞拍暂停，请贵（公）司于 2018 年 6 月 30 日前提交竞买保证金为自有资金的相关证据。待我局审核后再决定挂牌出让时间，届时将另行通知。

【处理结果】

2018 年 7 月 9 日，A 公司向该市原国土资源局提出行政复议申请，请求撤销该中止挂牌通知，并责令其立即履行恢复挂牌的法定职责。

2018年7月17日，该市原国土资源局作出×国土资复字〔2018〕××号行政复议不予受理决定。认为A公司的复议申请不属于《行政复议法》规定的受理范围，决定不予受理，并邮寄送达A公司。

后A公司向区人民法院提起诉讼，要求撤销前述行政复议决定并重新审理原告申请事项，该诉求经一审、二审法院审理，均被判决驳回。

2-3　纠正机制和合规路径

【纠正机制】

若出现相关情况被土地管理部门要求配合调查，则企业应积极配合相关部门的调查。根据调查的过程与结果，对房企资金来源进行合理性解释，并及时纠正相应的错误行为，建立完善的风险防范机制，保证用于支付土地出让价款的资金流水符合相应的监督管理规定，防止类似情形再次发生。

同时，鉴于对房地产开发企业金融监管愈加严格的趋势，各地房企在拿地时应充分谨慎对待自有资金来源合规问题。

【合规路径】

在参与竞拍过程中，竞拍主体应当更加注意资金合规的风险，包括对于一些交易或合作架构的设计在内，应当更加注意核实国家层面与当地政府的监管政策以及实际操作规则。

（1）关于形式合规要求：对于招拍挂出让文件中对竞买人所提出的自有资金来源合规上的形式申报要求，房地产开发企业应当慎重对待，首先应注意相应的申报材料形式上应符合出让文件中的要求，避免触及相关红线。

（2）关于出资主体合规：虽然规定要求“股东不得违规对项目公司提供借款、转贷、担保或其他相关融资便利”，违规主要是指违反公司治理、信贷管理、证券市场融资等方面的法律法规的行为，但其并未禁止股东通过合规，即不违反相关法律法规规定的方式对项目公司提供融资，该部分融资作为土地出让金的构成存在一定的合理解释空间。

从分担资金压力的角度，可以采取联合体竞拍的方式，需要注意的是，联合竞买主体共同申报的，各个主体均应注意申报自有资金合规。

（3）因为对资金来源实行穿透式监管，故应注意筹划对房地产开发企业的资金筹划，拿地房企的资金划转应明确，防止出现违规资金流转情形。

同时，在实操层面，房企在参与拍地前如尚对资金规则的具体监管尺度没把握，则应与当地的国土自规部门就自身具体情形进行深入的咨询、沟通。

（三）串通投标

3－1 合规义务的来源及合规风险的识别

【合规义务的来源】

《招标投标法》

第五十四条　投标人以他人名义投标或者以其他方式弄虚作假，骗取中标的，中标无效，给招标人造成损失的，依法承担赔偿责任；构成犯罪的，依法追究刑事责任。

依法必须进行招标的项目的投标人有前款所列行为尚未构成犯罪的，处中标项目金额千分之五以上千分之十以下的罚款，对单位直接负责的主管人员和其他直接责任人员处单位罚款数额百分之五以上百分之十以下的罚款；有违法所得的，并处没收违法所得；情节严重的，取消其一年至三年内参加依法必须进行招标的项目的投标资格并予以公告，直至由工商行政管理机关吊销营业执照。

《招标拍卖挂牌出让国有建设用地使用权规定》

第二十五条　中标人、竞得人有下列行为之一的，中标、竞得结果无效；造成损失的，应当依法承担赔偿责任：

（一）提供虚假文件隐瞒事实的；

（二）采取行贿、恶意串通等非法手段中标或者竞得的。

《刑法》

第二百二十三条　【串通投标罪】投标人相互串通投标报价，损害招标人或者其他投标人利益，情节严重的，处三年以下有期徒刑或者拘役，并处或者单处罚金。

投标人与招标人串通投标，损害国家、集体、公民的合法利益的，依照前款的规定处罚。

【合规风险的识别】

串通投标，或称“围标”，是指招标人与投标人对招投标事项相互串通、投标人与投标人对招投标事项相互串通、投标人挂靠等行为。在土地出让环节，具体表现为如注册马甲公司、挂靠多家有资质的单位参与土地竞买，与其他竞买人之间串通谋划，排挤其他竞买人、破坏公平竞争等行为。

该项违规的后果非常明确且严重，竞买人之间不得私下串通，采取“围标、串标”等方式排挤其他竞买人、干扰拍卖活动，破坏公平竞争、谋取不当利益等。如有上述行为，一经查实，竞得人的竞得资格将被取消，竞买行为无效，解除出让合同，无息退还土地出让价款，竞买保证金不予退还，而且很可能将该企业列入诚信黑名单，限制其及其关联企业今后不得参与土地市场拍卖活动。若符合串通投标罪定罪标准，将会被追究相应的刑事责任。而对于挂牌出让过程中的串通挂牌行为，虽非典型的招投标行为，是否会构成串通投标罪，实践中就此存在一定争议，但不排除司法实践中将挂牌行为视为一种招投标行为，依旧存在被认定为构成串通投标罪的风险。

相关竞买规则上也对此种可能性尽量作了防范，例如，杭州市 2023 年 3 月 24 日发布的杭规划资源告〔2023〕R003 号挂牌出让公告中对竞买资格要求为，“同一集团成员企业不得同时报名竞买（含联合竞买）同一地块。同一集团成员企业包括但不限于：与集团公司存在关联关系的公司（含全资公司、控股公司、参股公司）”。上海市《土地出让须知》第4条规定，“凡与申请人之间有直接或间接参股、控股、投资等关联关系的法人或其他组织，也视为同一名申请人，但申请人的母公司为上市公司的，该上市公司的非控股股东或非实际控制人除外”。制定相关的规则以防止同一集团公司成员围标、串标情形出现。

3-2 典型案例

案例1：行政责任

【违法事实】

A公司拟参与本地市国有建设用地使用权的拍卖，并决定予以竞买。因担心报名竞买人数不足（少于法定的3名竞买人），2019年3月，该公司法定代表人杨某找到B公司，要求B公司在没有竞买意愿的情况下，参与该地块报名，同时商定报名费由杨某代为支付，报名资料由B公司负责人叶某准备提供。其后，杨某向叶某提供的银行账户转入501万元作为竞买保证金。叶某又安排员工填写《法定代表人授权书》《竞买申请书》等报名材料，因没有意愿竞买，故叶某没有现场考察该宗土地的基本情况，也没有亲自参加该宗土地拍卖会，而是电话联系相关人员，并授权委托代表B公司参加该宗土地拍卖会，同时嘱咐现场参与竞拍人员在拍卖会现场不用举牌等。

2019年3月，同样因为担心报名竞买人数不足（少于法定的3名竞买人），杨某电话联系C公司副总经理×某，表明有意竞买县政府拍卖的一块土地，请×某在公司没有竞买意愿的情况下，参与土地拍卖报名，并按照杨某的要求准备公司营业执照、房地产开发资质、法定代表人身份证复印件、授权委托书、竞买申请书等报名材料，过后，杨某向C公司账户转入501万元用于缴纳竞买保证金，2019年3月19日，杨某另委托相关人员携带报名材料向竞拍公司报名，并审核通过。

2019年3月18日，A公司将501万元竞买保证金汇入县政务服务管理局的账户，3 月 20 日，A 公司法定代表人杨某持公司报名材料成功报名。

2019 年 3 月 22 日 10 时，拍卖会正式举行，A 公司法定代表人杨某、B 公司委托代理人、C 公司委托代理人到达拍卖会现场，其中 A 公司竞买牌号为 66 号，B 公司竞买牌号为 16 号，C 公司竞买牌号为 18 号，拍卖会上共上述 3 家竞买人。拍卖过程中，A 公司法定代表人杨某举牌应价，B 公司委托代理人和 C 公司委托代理人履行“只参加，不举牌竞价”的约定，实际促使 A 公司以拍卖起始价 1001.9721 万元成为该国有建设用地使用权的买受人。

拍卖结束后，B 公司和 C 公司按照约定将竞买保证金各 501 万元退还 A 公司。

【处理结果】

本案中，A 公司作为竞买人之间相互约定买受人恶意串通行为的主导者、发起人和受益人，为谋取自己的利益，在拍卖会前私下请求 B 公司和 C 公司帮忙，促使自己成为实际的买受人，其违法行为具有主观故意，应承担主要责任；B 公司和 C 公司出于朋友帮忙的角度，答应为 A 公司参加报名并成为竞买人，由竞争对手变为合作人，共同实施了恶意串通竞买行为，促使 A 公司以拍卖起始价成为该宗土地的买受人，虽具有主观故意，但属于跟从者、参与者且没有受益，参与、帮助作用缺一不可，应承担次要责任。

……

根据工商行政管理部门“对参与恶意串通的竞买人处最高应价百分之十以上百分之三十以下的罚款；对参与恶意串通的拍卖人处最高应价百分之十以上百分之五十以下的罚款”的规定，决定责令当事人改正违法行为且（1）对 A 公司处最高应价 10% 的罚款；（2）对 B 公司处最高应价 1% 的罚款：100, 197.21 元；（3）对 C 公司处最高应价 1% 的罚款。

案例2：刑事责任

【违法事实】

一、串通投标的事实

被告人徐某于2011年开始与县人民政府洽谈该县旧城棚户区改造项目，2013年地震后，县人民政府决定将相关旧城棚户区改造项目与灾后安置房建设项目相结合，采用BT模式进行融资建设，某市政公司作为项目业主进行招商建设。2013年7月，为了参与该县旧城改造建设项目土地竞拍，徐某出资成立A房地产开发有限公司，由其舅舅夏某担任名义法定代表人、总经理，自己实际负责决策公司重大事项。2014年年初，县人民政府决定先启动××棚户区改造项目，经与徐某多次协商后，于2014年5月26日与被告单位A公司签订《某县旧城棚户区改造安置房BT建设项目招商框架协议书》和《某县旧城灾后重建及棚户区改造项目合作框架协议书》。

随后，徐某开始寻找建设施工队伍，经人介绍认识了B公司的法定代表人即被告人孙某。经洽谈，A公司与B公司于2014年6月2日签订《建设工程施工合同》，B公司按合同约定向A公司交纳1000万元履约保证金。后因××项目的施工企业资质必须达到施工总承包一级标准，而B公司的施工企业资质等级不符合要求，徐某与孙某协商，由孙某利用其C公司项目部经理身份借用C公司资质参与工程投标。2014年6月10日徐某代表A公司与C公司签订协议书，明确旧城棚户区安置房BT建设项目由A公司借用C公司的名义参与投标，与某市政公司签订投建一体的相关合同、协议，但该项目的实际投资主体仍是A公司。

为保证C公司顺利中标，徐某与该县人民政府原常务副县长王某、县城乡规划建设和住房保障局原局长山某等人协商，要求在招标文件中设置“报名须提交交纳参与抵押土地使用权拍卖保证金1000万元收据、与政府签署的参与本项目抵押土地使用权拍卖的协议、与政府签署的合作框架协议”等条件。同时，徐某安排孙某再联系两家一级建筑资质的公司参与投标。孙某遂联系D公司、E公司参与投标，并为D公司、E公司各提供1000万元土地拍卖保证金和450万元投标保证金。之后，徐某安排A公司副总经理张某带领3家公司代表与县人民政府签订了项目合作框架协议和项目抵押土地使用权拍卖协议，并让张某向孙某提供项目投标报价要求。孙某按要求制作了3份不同的投标报价，将其分别交给C公司、D公司、E公司，作为这3家公司制作标书的依据，从而确保C公司的报价和投资回报率最低。其间，张某发现有另一家公司自行递交资料参与该项目投标，便向徐某汇报，徐某得知后，找到原县委书记赵某，要求清退该公司，赵某指示王某、山某等人处理，山某以不符合报名条件为由"劝退"了该家公司，确保了该项目只有C、D、E 3家公司参与竞标。

2014年7月1日××项目开标，C公司以报价223,254,068.00元、投资回报率13.0%中标。2014年8月1日，某市政公司与C公司签订《BT投资建设合同》。次日，C公司与孙某签订《建设工程内部承包协议》，将工程承包给孙某。

二、行贿的事实

（一）A公司行贿的事实

2014年7月，2015年7、8月，A公司实际负责人徐某为了感谢时任县城乡规划建设和住房保障局局长山某在××项目的取得以及工程施工过程中给予的帮助，先后给山某现金共计15万元。

（二）孙某行贿的事实

2015年春节前，2015年7、8月，2015年中秋节前，2016年元旦前，2016年春节前，2016年中秋节前，××项目的实际承建人孙某为了与时任某县城乡规划建设和住房保障局局长山某搞好关系，并希望在工程施工中得到山某的帮助，送给山某现金共计8万元。

2015年春节前、中秋节前，2016年春节前，被告人孙某为了与时任县长谌某搞好关系，感谢其在棚户区改造项目BT投资建设上给予帮助，送给谌某现金共计5万元。

【裁判要旨】

法院认为，被告单位A公司与被告人孙某采取借用多家公司资质证件参与投标、要求招标人限制甚至取消其他公司报名资格等非法手段，实施串通投标行为，扰乱了市场的公平竞争秩序，损害了国家的利益，情节严重，其行为均构成串通投标罪；被告人徐某是犯罪单位的直接负责的主管人员，其行为亦构成串通投标罪；A公司为谋取不正当利益，向国家工作人员行贿15万元，被告人徐某作为该公司的直接负责的主管人员，其行为构成单位行贿罪；被告人孙某为谋取不正当利益，向国家工作人员行贿13万元，其行为构成行贿罪。

被告单位A公司在串通投标的共同犯罪中起主要作用，是主犯，应依法处罚；被告人孙某在共同犯罪中所处地位和作用次要，是从犯，应从轻处罚。被告人徐某在因涉嫌行贿罪被采取强制措施期间，如实供述了司法机关还未掌握的其串通投标的罪行，以自首论；被告人孙某主动到案，如实供述自己串通投标的犯罪事实，是自首，对二被告人所犯串通投标罪均可从轻处罚。被告人徐某到案后如实供述A公司行贿的犯罪事实，具有坦白情节，可对其从轻处罚；被告人孙某在被追诉前主动交代自己的行贿行为，可对其从轻处罚。被告人徐某在羁押期间向公安机关提供重要线索，从而得以侦破其他案件，有立功表现，可对其从轻处罚。被告人徐某、孙某均当庭认罪，主动缴纳罚金，有悔罪表现，可酌情从轻处罚。被告人徐某、孙某均一人犯数罪，应当数罪并罚。

【处理结果】

（1）被告单位A公司犯串通投标罪，判处罚金人民币50万元；

（2）被告人徐某犯串通投标罪，判处有期徒刑1年2个月，并处罚金人民币25万元；犯单位行贿罪，判处有期徒刑6个月；

（3）被告人孙某犯串通投标罪，判处有期徒刑6个月，并处罚金人民币10万元；犯行贿罪，判处有期徒刑6个月，并处罚金人民币10万元；

（4）涉案项目超出工程成本的20,504,391.05元人民币，予以追缴。

3-3　纠正机制和合规路径

【纠正机制】

若出现相关情况被土地管理部门要求配合调查，企业应积极配合相关部门的调查。根据调查的过程与结果，对相关涉嫌违规的行为进行合理性解释，并及时弥补相应的违规行为。

若因涉嫌串通投标行为被取消竞买主体资格或竞得资格，应及时就该事项与相关政府部门进行沟通。若对相关处罚结果不服，应及时通过申请行政复议或提起行政诉讼等合法手段维护合法权益。在出现与事实不符或争议情节时，应及时聘请专业律师介入协助维护合法权益。

【合规路径】

房地产企业应根据公司的当前发展状况合理研判公司的开发目标，严格遵守法律法规规定以及招投标程序，以合法合规手段参与土地招拍挂的竞买，获得中标机会、竞买人资格。

房企内部应建立健全严格完整的企业合规内部监督、检查机制。若为国有企业，加强国企内部党纪委的监督参与，由国企党纪委审核流程的规范性，禁止投标、竞买期间与其他投标人联系，如联系即要进行报备或进行合规审查。

若为民营企业，则可建立相应审计监察、审计法务部门等，加强内部的监督核查，防止房企负责人或相关业务人员为中标或获得竞买人资格等而与其他企业进行串标。

制定针对业务人员的合规行为规范，并加强负责招投标相关业务人员的合规意识及公司员工的业务合规行为培训，防止业务部门为拿地而做出违法违规的行为。

建立健全企业内部的决策与审批程序，将合规审查机制作为重大业务决策事项等经营管理行为的必经程序，未经合规审查不得实施。

二、资产收购的合规风险

通过项目资产收购获取项目土地是房地产企业获取土地的重要和常

见方式之一。直接进行土地相关资产收购，可以避免与持有项目的公司原有的债权债务进行绑定，从而达到获取较为干净的资产的目的。但按照法律规定，土地使用权并不能无条件自由交易，需要达到一定的条件才能转让。

在通过资产收购取得房地产项目土地及资产的过程中，较为显著的合规风险为不符合法律规定的条件，违法转让以出让方式取得的国有土地使用权。具体情况如下。

（一）违法转让以出让方式取得的国有土地使用权

1-1 合规义务的来源及合规风险的识别

【合规义务的来源】

《城市房地产管理法》

第三十八条 下列房地产，不得转让：

（一）以出让方式取得土地使用权的，不符合本法第三十九条规定的条件的；

（二）司法机关和行政机关依法裁定、决定查封或者以其他形式限制房地产权利的；

（三）依法收回土地使用权的；

（四）共有房地产，未经其他共有人书面同意的；

（五）权属有争议的；

（六）未依法登记领取权属证书的；

（七）法律、行政法规规定禁止转让的其他情形。

第三十九条 以出让方式取得土地使用权的，转让房地产时，应当符合下列条件：

（一）按照出让合同约定已经支付全部土地使用权出让金，并取得土地使用权证书；

（二）按照出让合同约定进行投资开发，属于房屋建设工程的，完成开发投资总额的百分之二十五以上，属于成片开发土地的，形成工业用地或者其他建设用地条件。

转让房地产时房屋已经建成的，还应当持有房屋所有权证书。

第六十六条　违反本法第三十九条第一款的规定转让土地使用权的，由县级以上人民政府土地管理部门没收违法所得，可以并处罚款。

《城镇国有土地使用权出让和转让暂行条例》

第十九条　土地使用权转让是指土地使用者将土地使用权再转移的行为，包括出售、交换和赠与。

未按土地使用权出让合同规定的期限和条件投资开发、利用土地的，土地使用权不得转让。

《土地管理法》

第七十四条　买卖或者以其他形式非法转让土地的，由县级以上人民政府自然资源主管部门没收违法所得；对违反土地利用总体规划擅自将农用地改为建设用地的，限期拆除在非法转让的土地上新建的建筑物和其他设施，恢复土地原状，对符合土地利用总体规划的，没收在非法转让的土地上新建的建筑物和其他设施；可以并处罚款；对直接负责的主管人员和其他直接责任人员，依法给予处分；构成犯罪的，依法追究刑事责任。

《土地管理法实施条例》

第五十八条　依照《土地管理法》第七十四条的规定处以罚款的，罚款额为违法所得的10%以上50%以下。

《城市房地产开发经营管理条例》

第三十五条　违反本条例规定，擅自转让房地产开发项目的，由县级以上人民政府负责土地管理工作的部门责令停止违法行为，没收违法所得，可以并处违法所得5倍以下的罚款。

《刑法》

第二百二十八条　【非法转让、倒卖土地使用权罪】以牟利为目的，违反土地管理法规，非法转让、倒卖土地使用权，情节严重的，处三年以下有期徒刑或者拘役，并处或者单处非法转让、倒卖土地使用权价额百分之五以上百分之二十以下罚金；情节特别严重的，处三年以上七年以下有期徒刑，并处非法转让、倒卖土地使用权价额百分之五以上百分之二十以下罚金。

【合规风险的识别】

为了抑制土地投机，限制房地产“炒地皮”现象，避免土地资源闲置浪费，确立了《城市房地产管理法》第 39 条原则。若违反前述法律法规相关规定，依据如上所列的相关法律法规，可能具有没收违法所得、恢复原状、罚款等行政处罚的风险，甚至存在构成非法转让、倒卖土地使用权罪等刑事犯罪的风险。

另外，实践当中亦存在房地产公司以股权转让方式实现土地使用权流转的行为，其是否构成非法转让、倒卖土地使用权，司法实践中存在争议。第一种意见认为对于以牟利为目的，违反土地管理法规，未依照与国土资源部门签订的建设用地使用权合同约定进行开发，而假借公司股权转让的合法形式，掩盖非法转让、倒卖土地使用权的目的，并从中牟取巨额非法利益的，其行为违反了土地管理法规，扰乱了土地市场秩序，应当以非法转让、倒卖土地使用权罪追究刑事责任。第二种意见认为公司股权转让与土地使用权转让具有不同的法律性质，为两个独立的法律关系。现行法律法规并无强制性规定禁止以转让公司股权形式实现土地使用权或房地产项目转让的目的，这种情形下公司股东虽然发生了变化，但作为土地使用权持有主体的公司没有改变，也没有发生因股权转让而造成当地土地使用权市场秩序被严重扰乱的后果，不应构成非法转让、倒卖土地使用权罪。从合规角度来说，在进行房地产公司股权转让时，须仔细区分此两种法律关系和模式的本质，谨慎对待，严格区分不同的交易目的，搭建合理的交易架构和交易文件，避免陷入争议。

1-2 典型案例

案例 1：行政责任

【违法事实】

A 置业有限公司在未缴清土地出让金的前提下，将以出让的方式取得的土地使用权进行转让的行为。

【处理结果】

A 置业有限公司违反了《城市房地产管理法》第 39 条的规定，属于非法转让土地使用权行为。根据《城市房地产管理法》第 66 条的规定，处罚如下：没收 A 置业有限公司非法所得。

案例 2：刑事责任

【基本案情】

2010 年，李某（时任某镇国土所所长）告知程某，该市某村镇的 37.86 亩土地（土地权属登记在镇人民政府名下）即将转让，并建议程某购入上述土地使用权，待日后转让牟利。

2010 年 11 月 16 日，某市村书记陈某（已判决），以总价 719.34 万元将上述 37.86 亩土地使用权出售给程某，程某实际出资人民币 649.34 万元。后程某在明知上述土地尚未进行投资开发建设，不符合转让条件的情况下，又于 2012 年 8 月与李某签订《土地转让协议》，以总价人民币 1339 万元的价格将上述 37.86 亩土地使用权转卖给李某等人，后程某实际收到土地款共计人民币 1239 万元。

程某在收到上述 1239 万元土地款后，因存在村民上访问题，先后两次给予某村小组人民币共计 13 万元用于平息村民上访，并补偿村民小组人民币 50 万元。程某转卖上述土地使用权非法获利共计人民币 526.66 万元。

【裁判要旨】

我国是土地公有制的国家，土地的权属、性质在宪法中有明确规定，《宪法》第 10 条“城市的土地属于国家所有。农村和城市郊区的土地，除由法律规定属于国家所有的以外，属于集体所有……土地的使用权可以依照法律的规定转让……”由此可见，我国实行的是土地所有权与土地使用权相分离的土地制度，土地所有权除国家及集体以外，任何组织和个人均不得拥有。事实上，无论是土地所有权的出让、划拨，还是土地使用权的获得、转让，法律均有明确规定，均需要符合规定的条件，满足法定程序，并经依法登记后方可成立。非法转让、倒卖土地使用权罪是一种扰乱市场经济秩序的犯罪，其侵犯的客体是国家的土地管理制度。我国《刑法》第228条明确规定，非法转让、倒卖土地使用权罪是指以牟利为目的，违反土地管理法规，非法转让、倒卖土地使用权，情节严重的行为。根据刑法学理论，该规定属于参见罪状类型，该罪名的具体特征，需要参照土地管理法规的规定。

根据2001年8月31日第九届全国人民代表大会常务委员会第二十三次会议通过的《关于〈中华人民共和国刑法〉第二百二十八条、第三百四十二条、第四百一十条的解释》的规定，《刑法》第228条中“违反土地管理法规”，是指违反土地管理法、森林法、草原法等法律以及有关行政法规中关于土地管理的规定。

《城市房地产管理法》第39条规定，以出让方式取得土地使用权的，转让房地产时，应当符合下列条件：按照出让合同约定已经支付全部土地使用权出让金，并取得土地使用权证书；按照出让合同约定进行投资开发，属于房屋建设工程的，完成开发投资总额的25%以上，属于成片开发土地的，形成工业用地或者其他建设用地条件。

……

【处理结果】

根据《刑法》第228条之规定，程某以签订连续转让合同的方式非法转让土地使用权，非法获利526.66万元，情节特别严重，论罪应在3年以上7年以下量刑，且应并处罚金。

1-3 纠正机制和合规路径

【纠正机制】

若房地产企业出现相关情况被土地管理部门或者公诉机关要求提供相应证据，房地产企业应配合相关部门的调查。对于土地管理部门或者公诉机关的调查结果，房地产企业应作详尽、合理的解释，若无犯罪情节，则可自证清白，以免于遭受土地管理部门的行政处罚及潜在的刑事责任。

【合规路径】

房地产企业在进行股权转让或土地使用权转让时，应尽可能参照相关法律法规和规章制度，确定土地使用权的出让价款是否支付完毕，属于房屋建设工程的应当审慎评估是否已经符合完成开发投资总额的25%以上等条件。

对于上述土地或者股权转让形式达到转让资产目的的，首先需要自我评估交易目的的合规性，然后在合理框架内仔细梳理交易方案和交易文本，看是否与交易初衷相背离，同时各部门各条线应当实现联动，妥善评估、谨慎处理。

三、股权收购取得的合规风险

房地产企业股权收购，是指收购方通过购入被收购方股权的方式实现对被收购企业的实际控制，从而取得地产项目的开发权。股权收购的标的是被收购方企业的股权，被收购方企业股东层面的变动，并不影响被收购方企业资产的运营。交易的实质为股权转让或增资，收购方通过收购行为成为被收购方企业的股东，并获得了在被收购方企业中的股东权如分红权、表决权等，但被收购方企业的资产并没有变化。

近年来，随着国家对于房地产行业的调控政策及土拍规则的调整，各家房地产企业通过二级市场收并购地产项目越来越频繁，头部房企通过收并购获得土地面积的占比逐年上升，通过股权收购获取土地已经成为房地产开发企业的常规拿地方式。通过股权收购项目公司方式获取项目具有手续相对简捷、便于税筹等优点，但在房地产收并购项目中亦需要注意收购过程、操作的合规性。

在通过股权收购取得房地产项目的过程中，较为常见的不合规行为有：不进行反垄断申报、股权转让中签订股权转让价款不一致的阴阳合同等。具体情况如下。

（一）不进行反垄断申报

1－1 合规义务的来源及合规风险的识别

【合规义务的来源】

《反垄断法》

第二十五条 经营者集中是指下列情形：

（一）经营者合并；

（二）经营者通过取得股权或者资产的方式取得对其他经营者的控制权；

（三）经营者通过合同等方式取得对其他经营者的控制权或者能够对其他经营者施加决定性影响。

《国家市场监督管理总局反垄断局关于经营者集中申报的指导意见》

第四条 对于新设合营企业，如果至少有两个经营者共同控制该合营企业，则构成经营者集中；如果仅有一个经营者单独控制该合营企业，其他的经营者没有控制权，则不构成经营者集中。

《反垄断法》

第二十六条 经营者集中达到国务院规定的申报标准的，经营者应当事先向国务院反垄断执法机构申报，未申报的不得实施集中。

经营者集中未达到国务院规定的申报标准，但有证据证明该经营者集中具有或者可能具有排除、限制竞争效果的，国务院反垄断执法机构可以要求经营者申报。

经营者未依照前两款规定进行申报的，国务院反垄断执法机构应当依法进行调查。

《国务院关于经营者集中申报标准的规定》

第三条　经营者集中达到下列标准之一的，经营者应当事先向国务院反垄断执法机构申报，未申报的不得实施集中：

（一）参与集中的所有经营者上一会计年度在全球范围内的营业额合计超过100亿元人民币，并且其中至少两个经营者上一会计年度在中国境内的营业额均超过4亿元人民币；

（二）参与集中的所有经营者上一会计年度在中国境内的营业额合计超过20亿元人民币，并且其中至少两个经营者上一会计年度在中国境内的营业额均超过4亿元人民币。

营业额的计算，应当考虑银行、保险、证券、期货等特殊行业、领域的实际情况，具体办法由国务院反垄断执法机构会同国务院有关部门制定。

《国家市场监督管理总局反垄断局关于经营者集中申报的指导意见》

第十三条　通过合并方式实施的经营者集中，由参与合并的各方经营者申报；其他方式的经营者集中，由取得控制权的经营者申报，其他经营者予以配合。

在同一案件中，有申报义务的经营者是两个或两个以上时，可以约定由其中一个经营者负责申报，也可以共同申报。约定一个经营者申报而没有申报的，其他有申报义务的经营者不因上述约定而减免其未依法申报法律责任。

申报义务人未进行集中申报的，其他参与集中的经营者可以提出申报。

第十四条　申报人应当在集中协议签署后，集中实施前向国家市场监督管理总局申报。

以公开要约方式收购上市公司的，已公告的要约收购报告书可视同为已签署的集中协议。

《反垄断法》

第二十七条　经营者集中有下列情形之一的，可以不向国务院反垄断执法机构申报：

（一）参与集中的一个经营者拥有其他每个经营者百分之五十以上有表决权的股份或者资产的；

（二）参与集中的每个经营者百分之五十以上有表决权的股份或者资产被同一个未参与集中的经营者拥有的。

第五十三条第一、二款　对反垄断执法机构调查的涉嫌垄断行为，被调查的经营者承诺在反垄断执法机构认可的期限内采取具体措施消除该行为后果的，反垄断执法机构可以决定中止调查。中止调查的决定应当载明被调查的经营者承诺的具体内容。

反垄断执法机构决定中止调查的，应当对经营者履行承诺的情况进行监督。经营者履行承诺的，反垄断执法机构可以决定终止调查。

第五十八条　经营者违反本法规定实施集中，且具有或者可能具有排除、限制竞争效果的，由国务院反垄断执法机构责令停止实施集中、限期处分股份或者资产、限期转让营业以及采取其他必要措施恢复到集中前的状态，处上一年度销售额百分之十以下的罚款；不具有排除、限制竞争效果的，处五百万元以下的罚款。

第六十七条　违反本法规定，构成犯罪的，依法追究刑事责任。

【合规风险的识别】

房地产行业诸多并购案件中，向国务院反垄断执法机构提交经营者集中申报的案件并不多，房地产企业申报积极性不高，背后存在复杂多样的原因。主要原因为参与房地产并购的企业大多认为，我国房地产行业目前仍然是一个竞争相对充分的行业，房地产并购一般不涉及垄断问题。但要判断某一市场竞争是否充分、交易是否存在排除或限制竞争的可能，不仅要考虑经营者所参与竞争的商品市场，还需关注某个地域范围内的竞争情况。房地产行业有明显的地域属性，在不同的地域范围内，其竞争状况可能会完全不同。另外，房地产并购中存在大量的“明股实债”类型的交易，这类交易虽拥有股权投资的外观，但实质上为在股权层面及实际经营层面对房地产企业进行控制从而获取固定资金回报。笔者倾向于认为，“明股实债”交易中的风控安排，亦构成通过持有股权或协议的方式对其他经营者进行控制或者对其他经营者施加决定性影响，从交易的实质目的考虑，也存在构成经营者集中的风险。

根据我国关于经营者集中申报的相关规定，需要申报的交易，需要同时触发两项申报条件，一是交易构成一项经营者集中行为，二是参与集中的经营者达到“申报要求”。

若房企有应申报而不申报的情形，根据《反垄断法》第 58 条及第 67 条的规定，应由国务院反垄断执法机构责令停止实施集中、限期处分股份或者资产、限期转让营业以及采取其他必要措施恢复到集中前的状态，处上一年度销售额 10% 以下的罚款；不具有排除、限制竞争效果的，处 500 万元以下的罚款；构成犯罪的，依法追究刑事责任。

1-2 典型案例

【违法事实】

2016 年 5 月 24 日，云南 A 集团与成都 B 公司原股东签署了股权转让及增资协议，以 59 亿元人民币收购 B 公司 34.23% 的股权，并再以 59 亿元人民币认购 B 公司新增出资 15,402.6846 万元（余下款项计入资本公积金），总计取得 B 公司 51% 的股权。

【处理结果】

（1）本案构成未依法申报违法实施的经营者集中。

该交易系股权收购，云南 A 集团与 B 公司原股东签署股权转让及增资协议，取得 B 公司控制权，符合 2007 年《反垄断法》第 20 条规定，构成经营者集中。

云南A集团2015年度中国境内营业额及B公司2015年度中国境内营业额达到了《国务院关于经营者集中申报标准的规定》第3条规定的申报标准，属于应当申报的情形。

交易各方于2016年5月24日签署股权转让及增资协议，2016年6月17日完成交割。在此之前未依法申报，违反了2007年《反垄断法》第21条的规定，构成未依法申报的经营者集中。

（2）本案不具有排除、限制竞争的效果。

国家市场监督管理总局就云南A集团收购B公司股权对市场竞争的影响进行了评估。评估认为，该项经营者集中不会产生排除、限制竞争的影响。

根据上述调查情况和评估结论，国家市场监督管理总局根据2007年《反垄断法》第48条、第49条和《未依法申报经营者集中调查处理暂行办法》第13条的规定，对云南A集团处以30万元人民币罚款的行政处罚。

1-3 纠正机制和合规路径

【纠正机制】

（1）积极配合调查。

被调查的经营者、利害关系人或者其他有关单位或者个人应当配合反垄断执法机构依法履行职责，不得拒绝、阻碍反垄断执法机构的调查。必要情形下，应聘请专业机构进行协助。

（2）善用承诺制度。

对反垄断执法机构调查的涉嫌垄断行为，被调查的经营者承诺在反垄断执法机构认可的期限内采取具体措施消除该行为后果的，反垄断执法机构可以决定中止调查。反垄断执法机构决定中止调查的，应当对经营者履行承诺的情况进行监督。经营者履行承诺的，反垄断执法机构可以决定终止调查。

（3）行政复议前置后，提起行政诉讼。

《反垄断法》第 65 条第 1 款规定，“对反垄断执法机构依据本法第三十四条、第三十五条作出的决定不服的，可以先依法申请行政复议；对行政复议决定不服的，可以依法提起行政诉讼”。

经营者若对行政机关的处罚决定不服，可以先行申请行政复议，对行政复议决定不服的，可以依法提起行政诉讼。

【合规路径】

与 2007 年《反垄断法》相比，2022 年《反垄断法》对于违反法律法规实施集中的情形审查更为严格，且惩处力度大大加强，处罚后果由 50 万元以下调整为上一年度销售额 10% 以下的罚款，不具有排除、限制竞争效果的，处 500 万元以下的罚款；处罚金额大大调增，对市场参与主体实施经营者集中行为提出了更高的要求。在进行房地产并购时，市场主体应当对于反垄断法律法规体系有较为全面的认识，应当提前对经营者集中的法规要求进行理解及剖析，在对交易结构进行设计时应当作出相应安排，比如增加对于相关交易前置条件的设置、安排更加完整的时间周期，从而减少合规风险。

（二）股权转让中签订价款不一致的阴阳合同

2-1　合规义务的来源及合规风险的识别

【合规义务的来源】

《股权转让所得个人所得税管理办法（试行）》

第十一条　符合下列情形之一的，主管税务机关可以核定股权转让收入：

（一）申报的股权转让收入明显偏低且无正当理由的；

（二）未按照规定期限办理纳税申报，经税务机关责令限期申报，逾期仍不申报的；

（三）转让方无法提供或拒不提供股权转让收入的有关资料；

（四）其他应核定股权转让收入的情形。

第十二条　符合下列情形之一，视为股权转让收入明显偏低：

（一）申报的股权转让收入低于股权对应的净资产份额的。其中，被投资企业拥有土地使用权、房屋、房地产企业未销售房产、知识产权、探矿权、采矿权、股权等资产的，申报的股权转让收入低于股权对应的净资产公允价值份额的；

（二）申报的股权转让收入低于初始投资成本或低于取得该股权所支付的价款及相关税费的；

（三）申报的股权转让收入低于相同或类似条件下同一企业同一股东或其他股东股权转让收入的；

（四）申报的股权转让收入低于相同或类似条件下同类行业的企业股权转让收入的；

（五）不具合理性的无偿让渡股权或股份；

（六）主管税务机关认定的其他情形。

《税收征收管理法》

第六十三条　纳税人伪造、变造、隐匿、擅自销毁帐簿、记帐凭证，或者在帐簿上多列支出或者不列、少列收入，或者经税务机关通知申报而拒不申报或者进行虚假的纳税申报，不缴或者少缴应纳税款的，是偷税。对纳税人偷税的，由税务机关追缴其不缴或者少缴的税款、滞纳金，并处不缴或者少缴的税款百分之五十以上五倍以下的罚款；构成犯罪的，依法追究刑事责任。

扣缴义务人采取前款所列手段，不缴或者少缴已扣、已收税款，由税务机关追缴其不缴或者少缴的税款、滞纳金，并处不缴或者少缴的税款百分之五十以上五倍以下的罚款；构成犯罪的，依法追究刑事责任。

第六十九条　扣缴义务人应扣未扣、应收而不收税款的，由税务机关向纳税人追缴税款，对扣缴义务人处应扣未扣、应收未收税款百分之五十以上三倍以下的罚款。

《刑法》

第二百零一条　【逃税罪】纳税人采取欺骗、隐瞒手段进行虚假纳税申报或者不申报，逃避缴纳税款数额较大并且占应纳税额百分之十以上的，处三年以下有期徒刑或者拘役，并处罚金；数额巨大并且占应纳税额百分之三十以上的，处三年以上七年以下有期徒刑，并处罚金。

扣缴义务人采取前款所列手段，不缴或者少缴已扣、已收税款，数额较大的，依照前款的规定处罚。

对多次实施前两款行为，未经处理的，按照累计数额计算。

有第一款行为，经税务机关依法下达追缴通知后，补缴应纳税款，缴纳滞纳金，已受行政处罚的，不予追究刑事责任；但是，五年内因逃避缴纳税款受过刑事处罚或者被税务机关给予二次以上行政处罚的除外。

【合规风险的识别】

在股权转让领域中，为了逃避税收、降低交易成本、规避国家审批机关审批制度或者迫使公司的其他股东放弃优先购买权，交易双方串通签订“阴阳股权转让合同”，以达到相应目的。

对于转让价款存在差异的两份股权转让合同，随着税收征管体制的改革，税务机关的征管手段逐渐增多，措施也逐步到位，纳税人以阴阳股权转让合同作为手段降低股权转让收入的逃税行为很容易被税务机关查处，并存在处以行政处罚的风险，甚至存在刑事犯罪的风险。

2-2　典型案例

案例1：行政责任

【违法事实】

A公司于2016年12月与B物业公司、C物业公司签订《股权转让协议》，将持有的D公司20%的股份作价为115,000,000元进行转让。根据从市场监督管理局调取的相关资料，A公司原以2,000,000元购买取得D公司20%的股份。A公司转让D公司20%的股份的股权转让事项，未如实申报相应的企业所得税及印花税。

【处理结果】

根据《税收征收管理法》第63条第1款的规定，A公司转让股权少报收入、少缴应纳税款的行为是偷税，造成少缴企业所得税28,235,625元、印花税57,500元，其中印花税根据《税收征收管理法》第86条的规定已超过5年追溯期，不再处罚。对少缴的企业所得税处少缴税款50%的罚款，罚款14,117,812.50元。

案例2：刑事责任

【违法事实】

A公司系有限责任公司，被告人鲍某在2017年2月17日前任该公司法定代表人，鲍某在该公司持股20%，李某持股40%，李某所持股份系帮助鲍某代持。2017年1月17日，鲍某、李某与殷某签订《股权转让协议》，将A公司51.09%的股权（其中李某40%股权，鲍某11.09%股权）转让给殷某，转让价格7000万元。1至3月，殷某分六次转账给鲍某5356万元，同年1月20日，殷某一次性转账给李某1644万元。2月15日，鲍某持虚假的《股权转让协议》到某市地方税务局××区分局申报缴纳个人股权转让所得个人所得税，51.09%股份在虚假《股权转让协议》中仅作价326.0506万元。同年2月17日，A公司法定代表人变更为殷某。

2017年9月7日、11月2日，某市地方税务局稽查局分别对鲍某、李某涉税情况进行检查，查明鲍某、李某有进行虚假的纳税申报而少缴税款的违法事实。2018年8月28日，某市税务局稽查局依法作出某市税稽处［2018］×号、×号税务处理决定书和某市税稽罚［2018］×号、×号税务行政处罚决定书，决定追缴李某少缴的个人所得税税款9,176,067.64元、印花税税款26,123.6元并给予罚款，追缴鲍某少缴的个人所得税税款2,545,404.09元、印花税税款7246.1元并给予罚款，2018年9月4日向李某、鲍某送达了上述文书。2018年9月20

日，某市税务局稽查局依法向李某、鲍某送达《某市税务局稽查局催告书》进行催缴税款后，李某、鲍某共计补缴税款480万元。

因李某在A公司持股40%是帮助鲍某代持，鲍某应作为实际纳税人缴纳李某所欠税款。2020年6月17日，某市公安局××区分局对鲍某涉嫌逃税立案侦查时，鲍某逃税数额合计6,954,841.43元。2021年1月22日，鲍某缴纳罚款7246.1元。截至2021年2月26日，鲍某逃税税款已全部缴纳，但滞纳金和剩余罚款仍未缴纳。

【处理结果】

被告人鲍某将其持有的A公司股权转让他人后采取欺骗、隐瞒手段进行虚假纳税申报，逃避缴纳税款数额合计6,954,841.43元，逃避缴纳税款数额巨大并且占应纳税额的30%以上，其行为已构成逃税罪，应予依法惩处。鲍某归案后能如实供述自己的罪行，补缴了全部税款，有一定的悔罪表现，依法从轻处罚；鲍某已经缴纳的行政罚款，依法应折抵罚金。根据被告人鲍某犯罪的事实、性质、情节、社会危害程度等情况，依照《刑法》第201条第1款、第67条第3款、第52条、第53条第1款之规定，判决：被告人鲍某犯逃税罪，判处有期徒刑4年，并处罚金人民币50万元。

2-3 纠正机制和合规路径

【纠正机制】

房地产公司应当在积极配合税务机关检查的前提下，合理合法地维护自身权益。如遇疑难复杂税务案件，可以选择交由税务律师介入，不仅可以更加有效地解决企业面临的稽查困境，还可以帮助企业更好地适用陈述、申辩、听证等各项程序，在前端解决税务纠纷，避免因为复议、诉讼增加企业负累。特别是在稽查局尚未作出处理、处罚决定之前，律师介入与税务机关沟通是非常重要且必要的。

【合规路径】

（1）企业需要做好股权转让的税务合规。

基于房地产行业的金融属性，股权转让必然发生得较为频繁，房地产行业股权转让是企业融资、合作开发的重要手段，其涉及金额巨大，在促进房地产市场竞争、优化资源配置、提高效率和效益等方面有积极作用。故房地产公司应制定规范的内部控制制度，确保股权转让交易符合税法规定，避免发生涉税违法行为。

为应对税务稽查，房地产公司应当建立完善的发票管理制度和合同管理制度，设立特定的股权转让证明材料文档库，及时对内控人员进行培训，提升相关部门和工作人员的税收敏感度，建立合规红线。同时根据股权转让的细节上的差异，选择相应的处理方式，并选择适当的税收优惠政策。

（2）主动与税务机关进行专业沟通。

房地产公司股权转让交易涉及众多税种及税法政策，由此导致涉税风险提升，因此与当地税务机关保持良好的沟通必不可少，可以选择在股权转让前主动就相关事宜进行协商，降低涉税风险。税务检查过程中企业要积极予以配合。

第二节　房地产项目融资环节

一、向金融机构融资的合规风险

房地产项目开发具有资金量大、周期长、不确定性强等特点。由于房地产项目经常在短时间内对资金有较大的需求，向资金流充裕的金融机构寻求借款，是房地产公司在融资时的首选路径。房地产企业能否在银行或其他金融机构中获取资金，直接影响房地产企业的稳定发展和效益。

为防范因房地产融资带来的金融风险、间接有效地控制房地产价格及推动房地产行业转型，加强服务属性，住房和城乡建设部及央行在

2020 年 8 月明确了房地产融资三大红线，若未达标，监管层将要求金融机构对相应房企的全口径债务进行限制，具体为“红线一是剔除预收款的资产负债率不得大于 70%，红线二是净负债率不得大于 100%，红线三是现金短债比不得小于 1 倍”。房地产企业被分为四档进行管理：（1）若上述三项指标全部“踩线”，有息负债不得增加；（2）若指标中两项“踩线”，有息负债规模年增速不得超过 5%；（3）若只有一项“踩线”，有息负债规模年增速可放宽至 10%；（4）若全部指标符合监管层要求，则有息负债规模年增速可放宽至 15%。上述规定对于房地产企业的融资限制和合规具有重要的指导意义。

房地产企业在向金融机构融资过程中，需要注意的细节点非常多，合规义务也很重大，从常见情形来说，所涉及的违规情形和罪名主要有两类，一类是骗取贷款罪，另一类是贷款诈骗罪。

（一）以欺骗手段取得金融机构贷款

1-1 合规义务的来源及合规风险的识别

【合规义务的来源】

《刑法》

第一百七十五条之一 【骗取贷款、票据承兑、金融票证罪】以欺骗手段取得银行或者其他金融机构贷款、票据承兑、信用证、保函等，给银行或者其他金融机构造成重大损失的，处三年以下有期徒刑或者拘役，并处或者单处罚金；给银行或者其他金融机构造成特别重大损失或者有其他特别严重情节的，处三年以上七年以下有期徒刑，并处罚金。

单位犯前款罪的，对单位判处罚金，并对其直接负责的主管人员和其他直接责任人员，依照前款的规定处罚。

《最高人民检察院、公安部关于公安机关管辖的刑事案件立案追诉标准的规定（二）》

第二十七条 〔骗取贷款、票据承兑、金融票证案（刑法第一百七十五条之一)〕以欺骗手段取得银行或者其他金融机构贷款、票据承兑、信用证、保函等，给银行或者其他金融机构造成直接经济损失数额在五十万元以上的，应予立案追诉。

《最高人民检察院公诉厅关于对骗取贷款罪等犯罪立案追诉标准有关问题的回复意见》

如果银行或者其他金融机构仅仅出具“形成不良贷款数额”的结论，不宜认定为“重大经济损失数额”。根据目前国有商业银行、股份制商业银行实行的贷款五级分类制，商业贷款分为正常、关注、次级、可疑、损失五类，其中后三类成为不良贷款，因此不良贷款尽管“不良”但不一定形成了既成的损失，不宜把形成不良贷款数额等同于“重大经济数损失数额”。

【合规风险的识别】

骗取贷款罪是2006年《刑法修正案（六）》增设的罪名，2021年3月1日颁布施行的《刑法修正案（十一）》，对骗取贷款罪进行了修正。该罪有两个构成要件，一是行为要素，“以欺骗手段取得银行或者其他金融机构贷款”；二是结果要素，“给银行或者其他金融机构造成重大损失”，两个要件必须同时具备，方能构成该罪。

“以欺骗手段取得银行或者其他金融机构贷款”，是指行为人在取得银行或者其他金融机构的贷款过程中，提供假合同、假证明、假财务报表、假产权证明等虚假材料，编造虚假用途等，虚构事实、隐瞒真相，骗取了银行或者其他金融机构的信任，从而取得了银行或者其他金融机构的贷款。这里所说的银行，包括中国人民银行和各类商业银行。“其他金融机构”是指除银行以外的各种开展金融业务的机构。实践中，骗取贷款罪中的欺骗手段主要有以下三种类型：一是伪造身份，取得以特定身份为发放条件的贷款；二是就贷款用途进行欺骗，影响银行对资金使用安全的监管；三是就还款能力进行欺骗，如提供虚假财务状况、征信记录等。比如，房地产企业采取向金融机构提供虚假合同、虚假证明材料（如虚假采购合同、审计报告、财务报告）等手段，通过银行的风控审查体系。

“给银行或者其他金融机构造成重大损失”是指造成银行或者其他金融机构的重大直接经济损失，如贷款无法追回。目前，根据最高人民检察院和公安部规定的追诉标准，给银行或者其他金融机构造成直接经济损失数额在50万元以上的，属于“给银行或者其他金融机构造成重大损失”。“直接经济损失”通常是指行为人逾期未偿还银行或者其他金融机构的信贷资金。对于使用“欺骗手段”获得了资金，但偿还了银行贷款，未给银行造成直接损失的，不构成骗取贷款罪。

1-2 典型案例

【基本案情】

自2013年12月，被告单位A置业公司法定代表人被告人余某指示公司财务总监吴某（另案处理）提供虚假的公司财务报表等申请贷款资料，虚构贷款资金用途，先后分4次向C银行股份有限公司××分行（以下简称C银行××分行）申请共计2亿元人民币房地产开发项目贷款，由被告单位A置业公司提供“中××墅”项目土地使用权作为抵押（评估价为25,816万元人民币），抵押不足部分由B公司提供不动产项目抵押5000万元人民币（评估价为7181万元人民币）。经C银行总行批准，C银行××分行于2013年12月26日发放给被告单位A置业公司贷款人民币1亿元；2014年3月28日发放给被告单位贷款人民币3000万元；2014年3月31日分两次共发放给被告单位贷款人民币7000万元。按照合同约定，上述资金均应于当日打入施工单位D公司的建设银行的账户支付工程款。后被告人余某未将上述贷款用于房地产项目开发，而是用于归还个人债务和关联公司还贷等。2亿元人民币贷款至诉讼时未归还。

【裁判要旨】

原判认为，被告单位A置业公司以欺骗手段取得银行贷款，情节特别严重，被告人余某作为被告单位直接负责的主管人员，其行为均已构成骗取贷款罪。被告人余某揭发他人犯罪行为，提供侦破案件的重要线索，系立功，依法可以从轻处罚。被告人余某归案后能如实供述犯罪事实，依法可以从轻处罚。

【处理结果】

（1）被告单位A置业公司犯骗取贷款罪，判处罚金人民币80万元。

（2）被告人余某犯骗取贷款罪，判处有期徒刑4年6个月，并处罚金人民币50万元。

（3）追缴被告单位A置业公司违法所得人民币1.83亿元返还被害单位C银行××分行，追缴不足部分，责令予以退赔。

1－3 纠正机制和合规路径

【纠正机制】

1. 实践中常见的定罪量刑的考虑情节

（1）及时归还贷款。由于骗取贷款罪需要给“给银行或者其他金融机构造成重大损失”，因此有学者认为“在案发前主动归还本息，危险已经得到有效排除，则客观上受保护的法益已修复，该主动归还行为就类似于危险犯中的犯罪中止。对中止犯，没有造成危害结果的或自动有效地防止结果发生的，应当免除处罚”[①]。但司法实践中亦存在被认为无法依此免于遭受刑事处罚的情形，大多数法院的做法为判处被告骗取贷款罪，但是会将偿还的情形纳入量刑考虑，从轻处罚。

（2）房地产公司虽然改变了贷款用途但并未增加风险。贷款用途不仅是判断贷款能否收回的一个重要资料，也是影响贷款风险的重要因素。司法认定中最多的欺骗手段是借款人申报的用途与实际用途不一致。但改变贷款用途并不必然构成骗取贷款罪，若改变了用途但并未实

① 孙国祥：《骗取贷款罪司法认定的误识与匡正》，载《法商研究》2016年第5期。

际增加风险，行为人可以未实际增加风险向司法机关进行充分解释。但若行为人以生产经营等风险较小的用途取得银行贷款后，将该笔贷款用于炒股等高风险活动，毫无疑问构成骗取贷款罪。

（3）银行工作人员明知贷款资料不实。骗取贷款罪的成立，要求行为人使用欺骗手段，使金融机构工作人员产生认识错误进而发放贷款。如果能证实金融机构工作人员没有产生认识错误，则不能将发放贷款的结果归属行为人的欺骗行为，只能认定金融机构工作人员成立违法发放贷款罪。

2. 争取合规不起诉

根据2021年6月3日最高人民检察院、司法部、财政部等单位联合出台的《关于建立涉案企业合规第三方监督评估机制的指导意见（试行）》第1条，涉案企业合规第三方监督评估机制是指人民检察院在办理涉企犯罪案件时，对符合企业合规改革试点适用条件的，交由第三方监督评估机制管理委员会选任组成的第三方监督评估组织，对涉案企业的合规承诺进行调查、评估、监督和考察。考察结果作为人民检察院依法处理案件的重要参考。该机制也即合规不起诉机制，合规不起诉机制是指对于涉嫌单位犯罪有可能被提起公诉的企业或单位负责人，检察机关对涉案企业有意愿建立合规体系、矫正其违法犯罪行为的请求，经过审查论证，可以责令企业自查自纠进行合规整改，在一定的考察期内，企业合规整改通过，检察机关则作出不起诉决定。

（1）合规不起诉适用对象。

对于同时符合下列条件的涉企犯罪案件，试点地区人民检察院可以根据案件情况适用：①涉案企业、个人认罪认罚；②涉案企业能够正常生产经营，承诺建立或者完善企业合规制度，具备启动第三方机制的基本条件；③涉案企业自愿适用第三方机制。

（2）启动企业合规不起诉程序。

侦查阶段与审查阶段皆可启动企业合规不起诉程序。

①依申请启动。

a. 当涉案企业申请启动合规不起诉程序，检察机关第一步工作就是判断涉案企业是否具有整改条件。通过走访主管部门、走访属地管理乡镇了解情况或委托第三方监管人尽职调查、商请本地第三方机制管委会委派律师团队对涉案企业进行尽职调查，之后出具报告反映涉案企业有无整改能力。

b. 层报省级检察机关批准。当省级检察机关不批准启动合规不起诉程序的情况下，无法启动合规不起诉程序。

c. 可以举行听证会。

②依职权启动。

检察机关若认为该企业具有整改条件，则可以直接制发合规整改意向书询问涉案企业是否需要合规整改。当企业同意整改，检察机关可以再层报省级检察机关批准启动合规不起诉程序。

（3）出具合规承诺与出具合规计划程序。

检察机关依据《涉案企业合规申请书》及提交的相关可行性分析材料，认为涉案企业具有整改条件，拟定涉案企业合规请示，层报省级检察机关批复准许后，检察机关需要告知涉案企业需在指定时间内递交合规承诺和出具初步合规计划，并可以下发开展企业合规工作告知书、合规整改意向书、企业开展合规建设须知。

（4）合规不起诉的结果。

①合规符合要求——不起诉、从宽从缓。

a. 相对不起诉。企业按照承诺，完成合规整改，通过公开听证后，检察院对涉案企业及人员作出不予起诉的决定。

b. 提出从宽从缓的量刑建议。企业完成合规整改后，虽然检察院仍然提起诉讼，但是在认罪认罚的基础上，检察院可以提出从宽从缓的量刑建议。

②合规不达标——从严。

人民检察院可以依法作出批准逮捕、起诉的决定，提出从严处罚的量刑建议，或者向有关主管机关提出从严处罚、处分的检察意见。

若房地产企业被认定为骗取贷款罪，建议及时申请合规不起诉，以达到不起诉、从宽从缓认定的目的。具体应：a. 制定有效的投融资决策机制。b. 贷款资金运用方面要进行严格监管并保留监管记录。c. 与银行及时达成还款协议，积极筹措资金，争取将经营恶化的局面逐步扭转。d. 配合合规监督员工作，全面制订有效合规计划，保障落实，争取获得不起诉决定。

【合规路径】

（1）在贷款时提供真实的贷款材料。建议房地产企业在贷款时提供真实的资料并相应做好证据的固定和留存，以避免被刑事追责。

（2）提供真实有效的保证担保。房地产企业在被追诉为骗取贷款罪时，若存在真实、有效的担保，司法实践中通常认为应当不会被视为骗取贷款罪。

（二）非法占有金融机构的贷款

2－1　合规义务的来源及合规风险的识别

【合规义务的来源】

《刑法》

第一百九十三条　【贷款诈骗罪】有下列情形之一，以非法占有为目的，诈骗银行或者其他金融机构的贷款，数额较大的，处五年以下有期徒刑或者拘役，并处二万元以上二十万元以下罚金；数额巨大或者有其他严重情节的，处五年以上十年以下有期徒刑，并处五万元以上五十万元以下罚金；数额特别巨大或者有其他特别严重情节的，处十年以上有期徒刑或者无期徒刑，并处五万元以上五十万元以下罚金或者没收财产：

（一）编造引进资金、项目等虚假理由的；

（二）使用虚假的经济合同的；

（三）使用虚假的证明文件的；

（四）使用虚假的产权证明作担保或者超出抵押物价值重复担保的；

（五）以其他方法诈骗贷款的。

《最高人民检察院、公安部关于公安机关管辖的刑事案件立案追诉标准的规定（二）》

第四十五条 〔贷款诈骗案（刑法第一百九十三条）〕以非法占有为目的，诈骗银行或者其他金融机构的贷款，数额在五万元以上的，应予立案追诉。

【合规风险的识别】

从法律规定的构成要素来看，贷款诈骗罪的犯罪主体仅包括个人，不包括单位。房地产公司的高级管理人员若出于自身需要或项目融资需求，以个人名义进行贷款诈骗，应定为该罪。

贷款诈骗罪有3个构成要件：首先，主观方面要求行为人“以非法占有为目的”。根据司法实践，对于行为人通过诈骗的方法非法获取资金，造成较大数额资金不能归还，并具有下列情形之一的，可以认定为具有非法占有的目的：（1）明知没有归还能力而大量骗取资金的；（2）非法获取资金后逃跑的；（3）肆意挥霍骗取资金的；（4）使用骗取的资金进行违法犯罪活动的；（5）抽逃、转移资金、隐匿财产，以逃避返还资金的；（6）隐匿、销毁账目，或者搞假破产、假倒闭，以逃避返还资金的；（7）其他非法占有资金、拒不返还的行为。

其次，要求行为人在贷款时实施了“诈骗银行或者其他金融机构贷款”的行为。根据《刑法》第193条的规定，该罪规定的诈骗行为是指：（1）编造引进资金、项目等虚假理由的；（2）使用虚假的经济合同的；（3）使用虚假的证明文件的；（4）使用虚假的产权证明作担保或者超出抵押物价值重复担保的；（5）以其他方法诈骗贷款的。

最后，行为人诈骗银行或者其他金融机构的贷款须达到数额较大的标准，即需要达到5万元以上。

2-2　典型案例

【基本案情】

2012 年 7 月至 2014 年 11 月，被告人单某明知 A 集团及其子公司连年亏损、资不抵债及部分借款子公司未实际经营的情况，仍亲自或指示他人通过伪造证明、提供虚假财务报表、虚构合同、套用或伪造审计报告、提供虚假个人财产担保等方法，以其实际控制的 B 公司、C 公司、D 公司、E 公司、F 公司、G 公司、H 公司、I 公司、J 公司为借款方，分别骗取 K 合作联社贷款 5910 万元、L 商业银行贷款 1300 万元、K 合作联社贷款 3237.13 万元，上述贷款共计 10,447.13 万元不能归还。

【裁判要旨】

单某作为 A 集团的法定代表人、实际控制人，为骗取贷款，以其控制的未实际经营的公司的名义，亲自或指示他人采用虚构合同，提供虚假证明、公司财务报表，套用或伪造审计报告，提供虚假个人财产担保等方法向金融机构贷款，所贷的款项亦未按照合同约定的用途使用，而是转入 A 集团财务由其决定支配，随意使用，造成金融机构贷款共计 10,447.13 万元不能归还，其非法占有目的明显，已构成贷款诈骗罪。

【处理结果】

判决被告人单某犯贷款诈骗罪，判处有期徒刑 15 年，并处罚金人民币 30 万元，决定执行无期徒刑，剥夺政治权利终身，并处没收个人全部财产。对已追缴到案的和依法应追缴的其他涉案财产予以追缴、处置，查封、冻结、扣押的其他涉案财产依法予以追缴、处置。

2-3　纠正机制和合规路径

【纠正机制】

（1）制订有效的融资方案，房地产企业及相关主要人员不应当出于非法占有目的、出于解一时燃眉之急的需求而诈骗银行的贷款。

（2）与银行及时达成还款协议，积极筹措资金，及时偿还银行贷款。

【合规路径】

（1）增强风险意识和刑事合规意识。刑事风险防控的前提是企业及相关管理人员能够居安思危、未雨绸缪，对于刑事风险和刑事危机有一定的认知和敏感度。目前，我国很多企业及其负责人还未能认识刑事的严重性，未能意识到刑事合规管理对于规范经营活动和预防刑事犯罪的重要性，风险意识和刑事合规意识普遍需要增强。企业如果有足够的风险意识，建立事先防范的有效机制，无疑能最大限度地避免承担刑事责任。

（2）树立证据意识。在司法机关来进行调查时，若认为本人行为不构成犯罪，则可以通过证据来还原事实情况和争议点，以便司法机关查明事实情况。证据对法院查明案件事实、依法正确裁判具有重要意义。现实中很多企业及相关管理人员缺乏证据意识，忽视证据的固定和管理工作。关键性证据的缺失往往致使司法机关难以认定案件事实，自然无法获得令企业满意的审判结果。在申请贷款、使用贷款时，企业及相关管理人员应保存好相关证据，保存的证据应形成完整的可以相互印证的证据链条，全方位反映整个过程。即使将来面临诉讼也可以有所准备，提供证据证明自己的行为符合法律要求，不至于完全被动应诉。

二、民间融资的合规风险

民间融资是区别于向合法金融机构进行融资，通过支付相对较高的利息以获取货币资金的一种渠道、手段。对于一些中小型房地产企业而言，若其负债比例较高、经营风险较大，在融资时或无法通过金融机构的风险审查，民间融资仍然是其主要融资手段之一。民间融资出现后，其在缓解小微企业融资难方面发挥了重要作用。但民间借贷融资风险较大，与非法集资往往只有一纸之隔，一不小心就会触碰法律红线，危及企业生存发展。

民间融资是房地产企业所有融资类型中风险较大的一类，也是较容易触发刑事风险的一类融资方式。民间融资所涉及的罪名主要有两类，一类是非法吸收公众存款罪，另一类是集资诈骗罪。

（一）非法吸收公众存款或者变相吸收公众存款

1-1 合规义务的来源及合规风险的识别

【合规义务的来源】

《刑法》

第一百七十六条 【非法吸收公众存款罪】非法吸收公众存款或者变相吸收公众存款，扰乱金融秩序的，处三年以下有期徒刑或者拘役，并处或者单处罚金；数额巨大或者有其他严重情节的，处三年以上十年以下有期徒刑，并处罚金；数额特别巨大或者有其他特别严重情节的，处十年以上有期徒刑，并处罚金。

单位犯前款罪的，对单位判处罚金，并对其直接负责的主管人员和其他直接责任人员，依照前款的规定处罚。

有前两款行为，在提起公诉前积极退赃退赔，减少损害结果发生的，可以从轻或者减轻处罚。

《最高人民法院关于审理非法集资刑事案件具体应用法律若干问题的解释》

第一条 违反国家金融管理法律规定，向社会公众（包括单位和个人）吸收资金的行为，同时具备下列四个条件的，除刑法另有规定的以外，应当认定为刑法第一百七十六条规定的“非法吸收公众存款或者变相吸收公众存款”：

（一）未经有关部门依法许可或者借用合法经营的形式吸收资金；

（二）通过网络、媒体、推介会、传单、手机信息等途径向社会公开宣传；

（三）承诺在一定期限内以货币、实物、股权等方式还本付息或者给付回报；

（四）向社会公众即社会不特定对象吸收资金。

未向社会公开宣传，在亲友或者单位内部针对特定对象吸收资金的，不属于非法吸收或者变相吸收公众存款。

第二条第一项　实施下列行为之一，符合本解释第一条第一款规定的条件的，应当依照刑法第一百七十六条的规定，以非法吸收公众存款罪定罪处罚：

（一）不具有房产销售的真实内容或者不以房产销售为主要目的，以返本销售、售后包租、约定回购、销售房产份额等方式非法吸收资金的。

第三条　非法吸收或者变相吸收公众存款，具有下列情形之一的，应当依法追究刑事责任：

（一）非法吸收或者变相吸收公众存款数额在100万元以上的；

（二）非法吸收或者变相吸收公众存款对象150人以上的；

（三）非法吸收或者变相吸收公众存款，给存款人造成直接经济损失数额在50万元以上的。

非法吸收或者变相吸收公众存款数额在50万元以上或者给存款人造成直接经济损失数额在25万元以上，同时具有下列情节之一的，应当依法追究刑事责任：

（一）曾因非法集资受过刑事追究的；

（二）二年内曾因非法集资受过行政处罚的；

（三）造成恶劣社会影响或者其他严重后果的。

【合规风险的识别】

（1）犯罪主体。非法吸收公众存款罪的主体是一般主体，即一切达到刑事责任年龄，具有刑事责任能力的自然人，单位亦能构成该罪主体。

（2）主观方面为故意，即行为人明知自己非法吸收公众存款的行为扰乱了国家金融秩序，造成了破坏金融管理秩序的结果，仍然希望或者放任这种结果发生；过失不构成该罪。该罪不要求行为人具有非法占有的目的。若以非法占有目的骗取公众存款，则可能构成集资诈骗罪等。

（3）犯罪客体。该罪侵犯的客体，是国家金融信贷秩序。该罪的犯罪对象是公众存款。存款是指存款人将资金存入银行或者其他金融机构，银行或者其他金融机构向存款人支付利息的一种经济活动。公众主要指存款人，是指多数人或不特定的群体（单位）。

（4）客观要件。该罪在客观方面表现为行为人实施了非法吸收公众存款或变相吸收公众存款，扰乱金融秩序的行为。主要分两大类：其一为非法吸收公众存款，即依法无资格从事吸收公众存款业务的单位非法吸收公众存款，扰乱金融秩序；其二为变相吸收公众存款，即以变相提高利率的方式吸收存款、扰乱金融秩序。如开发商在未取得预售许可证的情况下，以可以选择收房、退房或获取特定的收益回报为条件，向社会公众销售房屋，吸收社会公众的资金。

该罪是行为犯，行为人只要实施了非法吸收公众存款或者变相吸收公众存款，扰乱金融秩序的行为，即构成该罪既遂。但未向社会公开宣传，在亲友或者单位内部针对特定对象吸收资金的，不属于非法吸收或者变相吸收公众存款。

1-2 典型案例

【基本案情】

2007 年以来，被告单位 A 公司为开发建设项目筹措资金，时任该公司法定代表人、董事长被告人李某与时任该公司副总裁被告人靳某、时任该公司融资部主管被告人王某商议以高息返利的形式面向社会群众集资。由被告人李某在 A 公司高层管理会议上安排部署融资部、财务部等部门执行。随后，被告人靳某、王某以与 B 智投资管理咨询有限公司及社会人员李某（另案起诉）等人签订委托合同的方式，让以上公司或人员帮助A公司在社会上进行集资，同时A公司也通过集资人员口口相传的方式在社会上进行集资。

2014年8月前后，被告人李某与主管销售的副总裁商定推出以6、8年返本销售房屋的方式面向社会进行集资，李某安排主管广告部的被告人赵某负责拟定广告方案、联系媒体推广向社会群众宣传“六年白得一套房”等集资内容。2014年8月至2015年5月，A公司在房屋未开工建设的情况下，组织销售人员散发含有以上集资内容的宣传单并与集资人签订6年或8年全部返还本金的销售合同。

经审计，A公司以高息为诱饵共吸收了1425名投资人的投资款，涉及投资笔数1563笔。A公司以该种方式融资并未返还本金及利息，房屋也并未交付。……

【裁判要旨】

被告单位A公司违反国家金融管理法律规定，非法吸收公众存款，扰乱金融秩序，数额巨大，被告人李某、靳某作为直接责任人员，被告人王某、赵某作为直接负责的主管人员，实施了上述行为，其行为已构成非法吸收公众存款罪。……

【处理结果】

（1）被告单位A公司犯非法吸收公众存款罪，判处罚金人民币45万元；犯骗取贷款罪，判处罚金人民币20万元；犯虚开发票罪，判处罚金人民币20万元。数罪并罚，决定执行罚金人民币85万元。

（2）被告人李某犯非法吸收公众存款罪，判处有期徒刑9年，并处罚金人民币30万元；犯骗取贷款罪，判处有期徒刑2年，并处罚金人民币10万元；犯虚开发票罪，判处有期徒刑3年，并处罚金人民币5万元。数罪并罚，决定执行有期徒刑13年，并处罚金人民币45万元。

（3）被告人靳某犯非法吸收公众存款罪，判处有期徒刑4年6个月，并处罚金人民币10万元；犯骗取贷款罪，判处有期徒刑2年，并处罚金人民币5万元。数罪并罚，决定执行有期徒刑5年6个月，并处罚金人民币 15 万元。

(4) 被告人王某犯非法吸收公众存款罪，判处有期徒刑 4 年 6 个月，并处罚金人民币 20 万元。

(5) 被告人赵某犯非法吸收公众存款罪，判处有期徒刑 3 年，并处罚金人民币 5 万元。

1－3　纠正机制和合规路径

【纠正机制】

(1) 单位以及直接责任人员和主管人员，及时主动实施认罪认罚、自首、立功，主动退缴退赔等具有法定从宽处罚情节的行为，在提起公诉前积极退赃退赔，减少损害结果发生的，可以从轻或者减轻处罚。

(2) 涉罪企业作出合规承诺并开展合规建设，并在一定期限内进行合规整改，完善合规机制，争取不诉或者从宽。

(3) 规范资金使用用途，是否具有“非法占有目的”，是正确区分非法吸收公众存款罪和集资诈骗罪的关键。房地产企业不应擅自转移、抽逃资金，行为人未将大部分所吸收资金用于生产经营活动，或名义上投入生产经营，但又通过各种方式抽逃转移资金，或供其个人肆意挥霍，归还本息主要通过借新还旧来实现，造成数额巨大的募集资金无法归还的，司法实践中倾向于认定具有非法占有的目的。

【合规路径】

(1) 向不特定社会公众吸收存款是商业银行专属金融业务，任何单位和个人未经批准均不得实施。

未经国务院银行业监督管理机构批准，任何单位和个人不得从事吸收公众存款等商业银行业务，这是判断吸收公众存款行为合法与非法的基本法律依据。任何单位或个人，包括非银行金融机构，未经国务院银行业监督管理机构批准，面向社会吸收公众存款或者变相吸收公众存款均属非法。

（2）房地产企业出现资金短缺、经营困难等情况，一定要通过合法的渠道进行融资。切勿为了解一时的燃眉之急，面向社会公众进行融资，以免触犯刑法，给企业带来灭顶之灾。

（3）在进行融资时，应当对投资者充分履行投资风险提示义务，切勿以任何形式向投资者承诺固定收益。

（4）以发行私募基金的形式进行融资，切记完成公告及登记备案后，方可进行，募集的过程要严格依法依规进行。

（二）集资诈骗

2-1 合规义务的来源及合规风险的识别

【合规义务的来源】

《刑法》

第一百九十二条 【集资诈骗罪】以非法占有为目的，使用诈骗方法非法集资，数额较大的，处三年以上七年以下有期徒刑，并处罚金；数额巨大或者有其他严重情节的，处七年以上有期徒刑或者无期徒刑，并处罚金或者没收财产。

单位犯前款罪的，对单位判处罚金，并对其直接负责的主管人员和其他直接责任人员，依照前款的规定处罚。

《最高人民检察院、公安部关于公安机关管辖的刑事案件立案追诉标准的规定（二）》

第四十四条 〔集资诈骗案（刑法第一百九十二条）〕以非法占有为目的，使用诈骗方法非法集资，数额在十万元以上的，应予立案追诉。

《最高人民法院关于审理非法集资刑事案件具体应用法律若干问题的解释》

第七条 以非法占有为目的，使用诈骗方法实施本解释第二条规定所列行为的，应当依照刑法第一百九十二条的规定，以集资诈骗罪定罪处罚。

使用诈骗方法非法集资，具有下列情形之一的，可以认定为“以非法占有为目的”：

（一）集资后不用于生产经营活动或者用于生产经营活动与筹集资金规模明显不成比例，致使集资款不能返还的；

（二）肆意挥霍集资款，致使集资款不能返还的；

（三）携带集资款逃匿的；

（四）将集资款用于违法犯罪活动的；

（五）抽逃、转移资金、隐匿财产，逃避返还资金的；

（六）隐匿、销毁账目，或者搞假破产、假倒闭，逃避返还资金的；

（七）拒不交代资金去向，逃避返还资金的；

（八）其他可以认定非法占有目的的情形。

第八条　集资诈骗数额在10万元以上的，应当认定为“数额较大”；数额在100万元以上的，应当认定为“数额巨大”。

集资诈骗数额在50万元以上，同时具有本解释第三条第二款第三项情节的，应当认定为刑法第一百九十二条规定的“其他严重情节”。

集资诈骗的数额以行为人实际骗取的数额计算，在案发前已归还的数额应予扣除。行为人为实施集资诈骗活动而支付的广告费、中介费、手续费、回扣，或者用于行贿、赠与等费用，不予扣除。行为人为实施集资诈骗活动而支付的利息，除本金未归还可予折抵本金以外，应当计入诈骗数额。

《防范和处置非法集资条例》

第二条第一款　本条例所称非法集资，是指未经国务院金融管理部门依法许可或者违反国家金融管理规定，以许诺还本付息或者给予其他投资回报等方式，向不特定对象吸收资金的行为。

【合规风险的识别】

（1）集资诈骗罪行为人在主观上具有非法占有目的。非法占有目的是成立集资诈骗罪的法定条件，是区分集资诈骗罪与其他非法集资类犯罪的关键所在，同时又是集资诈骗罪司法认定当中的难点。这里的非法占有是广义的，通常是指将非法募集的资金的所有权转归为自己所有，或任意挥霍，或占有资金后携款潜逃等。

（2）行为人实施了“使用诈骗方法非法集资”的行为。“使用诈骗方法”，是指行为人以非法占有为目的，通过编造谎言、捏造或者隐瞒事实真相等欺骗的方法，骗取他人资金的行为。不论其采取什么欺骗手段，实质都是为了隐瞒事实真相，诱使公众信以为真，错误地相信非法集资者的谎言，以达到其进行非法集资进而非法占有集资款的目的。“非法集资”，是指违反国家金融管理法规，向社会公众（包括单位和个人）吸收资金的行为。如房地产企业虚假承诺高息返点，以骗取社会公众资金等情形。

（3）该罪的犯罪主体既包括自然人，也包括公司、企业等单位。从司法实践情况来看，集资诈骗行为多是以单位名义实施，即使是自然人作为犯罪主体时，很多也都以公司、企业或其他组织的名义进行。司法实践中认定案件的主体，关键在于准确认定犯罪行为所体现出的是个人的意志，还是单位的意志。对于受个人意志支配而实施的集资诈骗行为，应当按照《刑法》中有关自然人犯罪的规定处理；对于受单位意志支配而实施的集资诈骗行为，则应当按照《刑法》关于单位犯罪的规定处理。

2-2 典型案例

【基本案情】

被告人吴某于2012年6月接手A房地产开发有限公司“××广场”项目，并成为该公司的实际控制人。2013年5月，公司法定代表人变更为吴某，该公司注册资本6000万元，吴某占股60%。2015年4月，公司法定代表人变更为罗某。

吴某接手“××广场”项目后，隐瞒了“××广场”住宅楼所需土地尚未取得土地使用权等事实，以公司名义面向社会不特定人员进行公开宣传，许诺3年内交房、公司负责回购、可退出投资并负担相应利息等诱人条件，采取签订“联建协议”的方式，销售“××广场”批准规划图纸中并没有的1#、2#住宅楼来募集资金。2012年年底至2013年上半年，A房地产开发有限公司与胡某等102人签订联建协议，收取购房款共计人民币3269万余元。收取联建资金后，被告单位A房地产开发有限公司及被告人吴某并未将所募资金用于开发1#、2#住宅楼项目，经会计师事务所司法审计鉴定，截至案发时累计涉案金额3222.12万元，确认资金去向还款174.10万元，转至吴某732.80万元，用于付工程款等27.25万元。2016年6月至2018年8月初，A房地产开发有限公司向102联建户返还支付金额共计9,710,764.93元。

另查明：自2013年4月开始，A房地产开发有限公司、吴某以××广场项目需要资金，陆续向柴某等多人借款。2014年11月因A房地产开发有限公司涉及债务纠纷，××省高级人民法院查封了××广场3#、4#公寓楼商业部分1－5层661套；××市中级人民法院查封3#、4#公寓楼商业部分。……

【裁判要旨】

被告单位A房地产开发有限公司以非法占有为目的，使用诈骗的方法非法集资，数额特别巨大，已构成集资诈骗罪；被告人吴某作为公司的实际控制人，领导、策划并组织A房地产开发有限公司实施集资诈骗的犯罪行为，属于直接负责的主管人员，其行为亦已构成集资诈骗罪，依法应予惩处。公诉机关指控的罪名成立，予以确认。

【裁判结果】

(1) 被告单位A房地产开发有限公司犯集资诈骗罪，判处罚金人民币50万元（罚金于判决生效后10日内缴纳）；

(2) 被告人吴某犯集资诈骗罪，判处有期徒刑13年，并处罚金10万元（罚金于判决生效后10日内缴纳）；

（3）对违法所得依法予以追缴。

2-3 纠正机制和合规路径

【纠正机制】

（1）制订有效的融资方案，房地产企业及相关主要人员不应当出于非法占有目的、出于解一时燃眉之急的需求而进行集资诈骗。

（2）与社会公众及时达成还款协议，积极筹措资金，及时偿还借款，实现可持续经营发展。

（3）积极参与合规不起诉，完善合规制度，争取不起诉或从宽处理。

【合规路径】

（1）制定合规计划，明确合规目标、原则和措施，并建立有效的监督机制。

（2）建立健全内部管理制度，包括财务管理制度、风险控制制度、内部审计制度等，确保各项业务活动符合法律法规和内部规定。

（3）加强员工培训和教育，提高员工的风险意识和合规意识。

（4）建立有效的监督机制，对员工的行为进行监督和管理，及时发现和纠正违规行为。

（5）建立合理的奖惩机制，对合规表现良好的员工进行奖励，对违规员工进行惩罚，以激励员工遵守合规规定。

第二章　房地产项目规划报建环节合规

第一节　房地产项目规划的合规风险

城市的建设活动需遵照相应的规划进行，城市人民政府城乡规划主管部门根据城市总体规划的要求，组织编制城市的控制性详细规划。对于房地产企业而言，其开发建设的用地一般为通过政府出让国有土地使用权的方式取得。在国有土地使用权出让前，城市、县人民政府城乡规划主管部门会依据控制性详细规划，提出出让地块的位置、使用性质、开发强度等规划条件，作为国有土地使用权出让合同的组成部分。

规划条件是由城乡规划行政主管部门依据城乡规划确定并纳入土地出让合同，用以规范和限制国有土地开发利用，限定建设单位在进行土地使用和建设活动时必须遵循的基本准则。[①] 同时，规划条件是对控制性详细规划规定的具体地块的控制指标和土地使用要求的深化和具体化。[②] 通过搜集梳理我国相关法规政策，在现行规范下，规划条件的主要涉及内容大致如表 3 所示。

---

① 参见张舰：《土地使用权出让规划管理中“规划条件”问题研究》，载《城市规划》2012 年第 3 期。

② 参见黄建初等主编，全国人大常委会法制工作委员会经济法室等编：《中华人民共和国城乡规划法解说》，知识产权出版社 2008 年版。

表 3　相关法规政策中对规划条件的相关规定

序号	名称	发布时间	规划条件涉及内容
1	《城市国有土地使用权出让转让规划管理办法》	1992 年发布，2011 年修正	地块面积，土地使用性质，容积率，建筑密度，建筑高度，停车泊位，主要出入口，绿地比例，须配置的公共设施、工程设施，建筑界线，开发期限以及其他要求
2	《关于做好稳定住房价格工作的意见》	2005 年	建筑高度、容积率、绿地
3	《住房和城乡建设部关于对房地产开发中违规变更规划、调整容积率问题开展专项治理的通知》	2009 年	用地性质、容积率
4	《城乡规划法》	2007 年发布，2019 年修正	位置、使用性质、开发强度

根据《城乡规划法》的规定，确定规划条件是国有土地使用权出让的前提条件，未确定规划条件的地块不得出让。而且，规划条件是国有土地使用权出让合同的重要组成部分，规划条件未纳入国有土地使用权出让合同的，该国有土地使用权出让合同无效。因此，规划条件在国有土地使用权出让过程中具有举足轻重的地位。此外，我国法律法规对规划条件的变更进行了严格的限制，对擅自变更规划条件进行开发建设的行为制定了严厉的惩罚机制。擅自变更规划条件，一方面属于违反国家法律规范的行为，另一方面是违反国有土地使用权出让合同的违约行为。故房地产企业在拿地后开发建设的过程中应高度注意擅自变更规划条件的合规风险。

房地产企业通过招标、拍卖或挂牌或者协议出让方式获得出让地块的土地使用权后，需与政府土地管理部门签订国有土地使用权出让合同，并且申领建设用地规划许可证、建设工程规划许可证等许可证。房地产企业应按照土地使用权出让合同约定的土地用途、建筑位置、绿地率、建筑高度、容积率、建筑密度、建筑后退红线距离、建筑间距、配建要求等一系列的规划条件以及建设用地规划许可证规定的土地用途和范围、建设工程规划许可证规定的设计方案开发建设出让地块。然而，实践中，存在一些房地产企业出于商业利益等方面的目的，擅自变更规划条件内容的不合规情形。较为常见的有，擅自变更土地用途、超容积率建设、超建筑密度建设、超建筑面积建设、超建筑高度建设、绿地率低于规划要求、超出让红线非法用地等。

1－1 合规义务的来源及合规风险的识别

【合规义务的来源】

《土地管理法》

第五十六条 建设单位使用国有土地的，应当按照土地使用权出让等有偿使用合同的约定或者土地使用权划拨批准文件的规定使用土地；确需改变该幅土地建设用途的，应当经有关人民政府自然资源主管部门同意，报原批准用地的人民政府批准。其中，在城市规划区内改变土地用途的，在报批前，应当先经有关城市规划行政主管部门同意。

第八十一条 依法收回国有土地使用权当事人拒不交出土地的，临时使用土地期满拒不归还的，或者不按照批准的用途使用国有土地的，由县级以上人民政府自然资源主管部门责令交还土地，处以罚款。

《城市房地产管理法》

第十八条 土地使用者需要改变土地使用权出让合同约定的土地用途的，必须取得出让方和市、县人民政府城市规划行政主管部门的同意，签订土地使用权出让合同变更协议或者重新签订土地使用权出让合同，相应调整土地使用权出让金。

《城乡规划法》

第四十三条 建设单位应当按照规划条件进行建设；确需变更的，必须向城市、县人民政府城乡规划主管部门提出申请。变更内容不符合控制性详细规划的，城乡规划主管部门不得批准。城市、县人民政府城乡规划主管部门应当及时将依法变更后的规划条件通报同级土地主管部门并公示。

建设单位应当及时将依法变更后的规划条件报有关人民政府土地主管部门备案。

第四十五条　县级以上地方人民政府城乡规划主管部门按照国务院规定对建设工程是否符合规划条件予以核实。未经核实或者经核实不符合规划条件的，建设单位不得组织竣工验收。建设单位应当在竣工验收后六个月内向城乡规划主管部门报送有关竣工验收资料。

第六十四条　未取得建设工程规划许可证或者未按照建设工程规划许可证的规定进行建设的，由县级以上地方人民政府城乡规划主管部门责令停止建设；尚可采取改正措施消除对规划实施的影响的，限期改正，处建设工程造价百分之五以上百分之十以下的罚款；无法采取改正措施消除影响的，限期拆除，不能拆除的，没收实物或者违法收入，可以并处建设工程造价百分之十以下的罚款。

第六十八条　城乡规划主管部门作出责令停止建设或者限期拆除的决定后，当事人不停止建设或者逾期不拆除的，建设工程所在地县级以上地方人民政府可以责成有关部门采取查封施工现场、强制拆除等措施。

《城镇国有土地使用权出让和转让暂行条例》

第十七条　土地使用者应当按照土地使用权出让合同的规定和城市规划的要求，开发、利用、经营土地。

未按合同规定的期限和条件开发、利用土地的，市、县人民政府土地管理部门应当予以纠正，并根据情节可以给予警告、罚款直至无偿收回土地使用权的处罚。

《协议出让国有土地使用权规范（试行）》（国土资发〔2006〕第114号）

第八条　出让土地申请改变用途等土地使用条件，经出让方和规划管理部门同意，原土地使用权人可以与市、县国土资源管理部门签订

《国有土地使用权出让合同变更协议》或重新签订《国有土地使用权出让合同》，调整国有土地使用权出让金，但《国有土地使用权出让合同》、法律、法规、行政规定等明确应当收回土地使用权重新公告出让的除外。原土地使用权人应当按照国有土地使用权出让合同变更协议或重新签订的国有土地使用权出让合同约定，及时补缴土地使用权出让金额，并按规定办理土地登记。

调整国有土地使用权出让金额应当根据批准改变用途等土地使用条件时的土地市场价格水平，按下式确定：

应当补缴的土地出让金额＝批准改变时的新土地使用条件下土地使用权市场价格－批准改变时原土地使用条件下剩余年期土地使用权市场价格。

【合规风险的识别】

房地产企业擅自变更规划条件进行开发建设的合规风险主要有：可能导致项目无法竣工验收；可能导致项目被政府主管部门责令停止建设、责令限期改正、限期拆除、没收实物或违法收入、处以罚款；可能导致项目土地被无偿收回；可能导致房地产企业需补缴土地使用权出让金。

（1）导致项目无法竣工验收。

《城市房地产开发经营管理条例》第 17 条规定，房地产开发项目竣工后，必须先依照《建设工程质量管理条例》的规定进行验收，验收合格后，方可交付使用。《建设工程质量管理条例》第 16 条同样规定，建设工程经验收合格之后，方可交付使用。

建设工程竣工验收是一个复杂的过程，主要是对工程质量进行验收，同时根据相关规定对规划、公安消防、环保、工程档案、节能等项目的执行情况、设施设备的建设情况等进行专项验收。这些专项验收涵盖了多个方面，确保了工程项目的合规性和安全性。

根据《城乡规划法》第 45 条的规定，县级以上地方人民政府城乡规划主管部门会对建设工程是否符合规划条件予以核实，如果未经核实或者经核实不符合规划条件的，建设单位不得组织竣工验收。

因此，建设工程规划条件核实是建设单位组织建设工程竣工验收的前置条件，应在建设工程竣工后、竣工验收前进行。在经规划部门核实符合规划条件，取得规划认可文件或建设工程竣工规划验收合格证后，房地产企业方可组织工程的竣工验收。房地产企业若擅自变更规划条件进行开发建设，将直接导致规划条件核实无法正常通过，进而导致建设工程项目的竣工验收无法进行。

（2）导致项目被政府主管部门责令停止建设、责令限期改正、限期拆除、没收实物或违法收入、处以罚款。

房地产企业若擅自变更规划条件，则会与建设工程规划许可证附件载明的工程规划内容不一致。根据《城乡规划法》第64条的规定，房地产企业如果未取得建设工程规划许可证或者未按照建设工程规划许可证的规定进行建设，根据建设进展阶段的不同，可能面临的法律后果有三种：

首先，如果建设工作正在进行中，则相关主管部门会责令房地产企业停止违法建设行为。

其次，如果违法建设的行为尚可采取改正措施以消除对规划实施的影响，则相关主管部门会责令房地产企业限期改正，并可能处以建设工程造价5%以上10%以下的罚款。

最后，如果违法建设的行为已经无法采取改正措施消除影响，如违法建筑物已经建成，则相关主管部门可能会责令房地产企业限期拆除。如果是不能拆除的，如拆除该违法建筑物将影响相邻建筑物的安全、拆除该违法建筑物可能损害无过错利害关系人合法权益或者对公共利益造成重大损害，则相关主管部门可能会没收实物或者违法收入，并可能对房地产企业处以建设工程造价10%以下的罚款。

因此，如果房地产企业擅自变更规划条件进行开发建设，可能导致项目被政府主管部门责令停止建设、责令限期改正、限期拆除、没收实物或违法收入、处以罚款等。

（3）导致项目土地被无偿收回。

根据《城镇国有土地使用权出让和转让暂行条例》第 17 条的规定，房地产企业应当按照土地使用权出让合同的规定和城市规划的要求，开发、利用、经营土地。如果房地产企业未按土地使用权出让合同规定的期限和条件开发、利用土地，将由市、县人民政府土地管理部门予以纠正。同时，相关部门可以根据违法情节给予警告、罚款直至无偿收回土地使用权的处罚。

因此，若房地产企业未按照规划条件开发利用土地，情节严重，存在土地使用权被国家无偿收回的风险。

（4）导致房地产企业需补缴土地使用权出让金。

一块出让土地的规划条件对于该出让土地的价格具有重大的影响，因为不同的土地利用形式将会产生不同的土地收益，因此不同的规划条件，对应着不同的土地价格。以作为“规划条件”重要内容之一的容积率指标为例，一块土地的容积率数值越高，意味着在地块面积一定的条件下，其可以建设的建筑物面积就越大。因此，对于以盈利为目的的房地产企业来说，其利用该土地进行开发销售的收益就会相应增大。而一般而言，如果一块土地的使用效益更高，其对应的土地价格就会更高。同样，以作为“规划条件”之一的用地性质指标为例，在同一块土地上，不同用地性质对应的土地收益不同，如居住用地、工业用地、商业服务业设施用地，他们的土地收益必然不同，其对应的土地价格也会存在较大的差异。因此，国土资源管理部门在核定土地出让金标准时，“规划条件”是一个重要的参考指标。因此，房地产企业擅自变更规划条件，将导致变更后的土地价格与房地产企业实际支付的土地出让金不对等。

《城市房地产管理法》第 18 条和《协议出让国有土地使用权规范（试行）》第 8 条规定，房地产企业若要改变土地用途等土地使用条件，须经出让方和规划管理部门同意，再与市、县国土资源管理部门签订《国有土地使用权出让合同变更协议》或重新签订《国有土地使用权出让合同》，并及时补缴土地使用权出让金。因此，房地产企业改变规划条件，需重新核算土地出让金并补缴相应款项。

1-2 典型案例

案例1：擅自变更土地用途

【违法事实】

A房地产开发有限公司开发的××房地产项目7号楼总占地面积3783.16平方米，该房地产开发有限公司将该项目7号楼土地用途由其他商服用地/教育变更为住宅用地，但未办理相关土地变更手续的行为，违反了《土地管理法》第56条和《城镇国有土地使用权出让和转让暂行条例》第17条的相关规定，构成未经批准改变土地用途。

【处罚结果】

（1）责令A房地产开发有限公司对违法违规行为进行整改；

（2）对改变土地用途未办理相关土地变更手续的行为给予10元/平方米罚款的行政处罚，共计3783.16平方米×10元/平方米=37,831.60元人民币（叁万柒仟捌佰叁拾壹元陆角整）。

案例2：超容积率建设

【违法事实】

A房地产开发有限公司建设××项目时未按照已取得的建设工程规划许可证规定进行建设，将项目规划设计的1#、2#塔楼4~24层楼层过道外侧（临河一侧，相邻两户阳台之间）一块长为8米、宽为0.9米的结构板进行增宽（与阳台之间仍有隔断墙），且在结构板中间做了隔断，形成两个独立空间，改变了立面效果。经现场勘验，该结构板实际宽约1.92米，单户长约3.72米，增宽导致项目增加建筑面积约299.88平方米（按照《某市城市规划管理技术规定》，结构板宽度大于0.9米按阳台计算面积，每层增加建筑面积约14.28平方米，共计21层），项目容积率达3.603，超出规划批准容积率和土地出让限制容积率。该项目1#、2#塔楼第4～23层结构板增宽后已向相应共计80户住户进行出售，每户收取费用为6720元（每户按4.2平方米、1600元/平方米收取），共计收取费用为537，600元。同时经2021年11月2日现场勘验核实，该项目2#塔楼24－1号房增宽结构板已装修投入使用。

【处理结果】

依据《城乡规划法》第43条第1款、第64条的规定，市城市综合执法局对该项目增宽结构板299.88平方米予以没收违法收入，其中已出售的第4～23层计建筑面积285.6平方米（共计80户）按照实际出售价款进行没收违法收入，没收金额为537,600元，对未出售的第24层14.28平方米按照A房地产开发有限公司与××职工团购房项目办签订的团购协议商定价格和实际已出售的单价1600元/平方米予以没收违法收入，没收金额为22,848元（14.28平方米×1600元/平方米）。没收金额共计560,448元。

案例3：超建筑密度建设

【违法事实】

A置业有限公司开发建设的××人才公寓，共1#～9#楼9栋单体，规划许可总建筑面积68,616.90平方米，1#、2#、9#楼为商业，3#～8#楼为住宅。项目于2014年5月16日领取了3#～9#楼建设工程规划许可证，2014年12月11日领取了1#～2#楼建设工程规划许可证，于2021年全部竣工。市自然资源和规划局2017年9月21日对2#、3#、4#、6#、8#楼颁发了建设工程规划核实合格证，2021年8月13日对5#、7#楼颁发了建设工程规划核实合格证，1#楼（建筑面积2091平方米、工程造价2,111,910元）、9#楼（建筑面积1086平方米、工程造价1,096,860元）未进行规划核实。2021年5月22日C规划勘测设计研究院股份有限公司出具的《××人才公寓项目规划技术报告》指出建成后基底围合面积6127.48平方米，建筑密度24.15%＞规划许可建筑密度21%，建筑密度超规划许可3.15%，不满足规划条件要求。

【处理结果】

某市城市管理行政执法局对A置业有限公司处以该项目1#楼建设工程造价（2,111,910元）、9#楼建设工程造价（1,096,860元）5%合计人民币160,438.5元的罚款。

案例4：超建筑面积建设

【违法事实】

A置业有限公司建设的××项目3#商住楼原批准地上面积40,554.05平方米，地下面积1325.69平方米，第二次测绘结果为地上面积41,118.26平方米，地下面积1217.45平方米，超建455.97平方米。5#商住楼原批准地上面积为43,914.88平方米，地下面积为1325.69平方米，竣工实测为地上面积44,369.73平方米，地下面积1217.45平方米，已超出批准建设面积。3#、5#楼均超出批准建设面积，超建比例1%，未按照建设工程规划许可证的规定进行建设，违反了《城乡规划法》第43条的规定。

【处理结果】

按照《城乡规划法》第64条和《某省实施〈中华人民共和国城乡规划法〉办法》第71条的规定，某市城市综合执法局对A置业有限公司处罚如下：一是责令限期完善手续，二是依据相关请示文件，对于增建面积不超过1%或者不超过1000平方米的轻微违规项目，原则上依据《城乡规划法》的有关规定履行行政处罚程序后，不再履行调整容积率程序，按照原批建设工程规划许可证副证办理正证。对3#、5#楼超出建设面积部分，并按该公司提供第三方工程公司造价843,110.69元，处以建设工程造价10%的罚款，计罚款人民币84,311元。

案例5：超建筑高度建设

【违法事实】

A置业房地产开发有限公司开发建设的××项目于2019年7月26日取得建设工程规划许可证，并于2019年8月16日取得建筑工程施工许可证。该项目原审批公变1#由2层调整为3层，建筑高度由9.9米调整为14.73米，2#由1层调整为3层，建设高度由5.8米调整为14.81米，共增加492.65平方米系未按照该项目建设工程规划许可证许可内容进行建设，当事人未按照建设工程规划许可证的规定进行建设的行为，涉嫌违反了《城乡规划法》第43条第1款和《某省实施〈中华人民共和国城乡规划法〉办法》第46条第1款的规定。

【处理结果】

某市城市管理局对A置业房地产开发有限公司处罚如下：（1）责令当事人根据自然资源部门的要求整改到位；（2）对当事人处以建设工程违法部分的工程造价10%，即78,700.3元的罚款。

案例6：绿地率低于规划要求

【违法事实】

A置业有限公司开发的××综合体项目批准规划建筑设计方案中绿地率为20%，绿地面积为16,030.85平方米，经第三方测绘机构复核，绿地实际建设面积为5089平方米，比规划建筑设计方案中规划绿地面积少10,941.85平方米,绿地率仅约6%。

【处理结果】

某市城市管理局对A置业有限公司处项目未建绿地工程造价7.5%的罚款，计人民币41,422.72元。

案例7：超出让红线非法用地

【违法事实】

2016年12月20日，某市××区原国土分局和××街道原国土资源所在对A公司用地竣工联合验收过程中，发现存在出让线外非法占用土地的现象。经调查，A公司在出让线外用地面积358.9平方米，其中门卫室和大门内沿南墙绿化及车棚东端占用待批道路103.5平方米、门口产品展示厅和绿化155.5平方米（占用待批道路149.7平方米、出让线外用地5.8平方米）、西面围墙和铁棚出让线外用地99.9平方米，其地上建筑总面积223.7平方米（占用待批道路地上建筑面积123.8平方米、占用其他地上建筑面积72.9平方米）。某市××区原国土分局认为：当事人A公司的行为，违反了2004年《土地管理法》第2条第3款关于“任何单位和个人不得侵占、买卖或者以其他形式非法转让土地。……”与第43条关于“任何单位和个人进行建设，需要使用土地的，必须依法申请使用国有土地……”之规定，构成未经批准非法占用土地侵权违法。

【处理结果】

区原国土分局对A公司处罚如下：(1) 责令退还非法占用的358.9平方米土地。(2) 没收在非法占用的358.9平方米土地上新建的建筑面积223.7平方米房屋和其他设施。(3) 对于非法占用358.9平方米土地的行为，处以每平方米29元的罚款，合计人民币10,408.1元。

1-3 纠正机制和合规路径

【纠正机制】

房地产企业发现在建工程项目存在与土地使用权出让合同、建设用地规划许可证、建设工程规划许可证约定的相关规划条件指标不一致的情况，应当及时停止建设并及时进行整改和纠正，以使得项目建设内容与相关规划条件一致。这些整改和纠正措施包括重新调整项目的设计方案、修改施工计划或者重新进行施工等。在整改和纠正过程中，房地产企业应当与相关的规划主管部门保持密切的联系和沟通，以确保项目建设的内容与相关规划条件保持一致。

如果无法通过整改和纠正来解决与规划条件不一致的问题，房地产企业应当及时与城乡规划主管部门联系沟通，了解相关规划条件变更的处理方案和流程。这可能涉及重新办理建设用地规划许可证和建设工程规划许可证等手续，或者需要向相关部门申请变更土地使用权出让合同中的相关条款。在处理相关规划条件变更的过程中，如果需要补缴土地出让金，房地产企业应当及时按照相关规定补缴土地出让金。这样可以确保项目建设的合法性和合规性，避免因违反相关规定而受到行政处罚或者承担其他法律责任。

【合规路径】

房地产企业在与政府土地管理部门签订国有土地使用权出让合同，并且申领建设用地规划许可证、建设工程规划许可证等许可证后，应当严格按照土地使用权出让合同约定的土地用途、建筑位置、绿地率、建筑高度、容积率、建筑密度、建筑后退红线距离、建筑间距、配建要求等一系列的规划条件以及建设用地规划许可证规定的土地用途和范围、建设工程规划许可证规定的设计方案开发建设出让地块，不得擅自变更规划条件。

如果确需变更规划条件，应当办理相关的行政审批手续，必须向城市、县人民政府城乡规划主管部门提出申请，经过批准后，可以与市、县国土资源管理部门签订《国有土地使用权出让合同变更协议》或重新签订《国有土地使用权出让合同》，并相应调整国有土地使用权出让金。在办理完毕规划条件变更的手续后，按照新的规划条件进行项目的开发建设。

第二节 房地产项目报建的合规风险

项目报建工作是指房地产企业从项目征地、立项到项目规划、设计、施工、验收、备案等各个环节中的接受政府相关部门的管理和监督并获得相应的审批许可等手续的相关工作。项目报建工作涉及多个部门，是一项系统的工程，而且不同报建手续之间还存在一定联系，存在报建程序相互穿插的特征。在整个房地产项目开发的流程中，报批报建工作贯穿始终，与房地产项目的开发建设紧密结合，是房地产开发项目得以顺利开发建设的重要环节。

《国务院办公厅关于全面开展工程建设项目审批制度改革的实施意见》（国办发〔2019〕11 号）中规定：“（六）合理划分审批阶段。将工程建设项目审批流程主要划分为立项用地规划许可、工程建设许可、施工许可、竣工验收四个阶段。其中，立项用地规划许可阶段主要包括项目审批核准、选址意见书核发、用地预审、用地规划许可证核发等。工程建设许可阶段主要包括设计方案审查、建设工程规划许可证核发等。施工许可阶段主要包括设计审核确认、施工许可证核发等。竣工验收阶段主要包括规划、土地、消防、人防、档案等验收及竣工验收备案等。其他行政许可、强制性评估、中介服务、市政公用服务以及备案等事项纳入相关阶段办理或与相关阶段并行推进。每个审批阶段确定一家牵头部门，实行‘一家牵头、并联审批、限时办结’，由牵头部门组织协调相关部门严格按照限定时间完成审批。”

根据该规定，报建手续分为四个阶段，主要包括：立项用地规划许可阶段、工程建设许可阶段、工程施工许可阶段、竣工验收阶段。同时，根据报建手续在施工前还是在施工后可将报建手续分为施工前报建手续和施工后报建手续。立项及用地规划许可阶段需要办理的关键节点手续为项目建议书审批、建设项目用地预审与选址意见书、建设用地规划许可证、可行性研究报告批复。该阶段的手续主要是对项目建筑面积、功能用房面积、建设内容及建设标准予以批复。建设工程规划许可阶段作为前期规划的最终节点，需要办理的关键事项有建筑工程规划许可证和概算批复。施工许可阶段主要涉及办理事项为审查工程开工条件，须先确定施工单位和监理单位。工程建设最后一个阶段为竣工验收，在该阶段，需要开展竣工验收报告的备案审查以及各相关行政主管部门的联合验收，以获得建设工程规划许可证。立项用地规划许可阶段、工程建设许可阶段、工程施工许可阶段的报建手续为施工前报建手续，竣工验收阶段报建手续，为施工后报建手续。

总体而言，房地产项目的报建手续繁多，前期手续相对较集中，时间跨度较长。此外，除了一些可以与建设用地规划许可证、建设工程规划许可证、建筑工程施工许可证并联或并行办理的事项外，大多数报建工作流程基本环环相扣，具有一定的程序性。因此，报建工作作为房地产项目顺利开工和合法合规建设的前提条件，是一项尤为重要的工作。

房地产企业做好报建工作的合规管理，对于房地产项目的顺利开发，具有重要的意义。

一、施工前报建手续合规

房地产前期报建工作与整个工程的设计有着密切的关系，需要对各个阶段的设计内容进行送审，同时还要落实各个部门审批的专业意见，以保证项目施工的科学性与有效性。在房地产开发项目前期做好报建与设计联合，通过信息的互动与沟通完成报建工作，才能保证工程的质量。

根据我国当前法律、法规、规章，房地产建设项目施工前报建的程序一般共分五个阶段：选址定点、规划总图审查及确定规划设计条件、初步设计及施工图审查、规划报建图审查、施工报建。

1. 选址定点阶段

此阶段一般办理以下事项：

（1）发展改革委审查可行性研究报告和进行项目立项；

（2）规划和自然资源局进行土地利用总体规划和土地供应方式的审查；

（3）住房和城乡建设委员会办理投资开发项目建设条件意见书；

（4）生态环境局办理生产性项目环保意见书（表）；

（5）文化局、地震局、园林局、水利局对建设工程相关专业内容和范围进行审查；

（6）规划和自然资源局办理项目选址意见书。

2. 规划总图审查及确定规划设计条件阶段

此阶段办理以下一般事项：

（1）人防办进行人防工程建设布局审查；

（2）规划和自然资源局办理土地预审；

（3）公安消防支队、公安交警支队、教育局、水利局、城管局、生态环境局、园林局、文化局对建设工程相关专业内容和范围进行审查；

（4）规划和自然资源局对规划总图进行评审，核发建设用地规划许可证；

（5）规划和自然资源局确定建设工程规划设计条件。

3. 初步设计和施工图设计审查

此阶段办理以下一般事项：

（1）规划和自然资源局对初步设计的规划要求进行审查；

（2）公安消防支队对初步设计的消防设计进行审查；

（3）公安局交警支队对初步设计的交通条件进行审查；

（4）人防办对初步设计的人防设计进行审查；

（5）规划和自然资源局进行用地预审；

（6）市政部门、生态环境局、卫生局、地震局等相关部门对初步设计的相关专业内容进行审查；

（7）住房和城乡建设委员会制发初步设计批复，并对落实初步设计批准文件的要求进行审查；

（8）住房和城乡建设委员会对施工图设计文件进行政策性审查，根据业主单位意见，核发技术性审查委托通知单；

（9）住房和城乡建设委员会根据施工图设计文件审查机构发出的《建设工程施工图设计文件审查报告》，发放建设工程施工图设计文件审查批准书。

4. 规划报建图审查阶段

此阶段办理以下一般事项：

（1）公安消防支队进行消防设计审查；

（2）人防办进行人防设施审查；

（3）住房和城乡建设委员会、市政部门、园林局、生态环境局、卫生局按职责划分对相关专业内容和范围进行审查；

（4）规划和自然资源局对变更部分的规划设计补充核准规划设计条件，在建设单位缴纳有关规费后，核发建设工程规划许可证（副本）。

5. 施工报建阶段

此阶段办理以下一般事项：

（1）建设单位办理施工报建登记。

（2）建设单位对工程进行发包，确定施工队伍。招标类工程通过招标确定施工队伍，非招标类工程直接发包。

（3）住房和城乡建设委员会组织职能部门对工程开工条件进行审查，核发《建筑工程施工许可证》。

房地产企业在施工前的报建手续中，常见的合规风险有：环境影响评价风险、消防设计审查风险、未取得建设工程规划许可证擅自施工风险、行贿风险等。

（一）环境影响评价

1－1　合规义务的来源及合规风险的识别

【合规义务的来源】

《环境影响评价法》

第二十四条　建设项目的环境影响评价文件经批准后，建设项目的性质、规模、地点、采用的生产工艺或者防治污染、防止生态破坏的措施发生重大变动的，建设单位应当重新报批建设项目的环境影响评价文件。

建设项目的环境影响评价文件自批准之日起超过五年，方决定该项目开工建设的，其环境影响评价文件应当报原审批部门重新审核；原审批部门应当自收到建设项目环境影响评价文件之日起十日内，将审核意见书面通知建设单位。

第二十五条　建设项目的环境影响评价文件未依法经审批部门审查或者审查后未予批准的，建设单位不得开工建设。

第三十一条　建设单位未依法报批建设项目环境影响报告书、报告表，或者未依照本法第二十四条的规定重新报批或者报请重新审核环境影响报告书、报告表，擅自开工建设的，由县级以上生态环境主管部门责令停止建设，根据违法情节和危害后果，处建设项目总投资额百分之一以上百分之五以下的罚款，并可以责令恢复原状；对建设单位直接负责的主管人员和其他直接责任人员，依法给予行政处分。

建设项目环境影响报告书、报告表未经批准或者未经原审批部门重新审核同意，建设单位擅自开工建设的，依照前款的规定处罚、处分。

建设单位未依法备案建设项目环境影响登记表的，由县级以上生态环境主管部门责令备案，处五万元以下的罚款。

海洋工程建设项目的建设单位有本条所列违法行为的，依照《中华人民共和国海洋环境保护法》的规定处罚。

《建设项目环境保护管理条例》

第七条　国家根据建设项目对环境的影响程度，按照下列规定对建设项目的环境保护实行分类管理：

（一）建设项目对环境可能造成重大影响的，应当编制环境影响报告书，对建设项目产生的污染和对环境的影响进行全面、详细的评价；

（二）建设项目对环境可能造成轻度影响的，应当编制环境影响报告表，对建设项目产生的污染和对环境的影响进行分析或者专项评价；

（三）建设项目对环境影响很小，不需要进行环境影响评价的，应当填报环境影响登记表。

建设项目环境影响评价分类管理名录，由国务院环境保护行政主管部门在组织专家进行论证和征求有关部门、行业协会、企事业单位、公众等意见的基础上制定并公布。

《建设项目环境影响评价分类管理名录》①

第四条　建设单位应当严格按照本名录确定建设项目环境影响评价

① 该管理名录的第44类为房地产业，根据管理名录规定，对于房地产开发、商业综合体、宾馆、酒店、办公用房、标准厂房等，对于涉及环境敏感区的，应当组织编制环境影响报告表。其中对于房地产业，环境敏感区的含义为第3条第1款第1项中的全部区域；第3条第1款第2项中的除第3条第1款第1项外的生态保护红线管控范围，永久基本农田、基本草原、森林公园、地质公园、重要湿地、天然林，重点保护野生动物栖息地，重点保护野生植物生长繁殖地；第3条第1款第3项中的文物保护单位，针对标准厂房增加第3条第1款第3项中的以居住、医疗卫生、文化教育、科研、行政办公等为主要功能的区域。

类别，不得擅自改变环境影响评价类别。

建设内容涉及本名录中两个及以上项目类别的建设项目，其环境影响评价类别按照其中单项等级最高的确定。

建设内容不涉及主体工程的改建、扩建项目，其环境影响评价类别按照改建、扩建的工程内容确定。

【合规风险的识别】

环境影响评价风险主要有三类：

（1）建设单位未进行环保报批擅自开工。这种情况又可分为两种情形：一种情形是建设单位自始至终未报批建设项目环境影响报告书、报告表，另一种情形是建设项目的性质、规模、地点、采用的生产工艺或者防治污染、防止生态破坏的措施发生重大变动，但建设单位未重新报批建设项目的环境影响评价文件。

对于该种情形，生态环境主管部门有权责令建设单位停止建设，并根据违法情节和危害后果，处建设项目总投资额 1% 以上 5% 以下的罚款，并可以责令恢复原状；对建设单位直接负责的主管人员和其他直接责任人员，依法给予行政处分。

（2）建设单位虽进行了环保报批，但未经同意而擅自开工。这种情况包含了建设项目环境影响报告书、报告表未经批准和建设单位重新报批后未经原审批部门重新审核同意两种情形。报批后未经同意，建设单位擅自开工的，其违法后果与建设单位未进行环保报批擅自开工一致。

（3）建设单位未备案建设项目环境影响登记表。在《建设项目环境影响评价分类管理名录》（2017 年）中，房地产业除了建设项目为建筑面积 5 万平方米及以上，并涉及自然保护区、风景名胜区、世界文化和自然遗产地、海洋特别保护区、饮用水水源保护区等环境敏感区的建设项目的，须编制环境影响报告表，其他仅需填写建设项目环境影响登记表备案即可。然而在《建设项目环境影响评价分类管理名录》（2021 年）中，已经将备案房地产业的建设项目环境影响登记表的情形删除，原先仅需填写建设项目环境影响登记表备案即可的情形，如今均需编制环境影响报告表。

由此可见，国家对于环保的监管要求越来越高，房地产企业未进行环保报批擅自开工，和虽进行了环保报批但未经同意而擅自开工的违法违规行为的查处力度以后会逐渐加强，房地产企业在环保报批层面的风险也会逐步增加。

1-2 典型案例

【违法事实】

2022年11月21日，某市生态环境局执法人员对A房地产开发有限公司进行现场检查，检查发现该公司在当地工地内建设有一个砂石料加工建设项目，项目已建成并投入使用，未取得环保审批手续。A房地产开发有限公司违反了《环境影响评价法》第25条“建设项目的环境影响评价文件未依法经审批部门审查或者审查后未予批准的，建设单位不得开工建设”的规定。

【处理结果】

依据《环境影响评价法》第31条第1款、第2款之规定，某市生态环境局对A房地产开发有限公司罚款人民币20,000元。

1-3 纠正机制和合规路径

【纠正机制】

（1）房地产企业应开展内部排查，对可能存在的环境影响评价风险和隐患进行全面摸排和分类整治。在排查过程中，企业应当全面审查项目的各个环节，包括土地使用、施工建设、社区规划、环境保护等方面，以确保项目符合国家及地方环境保护法律法规的要求。对于存在环境风险和隐患的环节，企业应当及时采取措施进行整改和纠正，以避免对环境造成不良影响。

（2）房地产企业一旦在内部排查中发现存在相关违反环境保护法律法规的行为，应当立即停止违规行为，并确认已经造成的影响和损失。对于已经造成的影响和损失，企业应当承担相应的责任，采取补救和补偿措施，确保以最大限度地减少对环境和公众的影响。

（3）在确认违规行为后，房地产企业应当立即开展环境影响评价工作，重新评估项目对环境的影响。企业应当根据法律法规的要求，委托专业的环境影响评价机构进行评估，确保项目符合法律法规的要求。在评估过程中，企业应当积极与评估机构沟通，提供详细的项目信息和数据，以确保评估结果的准确性和可靠性、确保项目符合法律法规要求。

（4）房地产企业在发现违规行为后，应当及时向相关部门报告违规行为，与环境保护行政主管部门沟通处理方案，接受处罚并积极整改。在整改过程中，企业应当制订详细的整改计划和措施，并严格按照计划执行，以确保整改结果符合要求。

【合规路径】

（1）房地产企业在建设项目选址阶段应对是否涉及国家或地方生态保护红线范围以及该土地是否适合进行房地产开发进行环境法律风控审查，确保项目的建设符合国家及地方环境保护法律法规的要求，避免因未考虑环境因素而导致项目被责令停工或遭受处罚。

（2）房地产企业对涉及环境影响的建设项目应进行环境影响评价，在建设项目施工前应当依法向环境保护行政主管部门进行审批申请，在未获批之前应避免“未批先建”，并严格按照规定进行环保设计和施工，确保项目的建设过程符合环境保护的要求，避免对环境造成不良影响。

（3）环境影响评价文件已经获得审批后，如果项目的性质、规模、地点或防治污染措施发生重大变更，房地产企业应当及时进行重新报批。

（4）房地产企业应建立环境风险应急预案，对可能出现的环境风险事故进行预警和应对，保障公众的生命财产安全。因环境问题造成民事侵权所导致的民事赔偿责任，根据《最高人民法院关于民事诉讼证据的若干规定》，环境污染赔偿责任实行举证责任倒置，如房地产开发企业不能证明损害不是由于自己行为所引起的，无法定免责事由，即需依法承担赔偿责任。因此，房地产开发企业除了应当遵守环境保护规定、依法履行报批义务，还应当在开发过程中注重对相关证据的保存。

（5）房地产企业应加强与环境保护等相关部门的沟通和合作，紧密配合相关部门进行对环境风险的监管和处罚，始终保持良好的社会形象。

（6）房地产企业应加强环境监测和信息公开，对涉及环境风险的场所和设施进行监测，并及时公开环境信息，保障公众的知情权和监督权。

（7）房地产企业应当建立健全内部报建管理制度和提高工作人员的风险意识。企业应当制定严格的内部规章制度和管理流程，明确各个环节的责任和义务。同时，企业应当加强对员工的教育和培训，提高员工的环境保护意识和风险意识。通过这些措施的实施，可以有效地提高项目环境影响评价工作的执行效果，防止类似违规行为再次发生。

（二）消防设计审查

2-1 合规义务的来源及合规风险的识别

【合规义务的来源】

《消防法》

第十一条　国务院住房和城乡建设主管部门规定的特殊建设工程，建设单位应当将消防设计文件报送住房和城乡建设主管部门审查，住房和城乡建设主管部门依法对审查的结果负责。

前款规定以外的其他建设工程，建设单位申请领取施工许可证或者申请批准开工报告时应当提供满足施工需要的消防设计图纸及技术资料。

第十二条　特殊建设工程未经消防设计审查或者审查不合格的，建设单位、施工单位不得施工；其他建设工程，建设单位未提供满足施工需要的消防设计图纸及技术资料的，有关部门不得发放施工许可证或者批准开工报告。

第五十八条　违反本法规定，有下列行为之一的，由住房和城乡建设主管部门、消防救援机构按照各自职权责令停止施工、停止使用或者停产停业，并处三万元以上三十万元以下罚款：

（一）依法应当进行消防设计审查的建设工程，未经依法审查或者审查不合格，擅自施工的；

（二）依法应当进行消防验收的建设工程，未经消防验收或者消防验收不合格，擅自投入使用的；

（三）本法第十三条规定的其他建设工程验收后经依法抽查不合格，不停止使用的；

（四）公众聚集场所未经消防救援机构许可，擅自投入使用、营业的，或者经核查发现场所使用、营业情况与承诺内容不符的。

核查发现公众聚集场所使用、营业情况与承诺内容不符，经责令限期改正，逾期不整改或者整改后仍达不到要求的，依法撤销相应许可。

建设单位未依照本法规定在验收后报住房和城乡建设主管部门备案的，由住房和城乡建设主管部门责令改正，处五千元以下罚款。

《建设工程消防设计审查验收管理暂行规定》

第二条　特殊建设工程的消防设计审查、消防验收，以及其他建设工程的消防验收备案（以下简称备案）、抽查，适用本规定。

本规定所称特殊建设工程，是指本规定第十四条所列的建设工程。

本规定所称其他建设工程，是指特殊建设工程以外的其他按照国家工程建设消防技术标准需要进行消防设计的建设工程。

第十四条　具有下列情形之一的建设工程是特殊建设工程：

（一）总建筑面积大于二万平方米的体育场馆、会堂，公共展览馆、博物馆的展示厅；

（二）总建筑面积大于一万五千平方米的民用机场航站楼、客运车站候车室、客运码头候船厅；

（三）总建筑面积大于一万平方米的宾馆、饭店、商场、市场；

（四）总建筑面积大于二千五百平方米的影剧院，公共图书馆的阅览室，营业性室内健身、休闲场馆，医院的门诊楼，大学的教学楼、图书馆、食堂，劳动密集型企业的生产加工车间，寺庙、教堂；

（五）总建筑面积大于一千平方米的托儿所、幼儿园的儿童用房，儿童游乐厅等室内儿童活动场所，养老院、福利院，医院、疗养院的病房楼，中小学校的教学楼、图书馆、食堂，学校的集体宿舍，劳动密集型企业的员工集体宿舍；

（六）总建筑面积大于五百平方米的歌舞厅、录像厅、放映厅、卡拉OK厅、夜总会、游艺厅、桑拿浴室、网吧、酒吧，具有娱乐功能的餐馆、茶馆、咖啡厅；

（七）国家工程建设消防技术标准规定的一类高层住宅建筑；

（八）城市轨道交通、隧道工程，大型发电、变配电工程；

（九）生产、储存、装卸易燃易爆危险物品的工厂、仓库和专用车站、码头，易燃易爆气体和液体的充装站、供应站、调压站；

（十）国家机关办公楼、电力调度楼、电信楼、邮政楼、防灾指挥调度楼、广播电视楼、档案楼；

（十一）设有本条第一项至第六项所列情形的建设工程；

（十二）本条第十项、第十一项规定以外的单体建筑面积大于四万平方米或者建筑高度超过五十米的公共建筑。

第十五条　对特殊建设工程实行消防设计审查制度。

特殊建设工程的建设单位应当向消防设计审查验收主管部门申请消防设计审查，消防设计审查验收主管部门依法对审查的结果负责。

特殊建设工程未经消防设计审查或者审查不合格的，建设单位、施工单位不得施工。

【合规风险的识别】

房地产企业在开发建设工程项目时，需要根据自身项目的具体情况履行相应的消防报建手续。根据国务院住房和城乡建设主管部门的规定，特殊建设工程需要履行更为严格的消防报建手续。如果企业的项目属于特殊建设工程，如大型公共建筑、高层建筑、石油化工建设项目等，那么企业应当将消防设计文件报送住房和城乡建设主管部门审查，并取得审查意见。

对于不属于特殊建设工程的房地产项目，如一般居民住宅、小型商业建筑等，房地产企业在申请领取施工许可证或者申请批准开工报告时，需要提供满足施工需要的消防设计图纸及技术资料。这些资料应包括消防设施的设计、施工等方面的内容，以确保项目的消防安全。

如果房地产企业未按照要求履行消防报建手续，可能会面临以下风险：首先，企业可能会被责令停止施工，以避免因违规行为导致的安全事故。其次，如果项目已经投入使用或者运营，可能会被要求停止使用或者停产停业，以确保公众安全。最后，企业还可能会被处以 3 万元以上 30 万元以下的罚款，以惩罚其未履行消防报建手续的行为。

2-2　典型案例

【违法事实】

A 房地产开发有限公司开发建设的 × × 项目 1 号住宅、商业公建配套楼，2 号住宅、商业楼，3 号住宅、商业楼，4 号住宅、公建配套楼及 09 地块地下室未通过消防设计专项审批，擅自施工。执法机关查处违法行为时，项目正在建设过程中。

【处理结果】

依据《消防法》第 58 条之规定，某市 × × 区住房和城乡建设局责令 A 房地产开发有限公司停止违法施工，并处 3 万元罚款。

2－3 纠正机制和合规路径

【纠正机制】

（1）房地产企业应开展内部排查，对可能存在的消防审查风险进行全面摸排。在排查过程中，企业应审查所有工程项目的消防设计和施工情况，以及与消防相关的材料、设备、设施等方面的情况。对于存在消防安全隐患的项目，企业应立即采取措施进行整改和纠正，以避免因消防问题而导致的损失和风险。

（2）房地产企业一旦发现存在部分工程属于应当提前进行消防审查而未进行消防审查的，应当立即停止施工，并及时履行消防报建手续，将消防设计文件报送住房和城乡建设主管部门审查，或者及时提供满足施工需要的消防设计图纸及技术资料。

（3）房地产企业及时向相关部门报告违规行为，如住房和城乡建设主管部门等，并与主管部门沟通，商讨处理方案，并接受处罚。

【合规路径】

（1）房地产企业在规划建筑设计方案时，应当充分考虑消防安全，确保建筑物的结构、设备和布局符合相关消防安全标准。这包括建筑物的耐火等级、防火间距、安全疏散设施、消防设施等方面。通过合理规划建筑设计方案，可以有效地降低火灾风险，提高建筑物的消防安全性能。

（2）房地产企业应当根据自身开发建设的项目是否属于国务院住房和城乡建设主管部门规定的特殊建设工程履行不同的消防报建手续，如果属于特殊建设工程，房地产企业应当将消防设计文件报送住房和城乡建设主管部门审查，如果不属于特殊建设工程，房地产企业应当在申请领取施工许可证或者申请批准开工报告时提供满足施工需要的消防设计图纸及技术资料。

（3）消防审查通过后，房地产企业应当严格按照国家和地方消防法规要求，进行消防施工。这包括施工过程中的质量监督、材料验收、施工规范等方面。

（4）房地产企业应当加强对建筑内部装修和使用的材料、设备和产品的消防安全评估和审查。这包括对材料、设备的燃烧性能、耐火等级等方面的评估和审查。通过确保所使用的材料、设备符合相关标准和要求，可以有效地降低火灾风险，提高建筑物的消防安全性能。

（5）房地产企业应建立健全内部报建管理制度，提高工作人员风险意识，确保项目消防审查工作得到有效执行，防止类似违规行为再次发生。

（三）未取得建设工程规划许可证擅自施工

3-1 合规义务的来源及合规风险的识别

【合规义务的来源】

《城乡规划法》

第四十条第一款 在城市、镇规划区内进行建筑物、构筑物、道路、管线和其他工程建设的，建设单位或者个人应当向城市、县人民政府城乡规划主管部门或者省、自治区、直辖市人民政府确定的镇人民政府申请办理建设工程规划许可证。

第六十四条 未取得建设工程规划许可证或者未按照建设工程规划许可证的规定进行建设的，由县级以上地方人民政府城乡规划主管部门责令停止建设；尚可采取改正措施消除对规划实施的影响的，限期改正，处建设工程造价百分之五以上百分之十以下的罚款；无法采取改正措施消除影响的，限期拆除，不能拆除的，没收实物或者违法收入，可以并处建设工程造价百分之十以下的罚款。

《浙江省城乡规划条例》

第五十九条 未取得建设工程规划许可证或者未按照建设工程规划许可证的规定进行建设的，由城市、县人民政府城乡规划主管部门责令停止建设；尚可采取改正措施消除对规划实施的影响的，限期改正，处建设工程造价百分之五以上百分之十以下的罚款；无法采取改正措施消除影响的，限期拆除，不能拆除的，没收实物或者违法收入，并处建设工程造价百分之五以上百分之十以下的罚款。

有下列行为之一的，应当认定为前款规定的无法采取改正措施消除影响的情形：

（一）超过建设工程规划许可证确定的建筑面积（计算容积率部分）且超出合理误差范围的；

（二）超过建设工程规划许可证确定的建筑高度且超出合理误差范围的；

（三）侵占城市道路、消防通道、广场、公共绿地等公共设施、公共场所用地的；

（四）在已竣工验收的建设工程用地范围内或者利用建设工程擅自新建、搭建建筑物、构筑物的；

（五）其他无法采取改正措施消除影响的情形。

前款第一项和第二项规定的合理误差范围的标准由省人民政府城乡规划主管部门制定。

本条第一款规定的违法收入按照该建设工程的销售平均单价或者市场评估单价与违法建设面积的乘积确定；建设工程造价按照有违法建设情形的单项工程造价确定，其中房屋建筑工程按照单体建筑物工程造价确定。

【合规风险的识别】

房地产企业在进行房地产项目开发，需要对建筑物、构筑物、道路、管线和其他工程建设前，应当申请办理建设工程规划许可证。未取得建设工程规划许可证，擅自进行建设的，合规风险主要有以下几点：

（1）停工风险：被城市、县人民政府城乡规划主管部门责令停止建设。

（2）整改风险：除被责令停止建设外，对于尚可采取改正措施消除对规划实施的影响的，会被主管部门要求限期整改。

（3）已建设的建筑物、构筑物等被拆除风险：对于无法采取改正措施消除影响的建筑物、构筑物等，将被责令要求限期拆除。例如：超过建设工程规划许可证确定的建筑面积（计算容积率部分）且超出合理误差范围的；超过建设工程规划许可证确定的建筑高度且超出合理误差范围的；侵占城市道路、消防通道、广场、公共绿地等公共设施、公共场所用地的；在已竣工验收的建设工程用地范围内或者利用建设工程擅自新建、搭建建筑物、构筑物的。

（4）实物或者收入被没收风险：对于不能拆除的建筑物、构筑物等，政府主管部门将没收房地产企业违法建设的实物或者没收违法收入。违法收入按照该建设工程的销售平均单价或者市场评估单价与违法建设面积的乘积确定。

（5）罚款风险：除以上风险外，房地产企业可能还将面临建设工程造价5%以上10%以下的罚款。建设工程造价按照有违法建设情形的单项工程造价确定，其中房屋建筑工程按照单体建筑物工程造价确定。

3-2 典型案例

【违法事实】

2019年4月28日至2019年6月3日，A房地产开发有限公司在位于某市的××房地产开发项目工地上，未取得建设工程规划许可证进行房屋桩基工程建设，建成钻孔灌注桩514根，共计10,295.80立方米。A房地产开发有限公司进行上述建设所投入的工程造价根据B房地产咨询评估有限公司出具的房地产估价报告确定为共计12,851,105元。市综合行政执法局认为，A房地产开发有限公司进行上述建设的行为，属于未取得建设工程规划许可证进行建设，违反了《城乡规划法》第40条第1款、《某省城乡规划条例》第36条第1款之规定，构成尚可采取改正措施消除对规划实施的影响的情形。

【处理结果】

市综合行政执法局对A房地产开发有限公司处以工程造价7.5%的罚款计人民币963,833元。

3-3 纠正机制和合规路径

【纠正机制】

房地产企业在发现建设项目存在未取得建设工程规划许可证而已进行施工的违法行为时，应当立即要求施工单位停止施工，并及时要求报建部门申请办理建设工程规划许可证，在建设工程规划许可证取得之后，方可继续施工。

【合规路径】

（1）房地产企业在进行建筑物、构筑物、道路、管线以及其他工程建设之前，应当要求报建部门做好办理建设工程规划许可证的工作，提前申领建设工程规划许可证。未取得建设工程规划许可证，房地产企业不得擅自施工。

（2）房地产企业应当加强对施工单位的管理，在施工前应对施工单位的资质、信誉、过往业绩等方面进行全面评估，在项目施工过程中应对施工单位的施工行为进行严格监控，防止施工单位在房地产企业未取得建设工程规划许可证的情况下擅自提前开始施工。

（3）房地产企业应进一步加强对内部人员的日常管理，定期组织专业培训和风险教育活动，提高工作人员对各种潜在风险的敏感度和应对能力。特别是在项目开发和建设过程中，房地产企业应使内部人员充分了解未取得建设工程规划许可证擅自施工的严重后果，以及可能面临的法律责任和处罚。通过加强内部管理和培训，房地产企业可以更好地规避风险，确保项目的顺利推进。

（四）行贿风险

4－1　合规义务的来源及合规风险的识别

【合规义务的来源】

《刑法》

第三百九十条之一　【对有影响力的人行贿罪】为谋取不正当利益，向国家工作人员的近亲属或者其他与该国家工作人员关系密切的人，或者向离职的国家工作人员或者其近亲属以及其他与其关系密切的人行贿的，处三年以下有期徒刑或者拘役，并处罚金；情节严重的，或者使国家利益遭受重大损失的，处三年以上七年以下有期徒刑，并处罚金；情节特别严重的，或者使国家利益遭受特别重大损失的，处七年以上十年以下有期徒刑，并处罚金。

单位犯前款罪的，对单位判处罚金，并对其直接负责的主管人员和其他直接责任人员，处三年以下有期徒刑或者拘役，并处罚金。

第三百九十一条　【对单位行贿罪】为谋取不正当利益，给予国家机关、国有公司、企业、事业单位、人民团体以财物的，或者在经济往来中，违反国家规定，给予各种名义的回扣、手续费的，处三年以下有期徒刑或者拘役，并处罚金；情节严重的，处三年以上七年以下有期徒刑，并处罚金。

单位犯前款罪的，对单位判处罚金，并对其直接负责的主管人员和其他直接责任人员，依照前款的规定处罚。

第三百九十三条　【单位行贿罪】单位为谋取不正当利益而行贿，或者违反国家规定，给予国家工作人员以回扣、手续费，情节严重的，对单位判处罚金，并对其直接负责的主管人员和其他直接责任人员，处三年以下有期徒刑或者拘役，并处罚金；情节特别严重的，处三年以上十年以下有期徒刑，并处罚金。因行贿取得的违法所得归个人所有的，依照本法第三百八十九条、第三百九十条的规定定罪处罚。

【合规风险的识别】

房地产企业在开展报建工作过程中，需要政府审批相关材料，核发相关证照及文件。对于房地产企业而言，相关报建工作开展的进度快慢，直接影响建设项目的建设施工、竣工验收、销售、交付等各个流程环节的进度，而这些流程环节的进展速度，既关系到房地产企业的回款速度和周期，也关系到房地产企业可能面临的违约责任。例如若房地产企业逾期向买受人交付商品房，将面临逾期交付的巨额违约金。

因此，存在一些房地产企业或相关主管人员，为了报建工作开展顺利，向相关政府部门工作人员给予财物。例如以咨询费、顾问费等形式向政府工作人员或其亲属等关系密切的人员给予金钱，或者对政府部门工作人员或其亲属等关系密切的人员以较低折扣出售低价房、低价车位等变相给予财物。这些行为具有相当的刑事风险，情节严重符合相应立案标准的，有可能构成对有影响力的人行贿罪、对单位行贿罪、单位行贿罪等，被追究刑事责任。房地产企业将面临被判处罚金的风险，其直接负责的主管人员和其他直接责任人员，将面临被判处有期徒刑或者拘役，并处罚金的风险。

4-2 典型案例

【基本案情】

2009年至2014年，被告单位A房地产开发有限公司在河源市开发××小区项目过程中，为谋取竞争优势，时任该公司法定代表人被告人谭某为使项目得到先后任某市规划建设局副局长、某市住房和城乡规划建设局副局长、党组书记兼局长黄某（另案处理）的关照，希望在设计、规划、报建方面帮忙，以聘请黄某做该公司顾问的名义，以发放工资的形式，从2009年1月至2014年12月，每月从公司支付人民币2万元（含税款）给黄某指定的账户，合计送给黄某人民币144万元，为A房地产开发有限公司在经营房地产开发项目中谋取不正当利益。

【裁判要旨】

被告单位A房地产开发有限公司为谋取不正当利益，贿赂国家工作人员人民币144万元，情节严重，其行为构成单位行贿罪；被告人谭某作为单位的法定代表人，对单位犯罪负有直接的责任，其行为构成单位行贿罪，但犯罪情节轻微，可以对其免予刑事处罚。

【处理结果】

(1) 被告单位A房地产开发有限公司犯单位行贿罪，判处罚金人民币20万元；(2) 被告人谭某犯单位行贿罪，免予刑事处罚。

4-3 纠正机制和合规路径

【纠正机制】

房地产企业一旦发现内部人员私自向国家工作人员行贿的行为，例如以咨询费、顾问费、回扣、手续费等任何形式向政府机关及其工作人员给予财物，应根据情节轻重对当事人进行相应的经济处罚、警告训诫或移送司法机关，依法追究法律责任。

【合规路径】

房地产企业应当建立完善的内部监察制度，并严格实施，以确保企业的合规性和良好运营。

内部监察制度应当明确界定何为行贿行为，并设定相应的处罚措施。对于情节较轻的行贿行为，可以采取经济处罚的方式，如扣工资、罚款等；对于情节较重的行贿行为，可以给予当事人警告训诫的处罚，以提醒其行为的严重性和违法性；对于情节严重的行贿行为，应当立即移送司法机关，依法追究其法律责任。

在实施内部监察制度的过程中，房地产企业应当注重证据的收集和保全。一旦发现内部人员有行贿行为的迹象或线索，应当及时展开调查，收集相关证据，确保证据的真实性和完整性。如果证据不足或无法证明当事人有行贿行为，应当谨慎处理，避免冤假错案的发生。

此外，房地产企业应当加强对内部人员的宣传和教育，提高他们的法律意识和合规意识。通过定期开展合规培训、法律知识讲座等活动，使内部人员充分了解行贿行为的严重性和危害性，自觉遵守国家法律法规和企业规章制度。

二、施工后报建手续合规

房地产项目施工后的报建手续有以下两个阶段：

1. 商品房预售许可阶段

此阶段一般办理以下事项：由房地产管理部门办理预售登记，核发商品房预售许可证。

2. 建设工程竣工验收备案阶段

此阶段一般办理以下事项：

（1）建筑工程质量监督站对建设单位提供的竣工验收报告进行备案审查。

（2）财政部门对建设项目应缴纳的行政事业性收费和基金进行核实验收。

（3）规划部门、市政部门、水利局、环保局、文化局、卫生局、公安消防支队、园林局以及其他需要参加验收的部门，按照法律、法规、规章的有关规定对相关专业内容和范围进行验收。规划部门根据上述部门和本部门验收情况核发建设工程规划许可证（正本）。

（4）住房和城乡建设委员会综合各部门验收、审查意见，对符合审核标准和要求的，出具建设工程项目竣工综合验收备案证明。不符合标准或要求的，作退件处理并要求限期整改。

房地产项目施工后报建手续中，常见的合规风险有：预售许可证办理风险、环境保护设施验收风险、消防验收风险。

（一）提供虚假材料申请预售许可证

1－1 合规义务的来源及合规风险的识别

【合规义务的来源】

《城市商品房预售管理办法》

第十五条 开发企业隐瞒有关情况、提供虚假材料，或者采用欺骗、贿赂等不正当手段取得商品房预售许可的，由房地产管理部门责令停止预售，撤销商品房预售许可，并处3万元罚款。

【合规风险的识别】

房地产企业申领商品房预售许可证时，必须提交真实、准确的材料，以证明其符合相关法规和政策的要求。为了取得商品房预售许可证，一些企业可能会考虑提供虚假材料或采取欺骗、贿赂等不正当手段。然而，这种行为不仅违反了法律法规，而且可能导致一系列严重的后果。

首先，如果房地产企业被发现提供虚假材料或采用不正当手段取得商品房预售许可证，最直接的后果是面临被房地产管理部门停止预售活动，撤销预售许可的风险。一旦许可被撤销，企业将不得再进行商品房预售活动，这无疑会对房地产企业的经营活动产生重大的影响。

其次，除撤销预售许可之外，房地产企业还可能面临罚款等经济处罚。根据相关法律法规，对于提供虚假材料或采用不正当手段的企业，房地产管理部门可以处以最高达3万元的罚款。

1－2 典型案例

【违法事实】

某市住房和城乡建设局执法人员于2021年8月19日上午到A房地产开发有限公司开发建设的××项目检查工程的施工进度。经现场勘查，××项目2、3、5号住宅楼的实际施工进度分别为16、10、10层，与A房地产开发有限公司在8月9日提交的项目2、3、5号住宅楼申报资料中“2、3、5号住宅楼的规划批准层数均为26层，施工进度均为18层”的描述不符。根据《关于调整××省商品房预售项目工程形象进度条件的通知》第一点的规定，预售商品房项目工程形象进度条件应为“七层以上（不含本数）的商品房预售项目，已完成三分之二结构工程”。A房地产开发有限公司存在隐瞒项目2、3、5号住宅楼实际施工进度，提供虚假的施工形象进度资料，取得商品房预售许可证的事实，属于隐瞒有关情况、提供虚假材料取得商品房预售许可的行为。

【处理结果】

市住房和城乡建设局对A房地产开发有限公司罚款3万元。

1-3 纠正机制和合规路径

【纠正机制】

房地产企业一旦发现提交的用以申请办理预售许可证的材料存在不真实、不准确的情况，应当及时与主管政府部门联系沟通，进行解释，并应当及时补正相关材料。

【合规路径】

（1）房地产企业应当加强对内部人员的管理和培训，提高工作人员的风险意识，防止出现以提供虚假材料申请办理预售许可证的现象。

（2）房地产企业应当建立健全内部惩戒机制，对工作人员以不真实、不准确的材料申请办理相关证照文件的行为予以严厉的惩处。

（二）环境保护设施验收

2-1 合规义务的来源及合规风险的识别

【合规义务的来源】

《环境影响评价法》

第二十七条　在项目建设、运行过程中产生不符合经审批的环境影响评价文件的情形的，建设单位应当组织环境影响的后评价，采取改进措施，并报原环境影响评价文件审批部门和建设项目审批部门备案；原环境影响评价文件审批部门也可以责成建设单位进行环境影响的后评价，采取改进措施。

《建设项目环境保护管理条例》

第十七条　编制环境影响报告书、环境影响报告表的建设项目竣工后，建设单位应当按照国务院环境保护行政主管部门规定的标准和程序，对配套建设的环境保护设施进行验收，编制验收报告。

建设单位在环境保护设施验收过程中，应当如实查验、监测、记载建设项目环境保护设施的建设和调试情况，不得弄虚作假。

除按照国家规定需要保密的情形外，建设单位应当依法向社会公开验收报告。

第十九条　编制环境影响报告书、环境影响报告表的建设项目，其配套建设的环境保护设施经验收合格，方可投入生产或者使用；未经验收或者验收不合格的，不得投入生产或者使用。

前款规定的建设项目投入生产或者使用后，应当按照国务院环境保护行政主管部门的规定开展环境影响后评价。

第二十条　环境保护行政主管部门应当对建设项目环境保护设施设计、施工、验收、投入生产或者使用情况，以及有关环境影响评价文件确定的其他环境保护措施的落实情况，进行监督检查。

环境保护行政主管部门应当将建设项目有关环境违法信息记入社会诚信档案，及时向社会公开违法者名单。

第二十二条　违反本条例规定，建设单位编制建设项目初步设计未落实防治环境污染和生态破坏的措施以及环境保护设施投资概算，未将环境保护设施建设纳入施工合同，或者未依法开展环境影响后评价的，由建设项目所在地县级以上环境保护行政主管部门责令限期改正，处5万元以上20万元以下的罚款；逾期不改正的，处20万元以上100万元以下的罚款。

违反本条例规定，建设单位在项目建设过程中未同时组织实施环境影响报告书、环境影响报告表及其审批部门审批决定中提出的环境保护对策措施的，由建设项目所在地县级以上环境保护行政主管部门责令限期改正，处20万元以上100万元以下的罚款；逾期不改正的，责令停止建设。

第二十三条　违反本条例规定，需要配套建设的环境保护设施未建成、未经验收或者验收不合格，建设项目即投入生产或者使用，或者在环境保护设施验收中弄虚作假的，由县级以上环境保护行政主管部门责令限期改正，处20万元以上100万元以下的罚款；逾期不改正的，处100万元以上200万元以下的罚款；对直接负责的主管人员和其他责任人员，处5万元以上20万元以下的罚款；造成重大环境污染或者生态破坏的，责令停止生产或者使用，或者报经有批准权的人民政府批准，责令关闭。

违反本条例规定，建设单位未依法向社会公开环境保护设施验收报告的，由县级以上环境保护行政主管部门责令公开，处5万元以上20万元以下的罚款，并予以公告。

【合规风险的识别】

在建设工程竣工综合验收备案阶段，环境保护行政主管部门需按照法律、法规、规章的有关规定对建设工程项目配套建设的环境保护设施进行验收。房地产企业在该环节的合规风险主要有三类：

第一类风险是建设项目需要配套建设的环境保护设施未建成、未经验收或者验收不合格，建设项目即投入生产或者使用，或者在环境保护设施验收中弄虚作假。

房地产企业发生以上的违规行为，环境保护行政主管部门有权责令限期改正，处20万元以上100万元以下的罚款；逾期不改正的，处100万元以上200万元以下的罚款；对直接负责的主管人员和其他责任人员，处5万元以上20万元以下的罚款；造成重大环境污染或者生态破坏的，责令停止生产或者使用，或者报经有批准权的人民政府批准，责令关闭。

第二类风险是建设项目投入生产或者使用后，未按规定开展环境影响后评价。

房地产企业发生这一违规行为，环境保护行政主管部门有权责令限期改正，处5万元以上20万元以下的罚款；逾期不改正的，处20万元以上100万元以下的罚款。

第三类风险是房地产企业未依法向社会公开建设项目的环境保护设施验收报告。

房地产企业发生这一违规行为，由县级以上环境保护行政主管部门责令公开，处5万元以上20万元以下的罚款，并予以公告。

2-2　典型案例

案例1：建设项目未经环保设施验收投入使用

【违法事实】

2022年12月5日，某市生态环境局××分局执法人员对A房地产开发有限公司进行现场检查，检查发现该公司的××回线迁改项目于2021年7月建设完成，2021年8月投入使用，投入使用后未组织开展环保设施竣工验收。

【处理结果】

市生态环境局对A房地产开发有限公司罚款人民币20万元。

案例2：未进行环境影响后评价及备案

【违法事实】

2019年7月10日，××县环境保护局进行现场检查时，发现A公司厂区原料生产车间南侧新增一台砂石筛选设备。××县环境保护局经比对认为，A公司2017年10月"年产5万吨水泥砂浆、商品混凝土搅拌站建设项目"建设项目环境影响报告书内的生产设备为"搅拌机1套、除尘器4台、粉煤灰粉料仓2个及水泥粉料仓2个"，新增砂石筛选设备不在报告书内，且未进行环境影响后评价及备案。××县环境保护局认为上述行为违反了《环境影响评价法》第27条第1款的规定，已构成违法。

【处理结果】

县环境保护局作出处罚：(1) 责令立即停止违法行为；(2) 处罚款人民币5万元。

2-3 纠正机制和合规路径

【纠正机制】

(1) 房地产企业应开展内部排查，对可能存在的环境保护设施未建成、未经验收或者验收不合格擅自投入使用的风险进行全面摸排。

(2) 房地产企业一旦发现部分工程存在环境保护设施未建成、未经验收或者验收不合格擅自投入使用的情况，应当及时停止使用，并按照环境保护行政主管部门的要求建设需配套建设的环境保护设施，并在建成后及时履行环境保护设施验收手续。

(3) 房地产企业及时向相关部门报告违规行为，与环境保护主管部门沟通处理方案，并接受处罚。

(4) 房地产企业应建立健全内部报建管理制度，提高工作人员风险意识，确保项目环境保护设施验收工作得到有效执行，防止类似违规行为再次发生。

【合规路径】

(1) 房地产企业在项目建设、运行过程中产生不符合经审批的环境影响评价文件的情形的，应当及时组织环境影响的后评价，采取改进措施，并报原环境影响评价文件审批部门和建设项目审批部门备案。

(2) 房地产企业应当严格落实防治环境污染和生态破坏的措施以及环境保护设施投资概算，将环境保护设施建设纳入施工合同。在需要配套建设的环境保护设施未建成、未经验收或者验收不合格的情况下，不得擅自投入使用。

（三）消防验收

3-1　合规义务的来源及合规风险的识别

【合规义务的来源】

《消防法》

第十三条　国务院住房和城乡建设主管部门规定应当申请消防验收的建设工程竣工，建设单位应当向住房和城乡建设主管部门申请消防验收。

前款规定以外的其他建设工程，建设单位在验收后应当报住房和城乡建设主管部门备案，住房和城乡建设主管部门应当进行抽查。

依法应当进行消防验收的建设工程，未经消防验收或者消防验收不合格的，禁止投入使用；其他建设工程经依法抽查不合格的，应当停止使用。

第五十八条　违反本法规定，有下列行为之一的，由住房和城乡建设主管部门、消防救援机构按照各自职权责令停止施工、停止使用或者停产停业，并处三万元以上三十万元以下罚款：

（一）依法应当进行消防设计审查的建设工程，未经依法审查或者审查不合格，擅自施工的；

（二）依法应当进行消防验收的建设工程，未经消防验收或者消防验收不合格，擅自投入使用的；

（三）本法第十三条规定的其他建设工程验收后经依法抽查不合格，不停止使用的；

（四）公众聚集场所未经消防救援机构许可，擅自投入使用、营业的，或者经核查发现场所使用、营业情况与承诺内容不符的。

核查发现公众聚集场所使用、营业情况与承诺内容不符，经责令限期改正，逾期不整改或者整改后仍达不到要求的，依法撤销相应许可。

建设单位未依照本法规定在验收后报住房和城乡建设主管部门备案的，由住房和城乡建设主管部门责令改正，处五千元以下罚款。

【合规风险的识别】

房地产项目在竣工后消防验收环节，主要的合规风险如下：

首先，对于依法应当进行消防验收的建设工程，如果未经消防验收或者消防验收不合格就擅自投入使用，将构成违法行为。违法后果为由住房和城乡建设主管部门、消防救援机构按照各自职权责令停止施工、停止使用或者停产停业，并处3万元以上30万元以下罚款。

其次，对于其他建设工程，如果经依法抽查不合格，但仍然未停止使用，这同样是违法行为。违法后果为由住房和城乡建设主管部门、消防救援机构按照各自职权责令停止施工、停止使用或者停产停业，并处3万元以上30万元以下罚款。

最后，如果建设单位未在验收后报住房和城乡建设主管部门备案，这也是不合法的行为。一旦被发现，住房和城乡建设主管部门将责令其改正，并处以5000元以下罚款。

3-2 典型案例

案例1：未经消防验收擅自投入使用

【案件事实】

2021年3月8日接某市建设工程消防审查验收服务中心移交函，××高级中学科技中心、教学楼、后勤楼、学生宿舍楼、艺术中心、学术中心项目，未经消防验收擅自投入使用；电缆井在每层楼板处未用防火封堵材料封堵；学术中心中庭排烟设施被装修吊顶完全封闭。经核查，该项目建筑总面积为80,403.06平方米，建设单位为A公司，施工单位为B建设股份有限公司，监理单位是C工程咨询监理有限公司。该项目于2019年12月未经消防验收擅自投入使用，一直未通过消防验收并且未停止使用。建设单位A公司存在未经消防验收擅自投入使用行为。

【处理结果】

市住房和城乡建设局对 A 公司罚款人民币 25 万元。

案例 2：消防验收后未备案

【违法事实】

某城市管理综合执法局查实 A 房地产开发有限责任公司于 2022 年在某地建设的 ×× 小区 5#公寓楼存在消防验收后未备案投入使用的行为。

【处理结果】

城市管理综合执法局对 A 房地产开发有限责任公司处以人民币 5000 元的罚款。

3-3　纠正机制和合规路径

【纠正机制】

（1）对于未经消防验收或者备案的建设项目，应立即停止使用该设施，防止出现安全事故。

（2）及时通知相关主管部门，协调沟通后续整改措施，对于存在安全隐患的消防设施，应立即进行整改，确保其符合验收标准。

（3）及时联系有关主管部门，对未办理消防验收或者备案的原因向有关主管部门进行合理积极解释，同时积极完成整改，配合有关主管部门办理相关的消防验收或备案手续。

【合规路径】

（1）房地产企业应当高度重视消防验收风险，对于《建设工程消防设计审查验收管理暂行规定》中规定的特殊建设工程，在建设项目竣工后应当申请消防验收，对于其他建设工程，应当进行消防验收备案、抽查。房地产企业应该遵守相关法律法规的规定，严格按照法律法规的要求进行消防验收和备案工作，加强对工程项目的监管和检查，确保所有工程项目都符合消防要求。

（2）房地产企业应当完善内部管理制度，建立完善的消防管理制度和责任制，加强对员工的培训和教育，提高员工的消防意识和安全意识，避免建设项目在未通过消防验收或者未进行消防验收备案的情况下投入使用，避免出现经消防验收但未向住房和城乡建设主管部门进行备案的情况。

（3）房地产企业应当加强报建管理，加强对员工的培训和教育，提高员工的法律意识和法律素养，加强报建人员的专业素质培训。

（4）房地产企业加强与相关部门的沟通和协调，及时了解消防政策和规定的变化情况。加强与当地消防部门的沟通和协调，确保工程项目的消防设施符合要求。

第三章　房地产项目建设施工环节合规

第一节　施工准备阶段

一、施工准备阶段的招标投标流程

建设工程领域对于施工、采购等普遍要求进行招标投标流程。此处所称的招标、投标是指受《招标投标法》约束的招标、投标行为。

《招标投标法》第10条规定，招标分为公开招标和邀请招标。公开招标，是指招标人以招标公告的方式邀请不特定的法人或者其他组织投标。邀请招标，是指招标人以投标邀请书的方式邀请特定的法人或者其他组织投标。私下自行组织招标投标（包括私下公开招标或私下邀请招标）订立建设工程施工合同的，无论采用何种所谓的招标投标形式，虽然其有类似于招标投标的程序，但由于不需要经过政府行政部门的监督管理，不能做到《招标投标法》第5条规定的公开、公平、公正的基本原则，故不能适用《招标投标法》，自然也就不适用《招标投标法》第46条。

故为规范建设工程领域招标投标流程，法律法规作出了一系列规定，主要如下：

《招标投标法》

第三条　在中华人民共和国境内进行下列工程建设项目包括项目的勘察、设计、施工、监理以及与工程建设有关的重要设备、材料等的采购，必须进行招标：

（一）大型基础设施、公用事业等关系社会公共利益、公众安全的项目；

（二）全部或者部分使用国有资金投资或者国家融资的项目；

（三）使用国际组织或者外国政府贷款、援助资金的项目。

前款所列项目的具体范围和规模标准，由国务院发展计划部门会同国务院有关部门制订，报国务院批准。

法律或者国务院对必须进行招标的其他项目的范围有规定的，依照其规定。

《必须招标的工程项目规定》

第二条　全部或者部分使用国有资金投资或者国家融资的项目包括：

（一）使用预算资金200万元人民币以上，并且该资金占投资额10%以上的项目；

（二）使用国有企业事业单位资金，并且该资金占控股或者主导地位的项目。

第三条　使用国际组织或者外国政府贷款、援助资金的项目包括：

（一）使用世界银行、亚洲开发银行等国际组织贷款、援助资金的项目；

（二）使用外国政府及其机构贷款、援助资金的项目。

第四条　不属于本规定第二条、第三条规定情形的大型基础设施、公用事业等关系社会公共利益、公众安全的项目，必须招标的具体范围由国务院发展改革部门会同国务院有关部门按照确有必要、严格限定的原则制订，报国务院批准。

第五条　本规定第二条至第四条规定范围内的项目，其勘察、设计、施工、监理以及与工程建设有关的重要设备、材料等的采购达到下列标准之一的，必须招标：

（一）施工单项合同估算价在400万元人民币以上；

（二）重要设备、材料等货物的采购，单项合同估算价在200万元人民币以上；

（三）勘察、设计、监理等服务的采购，单项合同估算价在100万元人民币以上。

同一项目中可以合并进行的勘察、设计、施工、监理以及与工程建设有关的重要设备、材料等的采购，合同估算价合计达到前款规定标准的，必须招标。

《必须招标的基础设施和公用事业项目范围规定》

第二条 不属于《必须招标的工程项目规定》第二条、第三条规定情形的大型基础设施、公用事业等关系社会公共利益、公众安全的项目，必须招标的具体范围包括：

（一）煤炭、石油、天然气、电力、新能源等能源基础设施项目；

（二）铁路、公路、管道、水运，以及公共航空和A1级通用机场等交通运输基础设施项目；

（三）电信枢纽、通信信息网络等通信基础设施项目；

（四）防洪、灌溉、排涝、引（供）水等水利基础设施项目；

（五）城市轨道交通等城建项目。

从上述法律规定可知，工程项目由于区别于一般交易，法律对其招标投标流程规定得更为严格，故无论是开发商还是施工单位，招标投标流程合规至关重要，不合规的招标投标流程不仅会受到行政监管部门的处罚，甚至还有可能产生刑事风险。

（一）招标投标流程合规

1-1 合规义务的来源及合规风险的识别

【合规义务的来源】

《招标投标法》

第五十一条 招标人以不合理的条件限制或者排斥潜在投标人的，对潜在投标人实行歧视待遇的，强制要求投标人组成联合体共同投标的，或者限制投标人之间竞争的，责令改正，可以处一万元以上五万元以下的罚款。

《招标投标法实施条例》

第六十四条　招标人有下列情形之一的，由有关行政监督部门责令改正，可以处10万元以下的罚款：

（一）依法应当公开招标而采用邀请招标；

（二）招标文件、资格预审文件的发售、澄清、修改的时限，或者确定的提交资格预审申请文件、投标文件的时限不符合招标投标法和本条例规定；

（三）接受未通过资格预审的单位或者个人参加投标；

（四）接受应当拒收的投标文件。

招标人有前款第一项、第三项、第四项所列行为之一的，对单位直接负责的主管人员和其他直接责任人员依法给予处分。

第八十条　国家工作人员利用职务便利，以直接或者间接、明示或者暗示等任何方式非法干涉招标投标活动，有下列情形之一的，依法给予记过或者记大过处分；情节严重的，依法给予降级或者撤职处分；情节特别严重的，依法给予开除处分；构成犯罪的，依法追究刑事责任：

（一）要求对依法必须进行招标的项目不招标，或者要求对依法应当公开招标的项目不公开招标；

（二）要求评标委员会成员或者招标人以其指定的投标人作为中标候选人或者中标人，或者以其他方式非法干涉评标活动，影响中标结果；

（三）以其他方式非法干涉招标投标活动。

《工程建设项目施工招标投标办法》

第七十三条　招标人有下列限制或者排斥潜在投标人行为之一的，由有关行政监督部门依照招标投标法第五十一条的规定处罚；其中，构成依法必须进行施工招标的项目的招标人规避招标的，依照招标投标法第四十九条的规定处罚：

（一）依法应当公开招标的项目不按照规定在指定媒介发布资格预审公告或者招标公告；

（二）在不同媒介发布的同一招标项目的资格预审公告或者招标公

告的内容不一致，影响潜在投标人申请资格预审或者投标。

招标人有下列情形之一的，由有关行政监督部门责令改正，可以处10万元以下的罚款：

（一）依法应当公开招标而采用邀请招标；

（二）招标文件、资格预审文件的发售、澄清、修改的时限，或者确定的提交资格预审申请文件、投标文件的时限不符合招标投标法和招标投标法实施条例规定；

（三）接受未通过资格预审的单位或者个人参加投标；

（四）接受应当拒收的投标文件。

招标人有前款第一项、第三项、第四项所列行为之一的，对单位直接负责的主管人员和其他直接责任人员依法给予处分。

【合规风险的识别】

从《招标投标法》的规定可以看出，公开招标与邀请招标之间最大的区别在于，公开招标针对不特定的主体，且主要是为了防止国有资产的流失，而邀请招标针对特定主体，对招标人发出投标邀请函。上述规定中国家、地方重点项目以及国有资金占控股或主导地位的依法必须招标的项目，法律规定其应当采取公开招标的形式，立法本意是为了确保该些项目在选择中标人时范围更广，更能够选择出“最优标”，以及为了防止“暗箱操作”的违法事件的发生，确保国家、地方重点项目以及国有资金占控股或主导地位的依法必须招标项目的质量、安全等。如果允许应当公开招标的项目采取邀请招标的形式，那么，由于邀请招标形式的局限性和可操控性，势必会导致这些项目的招投标程序流于形式，使《招标投标法》及相关规定的立法本意落空，无法保障国家、地方重点项目以及国有资金占控股或主导地位的依法必须招标项目的质量、安全等。

目前招投标流程中主要出现的合规风险有以下几点：

1. 招标环节合规风险

（1）招标形式不规范，如应招标而未招标，或在遇到附属项目、计划外项目、内外部矛盾较大的项目时，通过拆分标的等形式恶意规避公开招标等。

（2）招标文件不规范，招标文件的内容不规范、不明确、不完备，违反法律法规的强制性规定等。

（3）招标程序不规范，如招标委托人资质缺乏、明招暗定、合谋串标、未按要求及时签订书面合同或内容不规范，未按照招投标文件订立合同或订立背离合同实质性内容的协议等。

（4）评标方式不规范，如招标内容不明确，带有显著倾向性等。

2. 投标环节合规风险

（1）投标活动未遵循公开、公平、公正和诚实信用的原则。

（2）投标人法律主体不适格。

（3）投标人未依法投标、投标人相互串通投标报价、投标人与招标人串通投标、以向招标人或者评标委员会成员行贿的手段谋取中标。

（4）投标人以低于成本的报价竞标，中标后对主体工程或单价较高的部分进行违规变更。

（5）投标人以他人名义投标或者以其他方式弄虚作假，骗取中标。

3. 开标、评标、中标环节合规风险

（1）未按法定或约定的程序进行开标、评标及定标。

（2）评标委员会擅自否决投标或招标结果。

（3）在确定中标人前，招标人与投标人就投标价格、投标方案等实质性内容进行谈判。

（4）澄清、说明不规范，评标委员会未采用书面形式要求投标人作出必要澄清、说明，评标委员会暗示或者诱导投标人作出澄清、说明。

（5）违法分包，中标人将中标项目分包给不具备相关资质条件的单位，将建设工程的主体结构施工分包给其他单位或者将其承包的建设工程层层分包。

1-2 典型案例

【基本案情】

(1) 违规推荐并选聘招标代理机构。

2014年7月，被告人蒋某等得知市自来水公司××水厂工程将要进行招标。朱某欲挂靠A公司参与投标，蒋某也欲参与工程。蒋某向时任市自来水公司总经理庄某推荐被告人方某所在的C公司为招标代理单位。经过形式上的邀请招标程序，市自来水公司委托其进行招标代理服务。

(2) 操纵代理机构以设置倾向性评标分值。

蒋某、方某、留某认为采用市政工程与机电、电子工程捆绑的整体招标形式可以提高中标概率。蒋某便向庄某提议项目采用整体招标形式。同时，方某在制作招标方案、与市自来水公司沟通过程中，亦多次提出采用整体招标形式并得到认可。2014年12月，整体招标方案写入××水厂工程招标公告。A公司与B公司组成联合体参加投标报名。为进一步提高联合体的中标概率，蒋某、方某经商量后，在招标文件中设置倾向性评标分值。2015年5月，招标文件发布后，因遭到其他投标单位的投诉，评标分值设置作了调整。

(3) 向评标专家赠送好处以操纵评标过程。

2015年6月，××水厂工程招投标进入评标阶段，被告人蒋某、留某、朱某商量后决定给予评标专家好处。由被告人朱某提供人民币4万元，由被告人留某联系到其中3位评标专家，提出在评标打分时对A、B公司联合体给予照顾的要求，同时还将记录有B公司技术标标书页码、标书内含有的图片等要点信息短信发送给3位专家，并先后送现金、香烟等表示感谢。

【裁判要旨】

串通投标罪的立法意义是打击与抑制招投标过程中的串通投标行为，为招投标工作创造公平、公正、公开的经济环境，以保护市场经济健康有序发展。此罪侵犯的是复杂客体，主要是正常的招投标活动管理秩序，还包括国家或其他相关人的经济利益。虽然《招标投标法》晚于此罪立法，但不能简单按照后立的行政法律中的相关概念来限缩刑法的立法原意，片面理解串通投标罪的主体范围和行为模式。串通投标罪的主体并非仅限于《招标投标法》规定的投标人和招标人，而是应当包括实施了串通投标行为，破坏正常的市场竞争秩序的人，故4被告人是此罪的适格主体。4被告人利用各自的特殊社会关系和相关职务，在招标代理人方某与投标方利害关系人蒋某、朱某和参与人留某之间，建立了进行非法的招投标信息沟通渠道，采取各种方法影响招标方案制定和评标标准的设置，以期不正当地提高中标概率，破坏了招投标活动管理秩序，造成重大公共工程废标的结果。朱某是否挂靠A公司不影响其犯罪构成，4被告人的行为仍属于串通投标行为。4被告人为了各自利益，共谋实施串通投标行为，系共同犯罪，应当对全部串通投标行为承担法律责任。4被告人作为一个共同体，彼此联系、互相配合，作用相当，没有明显的主从关系，不宜区分主从犯。4被告人采取向评标人行贿等违法手段，导致民生工程废标后重新招标，工程因此延误，造成国家巨大经济损失的后果，属于情节严重。

【处理结果】

被告人朱某犯串通投标罪，判处有期徒刑1年，缓刑1年6个月，并处罚金人民币3万元。被告人留某犯串通投标罪，判处有期徒刑1年，缓刑1年6个月，并处罚金人民币3万元。被告人方某犯串通投标罪，判处有期徒刑1年，缓刑1年6个月，并处罚金人民币3万元。被告人蒋某犯受贿罪，判处有期徒刑3年，并处罚金人民币20万元；犯串通投标罪，判处有期徒刑1年，并处罚金人民币3万元。决定执行有期徒刑3年6个月，并处罚金人民币23万元。

1-3 纠正机制和合规路径

【纠正机制】

1. 招标准备阶段

（1）科学划分标段。

项目招标准备工作一定要依法合规，首先要做好标段的划分。标段划分一方面要满足《招标投标法》及其实施条例的规定，不得利用划分标段限制或者排斥潜在投标人，也不得利用划分标段规避招标；另一方面要从方便项目协调管理的角度去考虑，避免因标段划分不合理，造成项目推进过程中相互制约、相互扯皮的现象发生，应使项目顺利推进。

（2）制作合规文件。

为了降低招投标不合规风险，要在招标文件制作前进行充分讨论并进行市场调研，结合项目及市场实际进行招标文件的编制：一要制定明确的入围单位资质、业绩条件等；二要制定详细的项目经理及主要管理人员资质、业绩条件等；三要制定科学的项目经理及项目部组成人员的工作单位证明材料、社保证明材料、业绩证明材料等要求，以确保投标单位人员及业绩的真实性及匹配性；四要制定科学的投标保证金汇款渠道，以此来避免资质挂靠或借用资质围标的情况。

2. 招标进行阶段

（1）加强审核。

企业应逐步加强对投标单位的资信审核，严把准入关口，以一定的限制性条款满足单位报价情况。

投标单位资信审核，是对投标公平竞争秩序的维护，有利于防范招标风险，保护了招标参与双方的利益。在此过程中，合理选择调查机构和设置调查内容是关键。

企业可选择与金融机构合作，对投标单位的信用等级进行评估，有着较高的可信度。但此种方式亦有弊端，如金融机构很难对客户信用的具体细节进行把控，所耗费的时间也较长。

相比之下，专业资信调查结构能够快速完成此项工作，但需要较大的费用支出，不同组织提供的信息结构可能存有差异。

对此，企业应根据招标项目的具体特性进行合理选择，并联合内部调查，最大限度地掌握招标单位真实情况。同时，招标单位资信评定内容的设计，应包括品质、能力、资本等，确保合作顺畅。

（2）完善机制。

企业应时刻明确评标的价值意义，根据供应商所提供的相关资料，详细约定工期及质量等条款，削减风险。如物价上涨、市场变化等，均要求企业及时调整评标方案内容。

在具体的评定目标设定上，要进行量化细分，不断分析问题、解决问题，为招标工作提供信息导向，确保标底工程顺利进行。

关于企业招标工作评定指标的设计，要认真分析工程项目实际，根据自身实际需求，合理配置权重，如对于偏重工程造价的项目，建立完善多元的评价体系等。

【合规路径】

1. 提高招标人员专业素质

项目招标单位要聘任具有专业能力的招标人员参与招标的活动，并且定期对招标人员进行培训和管理，加强其操作技能，提高其业务水平，以更好地为招投标工作进行服务。

专业人才可以全面了解和分析项目工程的整体情况，对招标活动进行全面的掌握，对投标人的资料进行全面的分析和权衡，可以保障工程合理地利用资源和资金，最终实现项目的总体目标。

专业招标人员会对招标项目成本、质量以及工期等各方面做全面的分析和研究，确保项目如期完成，为项目的完成节约成本。

2. 建立追责制度

诚信是企业招标工作中风险管理者需关注的内容，对于实践中屡见不鲜的不诚信现象，应当建立完善的追责制度。

对于招标单位而言，首先要加强内部控制，明确招标工作中风险管理的责任主体及义务，采用职责分离的模式，促使员工相互制约，以便防止徇私舞弊行为。

其次，建立完善的授权制度，明确每个岗位员工履行职责时所享有的权利，使之相互合作，不互相推诿。

再次，认真、客观审查招标工作人员行为，奖励优秀，惩处违规，塑造良好的风险管理环境。

最后，还需针对合作单位建立违约责任制度，设计投诉处理方案，一旦发生招标风险，明确责任主体，利用法律武器维护自身正当权益，进行必要的索赔处理。

3. 规范招投标流程

《评标委员会和评标方法暂行规定》第 17 条第 1 款规定，“评标委员会应当根据招标文件规定的评标标准和方法，对投标文件进行系统地评审和比较。招标文件中没有规定的标准和方法不得作为评标的依据”。第 21 条规定，“在评标过程中，评标委员会发现投标人的报价明显低于其他投标报价或者在设有标底时明显低于标底，使得其投标报价可能低于其个别成本的，应当要求该投标人作出书面说明并提供相关证明材料。投标人不能合理说明或者不能提供相关证明材料的，由评标委员会认定该投标人以低于成本报价竞标，应否决其投标”。

对此，应加强对评标委员会的管理，规范其操作行为，提高其专业水准，完善个人价值观和相关个性，打破固有思维局限，避免主观差异性造成的波动风险。

4. 提高招投标合规意识

在风险管理文化建设过程中，企业应充分发挥上层领导的影响作用，由上至下逐步渗透，增强员工的全员参与意识，并将之转化为共同认知和自觉行为，在本职岗位上作出应有贡献。同时，知识经济时代，人才作为推动社会发展的核心，是企业参与市场竞争的重要资本，对优化招标工作具有重要意义。

为了进一步扎实招标工作中的风险管理，企业应加紧打造一支专业化、高素质的招标管理队伍，组织多样化的培训教育活动，及时宣导先进思想理念，强化员工职业责任感和认知，提升他们的道德修养。同时，适时邀请领域专家、业务能手广泛参与，分享有效实践经验，丰富招标管理人员的理论知识素养，深入解读招标风险管理各项规章制度、文件及要求等，并量化成职责标准，促进员工综合素质能力提升，实现其职业发展目标的同时，提高招标工作中的风险管理质量。

第二节　施工阶段

一、开竣工合规

工程层面的工期是指建筑商完成建设工程施工合同中约定的全部内容所需的时间，一般指从建设工程正式破土开工到按施工承包合同约定、达到竣工验收标准所花费的全部时间。施工工期同工程造价、工程质量一起被视为建设工程项目管理的三大目标，是考核建设工程项目经济效益和社会效益的重要指标。

发包人与承包人普遍会在双方签署的施工合同中约定工期，它是由发包人和建筑商在招标投标或协商一致的基础上、在建设工程施工合同中约定的完成合同内容所需的时间，通常按总日历天数（包括法定节假日）计算的承包天数，包括开工日期与竣工日期。故对发包人而言，开竣工合规显得尤为重要。

在实践中，房地产项目开竣工流程中，较为常见的不合规行为有：无施工许可证先行施工、逾期开竣工、验收程序不合规等。

（一）无施工许可证先行施工

1-1 合规义务的来源及合规风险的识别

【合规义务的来源】

《**建筑法**》

第六十四条 违反本法规定，未取得施工许可证或者开工报告未经批准擅自施工的，责令改正，对不符合开工条件的责令停止施工，可以处以罚款。

《**建筑工程施工许可管理办法**》

第三条 本办法规定应当申请领取施工许可证的建筑工程未取得施工许可证的，一律不得开工。

任何单位和个人不得将应当申请领取施工许可证的工程项目分解为若干限额以下的工程项目，规避申请领取施工许可证。

第十二条 对于未取得施工许可证或者为规避办理施工许可证将工程项目分解后擅自施工的，由有管辖权的发证机关责令停止施工，限期改正，对建设单位处工程合同价款1%以上2%以下罚款；对施工单位处3万元以下罚款。

第十四条 建设单位隐瞒有关情况或者提供虚假材料申请施工许可证的，发证机关不予受理或者不予许可，并处1万元以上3万元以下罚款；构成犯罪的，依法追究刑事责任。

建设单位伪造或者涂改施工许可证的，由发证机关责令停止施工，并处1万元以上3万元以下罚款；构成犯罪的，依法追究刑事责任。

《**建设工程质量管理条例**》

第五十七条 违反本条例规定，建设单位未取得施工许可证或者开工报告未经批准，擅自施工的，责令停止施工，限期改正，处工程合同价款1%以上2%以下的罚款。

【合规风险的识别】

无施工许可证先行施工会有以下风险：

（1）工程停工风险。

根据相关法律规定，对于不符合开工条件的，未取得施工许可证施工的，行政主管部门可以责令停止施工并进行罚款。停工可能导致施工单位人、材、机费用损失、管理费增加等，直接增加施工单位成本，引起发包人与施工单位纠纷。

（2）行政处罚风险。

《建筑工程施工许可管理办法》《建设工程质量管理条例》以及各地方行政条例都对未取得施工许可证或者开工报告未经批准擅自施工的行为处以高额罚款，对于建设单位及施工单位均有处罚规定。其中“工程合同价款1%以上2%以下的罚款”中的工程合同价款在实践中多解释为已开工建设的工程合同价款，并非整个工程合同价款。

（3）形象受损风险。

未取得施工许可证施工属于行政违法行为，如果因该行为受到行政处罚，国家企业信用信息网、全国建筑市场监管公共服务平台、企业档案等信息公示平台会记载相关违法行为，给企业市场投标、奖项评选、品牌形象塑造等造成不良影响。

1-2 典型案例

【违法事实】

2010年10月，某市城建监察支队执法人员巡查时发现××国际花园项目有3栋住宅楼未取得建筑工程施工许可证擅自施工，形象进度均为地下1层基础处理。经查，该项目由A房地产开发有限公司开发建设，共6幢住宅楼，地下1层，地上16层，建筑面积约60,000平方米，由B建筑公司施工总承包，工程合同造价约7200万元。监理单位为C建设监理有限公司。

10月8日，市城建监察支队执法人员进行立案调查，调查发现该项目已办理了土地、规划和质量监督手续，但未取得建筑工程施工许可证。10月15日，城建监察支队对其未取得建筑工程施工许可证的擅自施工行为下达了《建设工程项目检查通知书》。12月20日，对A房地产开发有限公司下达了《行政处罚事先告知书》《行政处罚听证告知书》，告知当事人未取得建筑工程施工许可证擅自施工的行为违反了《建筑法》第7条的规定，依据《建筑法》第64条、《建设工程质量管理条例》第57条的规定，拟处已开工的3栋楼工程合同价款1%的罚款。

【处理结果】

2011年2月27日，市住房和城乡建设局向A房地产开发有限公司正式作出《行政处罚决定书》，责令改正，处工程合同价款1%的罚款，计36万元（已开工的3栋楼工程合同价款3600万元×1%）。A房地产开发有限公司在规定的时限内足额上缴国库，并及时办理了建筑工程施工许可证。

1-3 纠正机制和合规路径

【纠正机制】

如出现未办理施工许可证即开工的情况，发包人应立即停止施工，根据法律法规规定及时进行整改并办理施工许可证等手续。

【合规路径】

（1）发包人确保在具备施工许可证条件下进场施工，再出具书面《开工通知单》；

（2）发包人及时办理施工手续，并在施工合同约定施工单位协助办理施工许可证等文件；

（3）及时处理及应对因未办理施工许可证给承包人延误的工期及产生的损失索赔等；

（4）在施工合同中约定由承包人承担申请施工许可证的义务。

（二）逾期开工

2-1 合规义务的来源及合规风险的识别

【合规义务的来源】

《闲置土地处置办法》

第十四条　除本办法第八条规定情形外，闲置土地按照下列方式处理：

（一）未动工开发满一年的，由市、县国土资源主管部门报经本级人民政府批准后，向国有建设用地使用权人下达《征缴土地闲置费决定书》，按照土地出让或者划拨价款的百分之二十征缴土地闲置费。土地闲置费不得列入生产成本；

（二）未动工开发满两年的，由市、县国土资源主管部门按照《中华人民共和国土地管理法》第三十七条和《中华人民共和国城市房地产管理法》第二十六条的规定，报经有批准权的人民政府批准后，向国有建设用地使用权人下达《收回国有建设用地使用权决定书》，无偿收回国有建设用地使用权。闲置土地设有抵押权的，同时抄送相关土地抵押权人。

《土地管理法》

第三十八条　禁止任何单位和个人闲置、荒芜耕地。已经办理审批手续的非农业建设占用耕地，一年内不用而又可以耕种并收获的，应当由原耕种该幅耕地的集体或者个人恢复耕种，也可以由用地单位组织耕种；一年以上未动工建设的，应当按照省、自治区、直辖市的规定缴纳闲置费；连续二年未使用的，经原批准机关批准，由县级以上人民政府无偿收回用地单位的土地使用权；该幅土地原为农民集体所有的，应当交由原农村集体经济组织恢复耕种。

在城市规划区范围内，以出让方式取得土地使用权进行房地产开发的闲置土地，依照《中华人民共和国城市房地产管理法》的有关规定办理。

《城市房地产管理法》

第二十六条 以出让方式取得土地使用权进行房地产开发的，必须按照土地使用权出让合同约定的土地用途、动工开发期限开发土地。超过出让合同约定的动工开发日期满一年未动工开发的，可以征收相当于土地使用权出让金百分之二十以下的土地闲置费；满二年未动工开发的，可以无偿收回土地使用权；但是，因不可抗力或者政府、政府有关部门的行为或者动工开发必需的前期工作造成动工开发迟延的除外。

【合规风险的识别】

《闲置土地处置办法》第2条明确了闲置土地是指：国有建设用地使用权人超过国有建设用地使用权有偿使用合同或者划拨决定书约定、规定的动工开发日期满一年未动工开发的国有建设用地；或已动工开发但开发建设用地面积占应动工开发建设用地总面积不足1/3或者已投资额占总投资额不足25%，中止开发建设满一年的国有建设用地。

市、县国土资源主管部门负责本行政区域内闲置土地的调查认定和处置工作，然而造成土地闲置的原因多种多样，与闲置土地有关的行政行为——闲置土地认定、征收土地出纳金、收回闲置土地、再次出让土地、行政处罚和处置等，任何一环都有可能引发纠纷。

2-2 典型案例

【违法事实】

2005年××市原国土资源和房屋管理局向A公司核发《国有土地使用证》，并于2006年核发建设用地批准书，同意A公司使用××地段，该地段面积为4507平方米，约定的动工日期为2007年2月。2021年9月17日，××市规划和自然资源局以《闲置土地认定书》认定该项目用地为闲置土地。

【处理结果】

鉴于该地块闲置存在军事管制（空军限高）、企业自身原因，其中因企业自身原因闲置累计超过1年，根据《城市房地产管理法》第26条、《闲置土地处置办法》第12条第1款第1项，《某市闲置土地处理办法》第14条第1款第1项、第15条第1款第1项，《某市人民政府办公厅关于加强土地管理的实施意见》第63条的规定，经某市人民政府批准，某市规划和自然资源局决定：

（1）按照上述闲置土地出让价款的20%征缴土地闲置费，共46.8807万元。自决定书送达之日起30日内，持决定书与税务部门开具的缴费通知要求缴纳土地闲置费。逾期未缴纳土地闲置费的，自逾期之日起，按日加收应缴土地闲置费总额1‰的滞纳金。

（2）延长该地块动工开发期限1年。在缴清土地闲置费后，与市规划和自然资源局签订补充协议，重新约定动工开发、竣工期限和违约责任。

2-3 纠正机制和合规路径

【纠正机制】

如经行政部门认定确实构成闲置土地，房地产开发企业应及时分析闲置土地出现的原因，并与土地行政主管部门、当地政府等积极协调、陈述意见，开发过程中，有关部门对用地规划单方作出调整或存在其他不可抗力情形的，企业可主动向相关部门主张扣减相应期间。房地产开发企业提出主张的同时，还应提供相应的证据。

认定闲置土地与作出处理决定是两个具有连续性的行政程序，前者是后者的前提，在作出征缴土地闲置费或者收回国有建设用地使用权决定前，行政机关应当书面告知企业有申请听证的权利，企业应积极申请听证，陈述对全案的意见，争取避免土地被无偿收回的严重后果。

地方政府收回闲置土地后普遍认为已不存在有效的救济路径，但事实上房地产开发企业并非没有任何可挽回的余地，如果房地产开发企业发现土地行政主管部门等违反土地出让合同，仍可以提起民事诉讼，主张土地行政主管部门的违约责任并要求赔偿。

另外，如果不存在追究土地行政主管部门违约责任等救济空间，房地产开发企业还应与政府及有关行政主管部门加强沟通，避免企业更多土地因被视为闲置土地而被处以土地闲置费的征缴或被无偿收回，另外也避免因企业不配合政府及有关行政主管部门正常的土地闲置费征缴或收回闲置土地工作而对企业今后“拿地”产生不利影响。

【合规路径】

（1）房地产开发企业应遵守土地出让协议约定，根据协议约定的进度计划开发项目，避免出现闲置土地的情形。

（2）如遇到当地土地行政主管部门以涉嫌闲置土地对企业展开调查，房地产开发企业应做好风险评估，制定应对方案，分析是否构成闲置土地，包括对闲置时间、投资额、开发面积等进行审查，并建议根据实际情况选择委托中介机构进行评估或测绘，积极对相关证据予以保全。

（三）验收程序不合规

3－1 合规义务的来源及合规风险的识别

【合规义务的来源】

《建设工程质量管理条例》

第四十九条 建设单位应当自建设工程竣工验收合格之日起15日内，将建设工程竣工验收报告和规划、公安消防、环保等部门出具的认可文件或者准许使用文件报建设行政主管部门或者其他有关部门备案。

建设行政主管部门或者其他有关部门发现建设单位在竣工验收过程中有违反国家有关建设工程质量管理规定行为的，责令停止使用，重新组织竣工验收。

第五十八条　违反本条例规定，建设单位有下列行为之一的，责令改正，处工程合同价款2%以上4%以下的罚款；造成损失的，依法承担赔偿责任：

（一）未组织竣工验收，擅自交付使用的；

（二）验收不合格，擅自交付使用的；

（三）对不合格的建设工程按照合格工程验收的。

第五十九条　违反本条例规定，建设工程竣工验收后，建设单位未向建设行政主管部门或者其他有关部门移交建设项目档案的，责令改正，处1万元以上10万元以下的罚款。

《房屋建筑和市政基础设施工程竣工验收备案管理办法》

第八条　备案机关发现建设单位在竣工验收过程中有违反国家有关建设工程质量管理规定行为的，应当在收讫竣工验收备案文件15日内，责令停止使用，重新组织竣工验收。

第九条　建设单位在工程竣工验收合格之日起15日内未办理工程竣工验收备案的，备案机关责令限期改正，处20万元以上50万元以下罚款。

第十条　建设单位将备案机关决定重新组织竣工验收的工程，在重新组织竣工验收前，擅自使用的，备案机关责令停止使用，处工程合同价款2%以上4%以下罚款。

第十一条　建设单位采用虚假证明文件办理工程竣工验收备案的，工程竣工验收无效，备案机关责令停止使用，重新组织竣工验收，处20万元以上50万元以下罚款；构成犯罪的，依法追究刑事责任。

第十二条　备案机关决定重新组织竣工验收并责令停止使用的工程，建设单位在备案之前已投入使用或者建设单位擅自继续使用造成使用人损失的，由建设单位依法承担赔偿责任。

《城乡规划法》

第六十七条　建设单位未在建设工程竣工验收后六个月内向城乡规划主管部门报送有关竣工验收资料的，由所在地城市、县人民政府城乡规划主管部门责令限期补报；逾期不补报的，处一万元以上五万元以下的罚款。

【合规风险的识别】

除《建设工程质量管理条例》第58条规定的三种情形（未组织竣工验收，擅自交付使用的；验收不合格，擅自交付使用的；对不合格的建设工程按照合格工程验收的）外，竣工验收环节还可能承担行政责任的常见情形包括：（1）未按照《建设工程质量管理条例》等法律规定进行竣工验收备案的；（2）备案未通过，重新竣工验收前擅自使用的。

（1）未按照法定程序进行竣工验收备案。《建设工程质量管理条例》第49条规定，建设单位应当自建设工程竣工验收合格之日起15日内，将建设工程竣工验收报告和规划、公安消防、环保等部门出具的认可文件或者准许使用文件报建设行政主管部门或者其他有关部门备案。第56条规定："违反本条例规定，建设单位有下列行为之一的，责令改正，处20万元以上50万元以下的罚款：……（八）未按照国家规定将竣工验收报告、有关认可文件或者准许使用文件报送备案的。"所以建设单位即使在竣工验收环节不存在瑕疵，但在竣工验收结束后，也应当在规定期限内进行备案。若未完成备案手续，行政机关仍有权进行行政处罚。

（2）备案未通过，重新竣工验收前擅自使用的。《房屋建筑和市政基础设施工程竣工验收备案管理办法》第8条规定，备案机关发现建设单位在竣工验收过程中有违反国家有关建设工程质量管理规定行为的，应当在收讫竣工验收备案文件15日内，责令停止使用，重新组织竣工验收。第10条规定，建设单位将备案机关决定重新组织竣工验收的工程，在重新组织竣工验收前，擅自使用的，备案机关责令停止使用，处工程合同价款2%以上4%以下的罚款。因此，若在竣工验收备案环节发现竣工验收存在实体或程序问题，建设工程主管部门可以责令停止使用，并重新组织竣工验收。若建设单位在重新组织竣工验收前仍擅自使用建筑物或构筑物，行政主管部门有权进行行政处罚。

3-2 典型案例

案例1

【违法事实】

2021年11月，某市某镇人民政府执法人员对位于某镇的××厂房工程进行行政检查时，发现该工程有办理建设工程规划许可证和建设工程施工许可证，规划报建批复总建筑面积3万多平方米，工程总造价为5000万元。检查时执法人员发现该厂房工程未组织竣工验收擅自投入使用。某镇人民政府执法人员对该公司法定代表人周某进行调查询问，经调查，1栋、2栋、3栋厂房工程于2019年3月开始动工，实际竣工日期为2021年3月，建成后没有组织竣工验收，已交付使用。根据调查取证情况，执法人员认定该公司行为构成未组织竣工验收擅自交付使用的违法行为。

【处理结果】

当事人的行为违反了《建设工程质量管理条例》第16条第1款“建设单位收到建设工程竣工报告后，应当组织设计、施工、工程监理等有关单位进行竣工验收”及第16条第3款“建设工程经验收合格的，方可交付使用”的规定。

根据《建设工程质量管理条例》第58条“违反本条例规定，建设单位有下列行为之一的，责令改正，处工程合同价款2%以上4%以下的罚款；造成损失的，依法承担赔偿责任：……（一）未组织竣工验收，擅自交付使用的……”的规定，某镇人民政府对该公司作出罚款100万元的行政处罚决定。

案例2

【违法事实】

2022年12月15日，某县综合行政执法局收到县住房和城乡建设局移交的A公司涉嫌未组织竣工验收擅自投入使用的行政违法事项线索移交函。2022年12月29日，县综合行政执法局行政执法人员对当事人

A公司的建房竣工验收使用情况依法进行现场勘查。该公司××车间已完工并投入使用，当事人在现场无法提供合法有效的竣工验收报告和资料。执法人员当即制作了现场检查（勘查）笔录和图片证据，并向当事人送达了《责令限期改正违法行为通知书》和《接受调查询问通知书》，责令当事人限期改正违法行为，并接受该机关调查。2022年12月29日，当事人A公司的法定代表人杨某到该机关接受调查，该机关对其进行了询问并制作了调查询问笔录，A公司未组织竣工验收擅自交付使用的违法行为属实。

【处理结果】

当事人A公司未组织竣工验收擅自交付使用的行为违反了《建设工程质量管理条例》第16条第1款之规定。根据《建设工程质量管理条例》第58条第1项及《宁波市综合行政执法机关行政处罚自由裁量权实施办法》的相关规定，2023年2月20日，县综合行政执法局对当事人A公司作出罚款人民币215,000元的行政处罚。根据《建设工程质量管理条例》第73条的规定，一并对A公司直接负责的主管人员立案查处。

3-3 纠正机制和合规路径

【纠正机制】

一旦项目出现验收程序不合规情形，房地产开发企业切不可报以侥幸心理规避审查或虚构事实应对审查，而应当及时对不合规行为进行纠正，同时配合行政监管部门工作，加强沟通，以最终合法合规通过竣工验收备案程序为目标。

【合规路径】

（1）房地产开发企业在工程管理过程中，需要充分了解各项风险的发生原因及规律，确保建筑工程项目严格按照法律规章制度执行，在法律风险防范过程中，既需要专业法律人员进行帮助，也需要企业员工的辅助。

（2）项目风险管理要实行科学、系统防范，针对各项法律风险进行处理，减少项目决策失误问题的出现，积极提升项目决策的科学性、质量，确保项目决策结果满足法律法规要求。

（3）项目风险防范利用预警、应急响应等措施，可以针对项目建设风险进行有效防范、处理，为实现项目建设合法合规目标提供支持。

二、施工管理合规

建设工程履约时间长，建设施工合同条款复杂，涉及内容与环节众多。若建设方工程管理水平不足，施工方法律风险防范与控制能力较弱，通常会造成建设工程项目实施过程中法律风险发生概率剧增。而提前关注施工管理合规可以正确识别法律风险，制定有效的防范规避措施，减少纠纷的产生。

在房地产项目施工管理的过程中，较为常见的不合规行为有：环境污染问题、遭受黑恶势力强揽工程等。

（一）环境污染问题

1－1　合规义务的来源及合规风险的识别

【合规义务的来源】

《环境保护法》

第六十三条　企业事业单位和其他生产经营者有下列行为之一，尚不构成犯罪的，除依照有关法律法规规定予以处罚外，由县级以上人民政府环境保护主管部门或者其他有关部门将案件移送公安机关，对其直接负责的主管人员和其他直接责任人员，处十日以上十五日以下拘留；情节较轻的，处五日以上十日以下拘留：

（一）建设项目未依法进行环境影响评价，被责令停止建设，拒不执行的；

（二）违反法律规定，未取得排污许可证排放污染物，被责令停止排污，拒不执行的；

（三）通过暗管、渗井、渗坑、灌注或者篡改、伪造监测数据，或者不正常运行防治污染设施等逃避监管的方式违法排放污染物的；

（四）生产、使用国家明令禁止生产、使用的农药，被责令改正，拒不改正的。

《刑法》

第三百三十八条　【污染环境罪】违反国家规定，排放、倾倒或者处置有放射性的废物、含传染病病原体的废物、有毒物质或者其他有害物质，严重污染环境的，处三年以下有期徒刑或者拘役，并处或者单处罚金；情节严重的，处三年以上七年以下有期徒刑，并处罚金；有下列情形之一的，处七年以上有期徒刑，并处罚金：

（一）在饮用水水源保护区、自然保护地核心保护区等依法确定的重点保护区域排放、倾倒、处置有放射性的废物、含传染病病原体的废物、有毒物质，情节特别严重的；

（二）向国家确定的重要江河、湖泊水域排放、倾倒、处置有放射性的废物、含传染病病原体的废物、有毒物质，情节特别严重的；

（三）致使大量永久基本农田基本功能丧失或者遭受永久性破坏的；

（四）致使多人重伤、严重疾病，或者致人严重残疾、死亡的。

有前款行为，同时构成其他犯罪的，依照处罚较重的规定定罪处罚。

【合规风险的识别】

环境污染相关刑事责任及行政处罚一直是诸多建设单位的痛点，环保领域法律法规多，行政处罚种类多样，罚款金额较高，建设单位受到罚款、停产整治等行政处罚后，会直接影响建设单位的经济效益和财务状况。除上述直接经济支出外，受到环境行政处罚后，建设单位在信誉、融资、招投标及行政许可审批等方面均可能受到间接影响。

此外，随着民众环保意识的不断增强，社会对污染环境行为的容忍度愈加降低。《刑法修正案（八）》对《刑法》第338条进行了重大修改，将“重大环境污染事故罪”调整为“污染环境罪”，通过罪名的名称变化就可看出立法者运用刑事手段保护环境的决心，其具体条文被调整为：“违反国家规定，排放、倾倒或者处置有放射性的废物、含传染病病原体的废物、有毒物质或者其他有害物质，严重污染环境的，处三年以下有期徒刑或者拘役，并处或者单处罚金；后果特别严重的，处三年以上七年以下有期徒刑，并处罚金。”从污染环境罪的文字表述可以清晰地看到，污染环境行为不再被视为“事故”，而是被认为是一种故意行为造成的结果。这就显著降低了《刑法》规制严重污染环境行为的门槛。也就是说，只要行为人违反国家规定，排放、倾倒或者处置有放射性的废物、含传染病病原体的废物、有毒物质或者其他有害物质，严重污染环境的，就构成污染环境罪。

1-2 典型案例

【基本案情】

2014年6月、2015年4月，孙某（另案处理）以B公司的名义先后与C公司签订合同，分别以180万元、8万余元承包××村十亩滩东侧区域及西侧两个小塘的填土复耕工程。后孙某经人介绍将该东侧工程以480万元、西侧工程以50万元的价格转包给被告人金某，被告人金某再以原价转包给被告单位A环保公司。2014年6月至2016年5月，A环保公司法定代表人张某组织建筑装潢垃圾及生活垃圾，先通过船舶进行运输，再通过挖机、卡车运输等方式擅自将垃圾倾倒填埋至十亩滩回填现场。被告人金某提供码头泊位及挖机装卸垃圾，被告人陈某负责管理填埋现场挖机及工人施工作业。案发地距离居民区直线距离不超过150米，周围分布大量水塘，以渔业、畜禽养殖业为主，地表水、地下水与居民用井相通的可能性极高。2016年7月，填埋现场恶臭气味强烈，并渗出黑色污水，严重影响周边居民及养殖户的生产生活，相关政府部门及时采取措施防止污染扩大。经鉴定，倾倒填埋垃圾共计43.12万~52.58万吨，从中检出铜、锌、铅、镍、铬、镉、砷、汞等重金属污染物，且土壤中检出的重金属与固体废物中的重金属类别相吻合。垃圾产生的渗滤液中检测出的挥发酚、硫化物、汞和砷均严重超标，上述垃圾系有毒有害的固体废物。此次倾倒造成公私财产损失共计达人民币7900余万元。

被告单位A环保公司无垃圾处理资质及能力，被告人张某作为公司的法定代表人，明知被倾倒的环境不具备垃圾处置功能，从外省收集含生活垃圾的建筑垃圾后至××市××区的十亩滩倾倒、处置；被告人金某明知上述情况，仍擅自向公司转让填土复耕合同，并指派被告人陈某在现场处置混合垃圾；上述垃圾及渗滤液经鉴定为有毒有害物质，涉案污染环境行为造成公私财产损失7900余万元，根据《最高人民法院、最高人民检察院关于办理环境污染刑事案件适用法律若干问题的解释》(2013年)第3条第4项之规定，属于严重污染环境，且后果特别严重，依照2015年《刑法》第338条之规定，被告单位A环保公司、被告人张某、金某、陈某的行为已构成污染环境罪。

【处理结果】

被告单位A环保公司犯污染环境罪，判处罚金人民币800万元(罚金自本判决生效之日起30日内缴纳)。

被告人张某犯污染环境罪，判处有期徒刑6年6个月，并处罚金人民币50万元（刑期从判决执行之日起计算，判决执行以前先行羁押的，羁押1日折抵刑期1日，即自2017年6月13日起至2023年12月12日止；罚金自判决生效次日起30日内缴纳，并上缴国库)。

被告人金某犯污染环境罪，判处有期徒刑4年6个月，并处罚金人民币30万元（刑期从判决执行之日起计算，判决执行以前先行羁押的，羁押1日折抵刑期1日，即自2017年6月6日起至2021年12月5日止；罚金自判决生效次日起30日内缴纳，并上缴国库)。

被告人陈某犯污染环境罪，判处有期徒刑3年3个月，并处罚金人民币20万元（刑期从判决执行之日起计算，判决执行以前先行羁押的，羁押1日折抵刑期1日，即自2018年10月30日起至2022年1月29日止；罚金自判决生效次日起30日内缴纳，并上缴国库）。

1-3 纠正机制和合规路径

【纠正机制】

（1）建设单位及施工单位处理垃圾应当委托具备相应的处理资质及能力的单位，被倾倒的地点也应当具备垃圾处置功能。如果无垃圾处理资质及能力或明知被倾倒的环境不具备垃圾处置功能而擅自处置，则可能构成污染环境罪。如果明知他人无垃圾处理资质及能力或明知被倾倒的环境不具备垃圾处置功能而签订处置合同或进行协助，则可能构成共同犯罪。建议对合同的履行相对方的相应资质进行谨慎审查，对垃圾处置的环境是否具备垃圾处置功能进行谨慎考察。

（2）施工过程中，有时也会产生大量废物或有害物，此时建设单位应当委托具有危险废物经营许可资质的单位妥善进行处理。如果雇请没有资质的单位或个人擅自转运、倾倒，则可能会构成污染环境罪。建议对与公司签订合同的相对方的资质进行谨慎审查。

（3）施工过程中，建设单位应当严格按照相关规定以及合同约定监督施工单位进行施工，不能抱着侥幸心理违规操作。如在回填土工程项目中，如果要求用无污染优质泥土，施工单位却改用建筑垃圾，就可能造成周边环境严重污染，结果构成犯罪并可能牵连建设单位。建议建设单位要求施工单位严格按照相关规定以及合同约定进行施工，并进行监督，防止违规操作，避免触犯法律。

【合规路径】

（1）建设单位应严格遵守国家各项环境保护制度。违反国家规定是构成污染环境罪的前提条件，在项目建设和生产经营中，排放或者处置部分有害有毒物质有时是无法避免的，但应当严格遵守国家有关规定，依法履行审批程序，严格按照国家制定的有关标准进行排放或处置，尽量减少对环境的污染和破坏。

（2）建设单位在项目建设中严格遵守"三同时"规定。为加强对建设项目环境保护的监管，《环境保护法》和《建设项目环境保护管理条例》都规定了"三同时"制度，要求建设项目需要配套建设的环境保护设施，必须与主体工程同时设计、同时施工、同时投产使用。建设单位在环保设施尚未完工的情况下，不得将工程投产使用，包括不得开展试运行工作。但在实践中，建设单位往往出于降低成本或赶工期等各种因素考虑，在环保设施未竣工验收的情况下将工程投入使用，在此情况下，一旦造成对环境的破坏，建设单位可能构成犯罪。

（3）建设单位应高度重视对项目建设中的废弃物的处理。在大型项目建设过程中，往往会涉及废弃物的处理问题，包括废土弃运、污水排放、建筑垃圾处置以及其他有毒有害废弃物的处置等。负有处理建筑废弃物责任的单位，应当按照国家有关环境保护的规定进行处理，不得随意进行丢弃、填埋或焚烧，不得破坏和污染环境，否则，将可能承担刑事法律责任。

（二）遭受黑恶势力强揽工程

2-1 合规义务的来源及合规风险的识别

【合规义务的来源】

《刑法》

第二百二十六条 【强迫交易罪】以暴力、威胁手段，实施下列行为之一，情节严重的，处三年以下有期徒刑或者拘役，并处或者单处罚金；情节特别严重的，处三年以上七年以下有期徒刑，并处罚金：

（一）强买强卖商品的；

（二）强迫他人提供或者接受服务的；

（三）强迫他人参与或者退出投标、拍卖的；

（四）强迫他人转让或者收购公司、企业的股份、债券或者其他资产的；

（五）强迫他人参与或者退出特定的经营活动的。

第二百七十四条　【敲诈勒索罪】敲诈勒索公私财物，数额较大或者多次敲诈勒索的，处三年以下有期徒刑、拘役或者管制，并处或者单处罚金；数额巨大或者有其他严重情节的，处三年以上十年以下有期徒刑，并处罚金；数额特别巨大或者有其他特别严重情节的，处十年以上有期徒刑，并处罚金。

第二百九十条　【聚众扰乱社会秩序罪】聚众扰乱社会秩序，情节严重，致使工作、生产、营业和教学、科研、医疗无法进行，造成严重损失的，对首要分子，处三年以上七年以下有期徒刑；对其他积极参加的，处三年以下有期徒刑、拘役、管制或者剥夺政治权利。

……

【组织、资助非法聚集罪】多次组织、资助他人非法聚集，扰乱社会秩序，情节严重的，依照前款的规定处罚。

第二百九十二条　【聚众斗殴罪】聚众斗殴的，对首要分子和其他积极参加的，处三年以下有期徒刑、拘役或者管制；有下列情形之一的，对首要分子和其他积极参加的，处三年以上十年以下有期徒刑：

（一）多次聚众斗殴的；

（二）聚众斗殴人数多，规模大，社会影响恶劣的；

（三）在公共场所或者交通要道聚众斗殴，造成社会秩序严重混乱的；

（四）持械聚众斗殴的。

【故意伤害罪】【故意杀人罪】聚众斗殴，致人重伤、死亡的，依照本法第二百三十四条、第二百三十二条的规定定罪处罚。

第二百九十三条　【寻衅滋事罪】有下列寻衅滋事行为之一，破坏社会秩序的，处五年以下有期徒刑、拘役或者管制：

（一）随意殴打他人，情节恶劣的；

（二）追逐、拦截、辱骂、恐吓他人，情节恶劣的；

（三）强拿硬要或者任意损毁、占用公私财物，情节严重的；

（四）在公共场所起哄闹事，造成公共场所秩序严重混乱的。

纠集他人多次实施前款行为，严重破坏社会秩序的，处五年以上十年以下有期徒刑，可以并处罚金。

第二百九十四条　【组织、领导、参加黑社会性质组织罪】组织、领导黑社会性质的组织的，处七年以上有期徒刑，并处没收财产；积极参加的，处三年以上七年以下有期徒刑，可以并处罚金或者没收财产；其他参加的，处三年以下有期徒刑、拘役、管制或者剥夺政治权利，可以并处罚金。

【入境发展黑社会组织罪】境外的黑社会组织的人员到中华人民共和国境内发展组织成员的，处三年以上十年以下有期徒刑。

【包庇、纵容黑社会性质组织罪】国家机关工作人员包庇黑社会性质的组织，或者纵容黑社会性质的组织进行违法犯罪活动的，处五年以下有期徒刑；情节严重的，处五年以上有期徒刑。

犯前三款罪又有其他犯罪行为的，依照数罪并罚的规定处罚。

黑社会性质的组织应当同时具备以下特征：

（一）形成较稳定的犯罪组织，人数较多，有明确的组织者、领导者，骨干成员基本固定；

（二）有组织地通过违法犯罪活动或者其他手段获取经济利益，具有一定的经济实力，以支持该组织的活动；

（三）以暴力、威胁或者其他手段，有组织地多次进行违法犯罪活动，为非作恶，欺压、残害群众；

（四）通过实施违法犯罪活动，或者利用国家工作人员的包庇或者纵容，称霸一方，在一定区域或者行业内，形成非法控制或者重大影响，严重破坏经济、社会生活秩序。

《治安管理处罚法》

第二十六条　有下列行为之一的，处五日以上十日以下拘留，可以并处五百元以下罚款；情节较重的，处十日以上十五日以下拘留，可以并处一千元以下罚款：

（一）结伙斗殴的；

（二）追逐、拦截他人的；

（三）强拿硬要或者任意损毁、占用公私财物的；

（四）其他寻衅滋事行为。

第四十三条　殴打他人的，或者故意伤害他人身体的，处五日以上十日以下拘留，并处二百元以上五百元以下罚款；情节较轻的，处五日以下拘留或者五百元以下罚款。

有下列情形之一的，处十日以上十五日以下拘留，并处五百元以上一千元以下罚款：

（一）结伙殴打、伤害他人的；

（二）殴打、伤害残疾人、孕妇、不满十四周岁的人或者六十周岁以上的人的；

（三）多次殴打、伤害他人或者一次殴打、伤害多人的。

【合规风险的识别】

工程行业因为涉及巨大的现实利益，历来是黑恶势力聚集的重灾区。经过多年发展，黑恶势力经过多年渗透与转化，逐步呈现出更加隐蔽的生态特征。重要的一个特点就是，直接的肢体暴力行为减少，堵门阻工、侵占施工现场与办公区、限制项目部人员自由、跟踪尾随等“软暴力”行为增加。在相当长一段时间内，因为多种利益交织形成的“保护伞”问题，“软暴力”行为始终得不到有力打击，成为行业毒瘤。建设单位在建设过程中有时会遇到黑恶势力强揽工程情形，其中以恶意侵占施工现场最为恶劣，最为典型。

《最高人民法院、最高人民检察院、公安部、司法部关于办理实施“软暴力”的刑事案件若干问题的意见》规定：

（1）“软暴力”是指行为人为谋取不法利益或形成非法影响，对他人或者在有关场所进行滋扰、纠缠、哄闹、聚众造势等，足以使他人产生恐惧、恐慌进而形成心理强制，或者足以影响、限制人身自由、危及人身财产安全，影响正常生活、工作、生产、经营的违法犯罪手段。

（2）“软暴力”违法犯罪手段通常的表现形式有：①侵犯人身权利、民主权利、财产权利的手段，包括但不限于跟踪贴靠、扬言传播疾病、揭发隐私、恶意举报、诬告陷害、破坏、霸占财物等；②扰乱正常生活、工作、生产、经营秩序的手段，包括但不限于非法侵入他人住宅、破坏生活设施、设置生活障碍、贴报喷字、拉挂横幅、燃放鞭炮、播放哀乐、摆放花圈、泼洒污物、断水断电、堵门阻工，以及通过驱赶从业人员、派驻人员据守等方式直接或间接地控制厂房、办公区、经营场所等；③扰乱社会秩序的手段，包括但不限于摆场架势示威、聚众哄闹滋扰、拦路闹事等；④其他符合本意见第一条规定的“软暴力”手段。

通过信息网络或者通讯工具实施，符合本意见第 1 条规定的违法犯罪手段，应当认定为“软暴力”。

（3）行为人实施“软暴力”，具有下列情形之一，可以认定为足以使他人产生恐惧、恐慌进而形成心理强制或者足以影响、限制人身自由、危及人身财产安全或者影响正常生活、工作、生产、经营：①黑恶势力实施的；②以黑恶势力名义实施的；③曾因组织、领导、参加黑社会性质组织、恶势力犯罪集团、恶势力以及因强迫交易、非法拘禁、敲诈勒索、聚众斗殴、寻衅滋事等犯罪受过刑事处罚后又实施的；④携带凶器实施的；⑤有组织地实施的或者足以使他人认为暴力、威胁具有现实可能性的；⑥其他足以使他人产生恐惧、恐慌进而形成心理强制或者足以影响、限制人身自由、危及人身财产安全或者影响正常生活、工作、生产、经营的情形。由多人实施的，编造或明示暴力违法犯罪经历进行恐吓的，或者以自报组织、头目名号、统一着装、显露纹身、特殊标识以及其他明示、暗示方式，足以使他人感知相关行为的有组织性的，应当认定为“以黑恶势力名义实施”。由多人实施的，只要有部分行为人符合本条第1款第1项至第4项所列情形的，该项即成立。虽然具体实施“软暴力”的行为人不符合本条第1款第1项、第3项所列情形，但雇佣者、指使者或者纠集者符合的，该项成立。

同时，该意见对“软暴力”涉嫌的相应罪行进行了明确。

2-2 典型案例

【基本案情】

2013年至2018年，被告人张某、潘某、吴某等人为谋取不法利益，纠集被告人高某、杜某等人，以××市××村为固定地点，有组织地从事非法承接工程施工等业务，形成以被告人张某为首的犯罪集团。该犯罪集团长期以承包工程为名，以当地工程相关项目必须发包给本地村民、工程方租用村集体土地须与各村民谈妥等为由，采用阻拦工地施工、滋扰工程工作人员、言语威胁等软暴力方式，强行承接业务，索取“违约金”“好处费”等。其间，该犯罪集团共实施敲诈勒索作案3次，被害工程方为保障工程顺利开展，被迫向该犯罪集团支付“好处费”“违约金”等共计人民币37万余元，严重影响了当地重点工程建设，破坏了经济秩序，社会影响恶劣。

【处理结果】

张某等人自认为在该区域内的工程建设中应享受“优惠待遇”，拉帮结伙，采用拦工程车、滋扰施工人员等各种软暴力手段对工程建设方形成心理震慑，从而要求承包其中的宕沙业务、挡墙项目等，且承包价格高于一般市场价。涉案工程方受胁迫后，被迫与该犯罪集团“协商”并支付该犯罪集团“好处费”等。故张某等人在主观上具有非法占有他人财物的故意，客观上以威胁行为使被害工程方产生畏惧心理进而成功索取巨额钱财，依法应当以敲诈勒索罪追究其刑事责任；同时，张某等人有明显的首要分子，重要成员较为固定，组织成员经常纠集在一起，共同故意实施3次以上恶势力惯常实施的犯罪活动，属于恶势力犯罪集团，依法应从严惩处。2018年12月29日，被告人张某等7人因犯敲诈勒索罪被人民法院判处有期徒刑10个月至7年不等，并处罚金。

2-3　纠正机制和合规路径

【纠正机制】

建设单位如果发现项目存在黑恶势力聚集扰乱施工现场秩序的行为，应当向公安机关报案，提供相关的线索、证据，配合公安机关的调查。

【合规路径】

（1）提前计划，打通与地方政府的沟通渠道。项目公司、项目经理部要将黑恶势力非法侵占施工现场等非法行为的处置与地方政府的“扫黑除恶”专项行动紧密结合，与政府高度契合，不给政府出难题，多方寻求解决办法，提供专业支持，深化沟通，达成共识，统一行动目标。

（2）做好录音、摄像取证。管理人员要善于利用项目现场的各种隐蔽位置、空间装配不易被人发现的摄像头，确保声音和画面的同时记录，无论发生什么都留有确凿的证据，并及时提供给相关政府部门。

（3）项目多配备安保人员，团结联合项目所在街道协助解围，并在人身安全等遭受威胁时及时报警。

三、施工质量合规

建设工程产品的关键问题在于工程质量。百年大计，质量为本。工程质量关系到工程项目投资效益、社会效益和环境效益。工程质量缺陷危及国家和人民生命和财产安全，影响国民经济发展质量。

工程质量是指在国家现行的有关法律、法规、技术标准、设计文件和合同中，对工程的安全、适用、经济、美观等特性的综合要求。

《最高人民法院关于审理建设工程施工合同纠纷案件适用法律问题的解释（一）》第13条规定："发包人具有下列情形之一，造成建设工程质量缺陷，应当承担过错责任：（一）提供的设计有缺陷；（二）提供或者指定购买的建筑材料、建筑构配件、设备不符合强制性标准；（三）直接指定分包人分包专业工程。承包人有过错的，也应当承担相应的过错责任。"《建设工程质量管理条例》第3条规定："建设单位、勘察单位、设计单位、施工单位、工程监理单位依法对建设工程质量负责。"

可见工程质量作为建设工程的根本，不仅关系生产经营活动的正常进行，更关乎人民群众生命及财产安全。发包人在建设工程各个阶段应严格按照合同约定对质量标准进行把控，工程质量合规是建设单位项目建设中的重要工作。

1-1 合规义务的来源及合规风险的识别

【合规义务的来源】

《建设工程质量管理条例》

第五十六条　违反本条例规定，建设单位有下列行为之一的，责令改正，处20万元以上50万元以下的罚款：

……

（三）明示或者暗示设计单位或者施工单位违反工程建设强制性标准，降低工程质量的；

……

第五十八条　违反本条例规定，建设单位有下列行为之一的，责令改正，处工程合同价款2%以上4%以下的罚款；造成损失的，依法承担赔偿责任：

（一）未组织竣工验收，擅自交付使用的；

（二）验收不合格，擅自交付使用的；

（三）对不合格的建设工程按照合格工程验收的。

第七十条　发生重大工程质量事故隐瞒不报、谎报或者拖延报告期限的，对直接负责的主管人员和其他责任人员依法给予行政处分。

第七十三条　依照本条例规定，给予单位罚款处罚的，对单位直接负责的主管人员和其他直接责任人员处单位罚款数额5%以上10%以下的罚款。

第七十七条　建设、勘察、设计、施工、工程监理单位的工作人员因调动工作、退休等原因离开该单位后，被发现在该单位工作期间违反国家有关建设工程质量管理规定，造成重大工程质量事故的，仍应当依法追究法律责任。

《建筑工程五方责任主体项目负责人质量终身责任追究暂行办法》

第六条　符合下列情形之一的，县级以上地方人民政府住房城乡建设主管部门应当依法追究项目负责人的质量终身责任：

（一）发生工程质量事故；

（二）发生投诉、举报、群体性事件、媒体报道并造成恶劣社会影响的严重工程质量问题；

（三）由于勘察、设计或施工原因造成尚在设计使用年限内的建筑工程不能正常使用；

（四）存在其他需追究责任的违法违规行为。

第十一条　发生本办法第六条所列情形之一的，对建设单位项目负责人按以下方式进行责任追究：

（一）项目负责人为国家公职人员的，将其违法违规行为告知其上级主管部门及纪检监察部门，并建议对项目负责人给予相应的行政、纪律处分；

（二）构成犯罪的，移送司法机关依法追究刑事责任；

（三）处单位罚款数额5%以上10%以下的罚款；

（四）向社会公布曝光。

第十八条　违反法律法规规定，造成工程质量事故或严重质量问题的，除依照本办法规定追究项目负责人终身责任外，还应依法追究相关责任单位和责任人员的责任。

《**刑法**》

第一百三十七条　【工程重大安全事故罪】建设单位、设计单位、施工单位、工程监理单位违反国家规定，降低工程质量标准，造成重大安全事故的，对直接责任人员，处五年以下有期徒刑或者拘役，并处罚金；后果特别严重的，处五年以上十年以下有期徒刑，并处罚金。

【合规风险的识别】

根据《建筑工程五方责任主体项目负责人质量终身责任追究暂行办法》的规定，建筑工程五方责任主体项目负责人是指承担建筑工程项目建设的建设单位项目负责人、勘察单位项目负责人、设计单位项目负责人、施工单位项目经理、监理单位总监理工程师。

建设、勘察、设计、施工、监理单位的法定代表人应当签署授权书，明确本单位项目负责人。项目开工建设前，项目负责人应当签署工程质量终身责任承诺书，连同法定代表人授权书报工程质量监督机构备案。工程竣工验收合格后，建设单位应在建筑物明显部位设置永久性标牌，载明建设、勘察、设计、施工、监理单位名称和项目负责人姓名，并将五方项目负责人的质量终身责任信息档案移交城建档案管理部门。

通过对《建设工程质量管理条例》《建筑工程五方责任主体项目负责人质量终身责任追究暂行办法》进行梳理，目前国家对参建单位项目负责人及相关责任人员的工程质量问题的行政处罚如下：

（1）参建单位违反《建设工程质量管理条例》被处罚款的，对直接负责的主管人员和其他直接责任人员处单位罚款数额5%以上10%以下的罚款。

（2）如发生工程质量事故，或发生投诉、举报、群体性事件、媒体报道并造成恶劣社会影响的严重工程质量问题，或由于勘察、设计或施工原因造成尚在设计使用年限内的建筑工程不能正常使用，或参建单位项目负责人存在其他需追究责任的违法违规行为，参建单位项目负责人不仅会被处单位罚款数额5%以上10%以下的罚款，其违法违规行为和处罚结果也会被记入个人信用档案并向社会公开。如项目负责人是国家公职人员，还会被上级主管部门或纪检监察部门给予降级、撤职、开除等行政、纪律处分，并降低或取消相应待遇。

（3）发生建设工程质量事故，有关单位应当在24小时内向当地建设行政主管部门和其他有关部门报告。发生重大工程质量事故隐瞒不报、谎报或者拖延报告期限的，其直接负责的主管人员和其他责任人员会被给予相应行政处分。

（4）如果项目负责人、直接负责的主管人员和其他责任人员是注册执业人员，且因其过错发生质量事故，其将面临责令停止执业1年的行政处罚后果；造成重大质量事故的，会被吊销执业资格证书且5年以内不予注册；情节特别恶劣的，将会终身不予注册。

无论是《建设工程质量管理条例》还是《建筑工程五方责任主体项目负责人质量终身责任追究暂行办法》，均规定了参建单位项目负责人对工程质量的终身责任，即无论其是否因调动工作、退休等原因离开原单位，甚至原单位已被撤销、注销、吊销营业执照或者宣告破产，只要被发现在工作期间违反国家有关建设工程质量管理规定和工程建设标准，造成所负责的项目工程质量事故，都会被追究相应的责任，而且不得返聘从事相关技术工作。

1-2　典型案例

案例1：行政责任

【违法事实】

2019年4月，某市建设工程质量监督站在监督检查过程中，发现××项目1#、2#、5#、6#、7#、8#、9#、10#、11#、12#、15#、16#、17#、18#楼共计14幢联排低层住宅存在不均匀沉降、房屋主体部分局部裂缝和渗漏现象。2019年12月5日某市住房和城乡建设局对A公司立案并开展执法调查，经查：××项目建设单位为A置业有限公司，施工单位为B公司，监理单位为C管理有限公司。A公司作为该项目建设单位，在前期建筑平面布局、基础方案选型、改防水位、施工组织等中均存在失误，在技术问题上以优化和进度为首要原则控制工程质量，未能充分了解当地区域地质情况，未能将平均近10米厚淤泥质粉质黏土层作为天然基础对本次工程会产生的影响作深入了解、分析，影响了设计单位对基础形式的选型，降低了工程质量，造成部分联排底层住宅不均匀沉降，房屋主体部分局部裂缝、渗漏，A公司对本工程质量问题负有主要责任。

【处理结果】

A公司的上述行为违反了《建设工程质量管理条例》第10条第2款“建设单位不得明示或者暗示设计单位或者施工单位违反工程建设强制性标准，降低建设工程质量”的规定，某市住房和城乡建设局于2020年10月21日以直接送达的方式向A公司送达了行政处罚告知书。A公司自收到行政处罚告知书后，未在规定时间内提出陈述申辩，也未提出听证要求，视为放弃上述权利。依据《建设工程质量管理条例》第56条“违反本条例规定，建设单位有下列行为之一的，责令改正，处20万元以上50万元以下的罚款：……（三）明示或者暗示设计单位或者施工单位违反工程建设强制性标准，降低工程质量的……”的规定，某市住房和城乡建设局决定责令A公司立即改正，并给予以下行政处罚：处人民币50万元的罚款。

案例2：刑事责任

【基本案情】

某市A房地产公司进行“城中村”改造还建房建设。项目改造中，王某、黄某在该房地产公司副总经理陈某的帮助下，在没有取得电力施工许可证的情况下，承接了1、2号楼的临时电表和电缆线安装工程，并由黄某具体组织施工。

为结算工程款，在陈某的帮助下，王某又与B水电公司法定代表人闵某商议，以闵某公司的名义，与A房地产公司签订施工合同，B水电公司也未取得电力施工许可证。施工过程中，黄某违反安全操作规范，在没有设计图纸的情况下，随意雇用无许可证的安装人员，使用不合格电缆线，且未按操作规范进行安装，致使临时供电线路施工存在重大安全隐患而未能发现。

1 年后，该还建房 1 号楼 2 单元电缆井临时供电线路短路，引燃电缆井内的可燃物发生火灾，造成郑某等 7 人因吸入过量一氧化碳而中毒死亡，吴某礼等 12 人因吸入有毒烟气而受伤。

【处理结果】

黄某、王某、闵某犯工程重大安全事故罪，分别被判处有期徒刑 1 年至 1 年 3 个月。

案例 3：刑事责任

【违法事实】

2015 年 4 月，A 公司与 B 房地产开发有限公司就“××办公楼幕墙”项目签订施工合同，A 公司授权被告人崔某实际负责该项目的施工。在施工过程中，A 公司及崔某未严格按照设计图纸施工，偷工减料，降低了工程质量标准。

2019 年 9 月 9 日 17 时 24 分许，被害人常某步行至××办公楼西侧时，××办公楼西侧外墙 20 层的一块铝合金装饰条意外坠落，砸中路过的常某，致使常某经医院抢救无效死亡。

经依法鉴定，××办公楼外墙铝合金装饰条坠落，系未按设计图纸进行施工，施工过程中偷工减料，降低工程质量标准，造成实际抗剪承载力严重不满足设计要求，铝合金装饰条坠落构件上盘头自攻钉（实际有效剪切直径 4mm）在外力作用下剪切破坏，直接导致铝合金装饰条构件坠落。

另查明，2019 年 9 月 10 日，B 公司与被害人常某的亲属达成赔偿协议，B 公司赔偿了被害人常某的亲属各项经济损失共计 85 万元人民币。

【裁判要旨】

法院认为，施工单位 A 公司，违反国家规定，降低工程质量标准，造成1人死亡的重大安全事故，被告人崔某作为施工单位施工项目负责人，对事故的发生负有直接责任，其行为构成工程重大安全事故罪。公诉机关指控罪名成立。被告人崔某在尚未被司法机关确定为犯罪嫌疑人时，主动向有关单位交代自己的罪行，是自首，可以从轻处罚。被告人崔某自愿认罪认罚，可以从宽处罚。

【处理结果】

被告人崔某犯工程重大安全事故罪，被判处有期徒刑1年6个月，并处罚金3万元。

1-3 纠正机制和合规路径

【纠正机制】

在工程建设过程中，由于各种因素的影响，可能会出现质量问题。当出现质量问题时，发包人需要及时采取纠正措施，以确保工程质量和安全：

1. 明确质量问题责任

在工程出现质量问题时，发包人首先要明确责任。如果是承包人的责任，发包人应该要求承包人立即采取纠正措施，并承担相应的责任和费用。如果是发包人的责任，发包人应该主动承担责任，并采取相应的纠正措施，确保工程质量和安全。

2. 及时制定纠正方案

发包人在明确责任后，需要制定纠正方案。纠正方案应该根据质量问题的具体情况进行制定，包括质量问题的类型、程度、影响范围等。在制定纠正方案时，发包人需要考虑技术、经济、安全等方面的因素，确保纠正方案的科学性和可行性。

3. 尽快实施纠正措施

发包人在制定纠正方案后，需要组织承包人实施纠正措施。在实施纠正措施的过程中，发包人需要加强对工程质量的监督和管理，确保纠正措施的有效性和彻底性。同时，发包人还需要对纠正措施的实施过程进行记录和评估，及时发现和解决新出现的质量问题。

4. 加强质量意识教育

在工程出现质量问题后，发包人需要加强对全体参建人员的质量意识教育。通过开展质量意识教育活动，可以提高参建人员的质量意识和责任意识，减少质量问题的发生。同时，发包人还可以通过开展技术培训、安全培训等活动，提高参建人员的技能水平和安全意识，确保工程质量和安全。

5. 完善质量管理制度

在工程出现质量问题后，发包人需要完善质量管理制度。通过建立健全质量管理制度，可以规范参建人员的行为，加强对工程质量的监督和管理。同时，发包人还可以通过开展质量检查、评估等活动，及时发现和解决可能导致质量问题的隐患，确保工程质量和安全。

6. 积极加强沟通协调

在工程出现质量问题后，发包人需要加强与行政监管单位、承包人、设计单位、监理单位等各方的沟通协调。通过及时沟通协调，可以有效地解决质量问题，避免因沟通不畅导致质量问题扩大化。同时，发包人还可以通过加强与各方的沟通协调，建立良好的合作关系，提高工程质量和效率。

7. 定期总结经验教训

在工程出现质量问题后，发包人需要及时总结经验教训。通过总结经验教训，可以发现质量问题的原因和解决方法，避免类似问题再次发生。同时，发包人还可以通过对质量问题的分析和研究，提出改进措施和建议，提高工程质量和安全水平。

总之，在工程出现质量问题后，发包人需要及时采取纠正措施，进行明确责任、制定纠正方案、实施纠正措施、加强质量意识教育、完善质量管理制度、加强沟通协调、总结经验教训等方面的工作。唯有如此，才能有效地解决质量问题，确保工程质量和安全。

【合规路径】

（1）在资质方面，承包人有无承揽工程的相应资质，直接关系到建设工程的质量。在合同审查期间，一方面应严格审查施工企业资质及项目负责人资质，另一方面应检查企业过往的类似业绩，多维度查验承揽能力，以避免超越资质等级、借用有资质的建筑施工企业的名义承揽工程等现象出现。

（2）在管理方面，关键岗位人员配备和在岗履职是确保建筑工程质量和安全生产的前提。施工企业应按工程项目实际施工情况，分阶段配备关键岗位人员，确保包括项目负责人、项目技术负责人、施工员、安全员、质量员、资料员等关键岗位人员的配备情况及在岗情况达标，并在经监理、建设单位书面同意后撤离关键岗位人员。

（3）在经济方面，经济风险分担和企业资信状况是工程施工质量的重要影响因素。在合同审查阶段，应重点关注发承包双方的风险分担安排，确保合同充分考虑到施工期间建设工程材料价格异常波动对工程实施的影响；在合同履行阶段，也应定期审查施工企业的资产负债、对外担保等经济状况，经营成果、现金流量等财务状况，以及既往工程履约情况、项目奖惩情况、涉诉情况等信用状况，从而动态把握经营风险和财务风险。

（4）在技术方面，工程质量也向设备材料及施工工艺提出了要求，即符合国家、行业以及地方技术标准、规范的规定。在材料设备供应的质量控制中，应确保供应单位具备法定条件、材料设备各项质量试验指标及品牌规格符合要求；承包人也需按照合同约定的时间和要求提出施工工艺、施工技术要求和方法，经发包人认可后执行。

四、商品房改造及精装修合规

“全装修”房，又称“商品装修房”“精装修房”，是指开发商交付之前经装饰装修已具备基本居住使用功能的房屋。司法实践中，在界定房屋是否具备“基本居住使用功能”时，一般以房屋所有功能空间的固定面是否全部铺装或粉刷完成，必要功能空间如卫生间、厨房的基本设备是否全部安装完成为判断标准。

相对于商品毛坯房，《商品住宅装修一次到位实施导则》所称的“全装修房”，也就是俗称的“精装修房”，是指在交付时已具备基本居住使用功能房屋。随着房地产市场的不断发展和经济观念的转变，商品房住宅全装修已经成为产业发展的必然趋势。以浙江省、武汉市等地区为例，浙江省 2015 年 12 月发布的《浙江省绿色建筑条例》（已于 2020 年修正），在全国率先提出推行住宅全装修。此后浙江省陆续出台文件明确全装修的具体要求：全装修项目装修部分需单独办理施工许可证且实行分户验收，开发商必须委托第三方专业机构进行分户室内环境检测，否则不予办理竣工验收备案手续。武汉市 2021 年发布《关于规范全装修商品住宅建设和销售管理工作的实施意见》及《关于进一步加强新建商品房销售全过程监管的通知》，要求全装修商品住宅项目在申请预售许可时，应提交全装修商品住宅项目施工许可证，在销售楼盘内建造交付标准样板房，向购房人明确展示交房标准。杭州市和武汉市均要求在销售现场公示装饰装修主要材料和设备的品牌、产地、规格、级别、数量等内容，不得出现类似“同等档次”的表述。

而商品房精装修过程中，很多开发商会对商品房进行局部改造。《城乡规划法》第 43 条规定，建设单位变更规划条件的，必须向城市、县人民政府城乡规划主管部门提出申请。变更内容不符合控制性详细规划的，城乡规划主管部门不得批准。目前房地产企业往往采用对商品房规划和设计进行改造的方式增加使用面积，提高销售吸引力。但若该种后期改造未经行政主管部门批准，违反批准建设规模和设计结构，根据《城乡规划法》第 64 条的规定，建设单位会面临被县级以上地方人民政府城乡规划主管部门责令停止建设、限期改正或限期拆除以及罚款、没收违法所得等行政处罚。

如开发商是在商品房竣工验收备案后进行二次改造，则应参照《住宅室内装饰装修管理办法》第 5 条第 1 款的规定：“住宅室内装饰装修活动，禁止下列行为：（一）未经原设计单位或者具有相应资质等级的设计单位提出设计方案，变动建筑主体和承重结构；（二）将没有防水要求的房间或者阳台改为卫生间、厨房间；（三）扩大承重墙上原有的门窗尺寸，拆除连接阳台的砖、混凝土墙体；（四）损坏房屋原有节能设施，降低节能效果；（五）其他影响建筑结构和使用安全的行为。”第6条规定：“装修人从事住宅室内装饰装修活动，未经批准，不得有下列行为：（一）搭建建筑物、构筑物；（二）改变住宅外立面，在非承重外墙上开门、窗；（三）拆改供暖管道和设施；（四）拆改燃气管道和设施。本条所列第（一）项、第（二）项行为，应当经城市规划行政主管部门批准；第（三）项行为，应当经供暖管理单位批准；第（四）项行为应当经燃气管理单位批准。”

房地产企业违规进行商品房改造及违规进行精装修将承担不同程度的行政处罚，因此开发商应当极力避免违规改造情形。

1－1 合规义务的来源及合规风险的识别

【合规义务的来源】

《城乡规划法》

第六十四条 未取得建设工程规划许可证或者未按照建设工程规划许可证的规定进行建设的，由县级以上地方人民政府城乡规划主管部门责令停止建设；尚可采取改正措施消除对规划实施的影响的，限期改正，处建设工程造价百分之五以上百分之十以下的罚款；无法采取改正措施消除影响的，限期拆除，不能拆除的，没收实物或者违法收入，可以并处建设工程造价百分之十以下的罚款。

《建设工程质量管理条例》

第六十九条 违反本条例规定，涉及建筑主体或者承重结构变动的装修工程，没有设计方案擅自施工的，责令改正，处50万元以上100万元以下的罚款；房屋建筑使用者在装修过程中擅自变动房屋建筑主体和承重结构的，责令改正，处5万元以上10万元以下的罚款。

有前款所列行为，造成损失的，依法承担赔偿责任。

《住宅室内装饰装修管理办法》

第三十四条　装修人因住宅室内装饰装修活动侵占公共空间，对公共部位和设施造成损害的，由城市房地产行政主管部门责令改正，造成损失的，依法承担赔偿责任。

第三十八条　住宅室内装饰装修活动有下列行为之一的，由城市房地产行政主管部门责令改正，并处罚款：

（一）将没有防水要求的房间或者阳台改为卫生间、厨房间的，或者拆除连接阳台的砖、混凝土墙体的，对装修人处5百元以上1千元以下的罚款，对装饰装修企业处1千元以上1万元以下的罚款；

（二）损坏房屋原有节能设施或者降低节能效果的，对装饰装修企业处1千元以上5千元以下的罚款；

（三）擅自拆改供暖、燃气管道和设施的，对装修人处5百元以上1千元以下的罚款；

（四）未经原设计单位或者具有相应资质等级的设计单位提出设计方案，擅自超过设计标准或者规范增加楼面荷载的，对装修人处5百元以上1千元以下的罚款，对装饰装修企业处1千元以上1万元以下的罚款。

【合规风险的识别】

飘窗改为落地窗、花池改为阳台、封结构板、采光井改造、绿化阳台硬化等改造行为，属于典型的未按规划建设情形。不少地区已经出台细化政策，明确规定挑空通风采光井、设备平台等部位，不得在规划核实后违法进行加建、改建，如有违反将责令拆除。

利用采光井、结构板“偷面积”，开发商一般会口头告知业主可以自行封闭采光井、结构板，并在平台上浇筑二层楼板，或者会在房屋竣工验收结束后收取一部分费用，统一由外包进行施工，将结构板、采光井包进室内，改成卧室或阳台。如房屋面临行政处罚，开发商不单要自行承担加建损失，还将面临强制拆除、被科以罚金的不利后果。

此外，“偷面积”的房屋极大可能无法完成竣工验收备案，进而无法办理不动产权证。“偷面积”行为如果发生在竣工验收备案前，如被行政主管部门执法查处，则可能直接导致商品房无法完成竣工验收备案，后续或将影响商品房办理不动产权证书。

即便“偷面积”行为发生在竣工验收备案后，也可能导致房屋产权受限。部分地区也已经出台政策，对于涉及违法建设的房屋，在违法建设处置决定执行完毕前，不动产登记机构不予办理产权登记、转移、抵押等手续，直至整改完成。

1-2 典型案例

【违法事实】

某市A项目公司销售时曾承诺业主竣工验收后将进行多项房屋改造，以达到增加房屋使用面积及优化功能的目的。业主签署《商品房买卖合同》的同时一并签署了《房屋改造申请暨承诺书》，该承诺书约定由业主自行委托B公司对竣工验收后房屋进行公共部分（包括对建筑外立面、屋面、露台、前室门厅、地下室门厅、一层大厅所在区域的配套设施、场所进行调整或封闭装修等）和专有部分（包括门窗、阳台、客厅、卧室、设备平台、门厅等）的优化改造工程。后该项目于2018年11月竣工验收，此后在对该项目进行改建、扩建过程中，因业主投诉，市综合行政执法局对该项目的优化改造工程进行全面调查。

【处理结果】

经调查，并经第三方委托机构测绘，评估该项目因改建、扩建行为共产生新增建筑面积3191平方米。同时，自然资源规划局作出技术鉴定，认定前述改建、扩建行为未经规划部门审批许可，且属于无法采取改正措施消除对城乡规划实施影响情形。在认定前述新增建筑面积为违法建筑后，为进一步评估违法建筑是否适于拆除，由第三方机构进行拆除前的安全鉴定，鉴定认为：违法建筑不适于拆除，保留该违法建筑能够保证结构整体性及且满足承载力要求。因鉴定结论认定违法建筑无法拆除，市综合行政执法局进一步对该违法建筑的市场评估单价、建设工程造价进行了评估，评估后确认：违法建筑房产的市场评估价值总计为3661余万元，违法建筑部分工程造价为545余万元。最终，市综合行政执法局根据《城乡规划法》《某省城乡规划条例》的相关规定，对A项目公司作出行政处罚：（1）没收违法收入3661余万元；（2）处建设工程造价9%的罚款，计49余万元。

1-3　纠正机制和合规路径

【纠正机制】

（1）建设单位应该尽快了解被举报问题的详细信息，以及这些问题是否违反了相关的法律法规或规定。建设单位可以通过查看相关合同、检查施工记录以及与相关部门联系等方式来了解是否存在问题。

（2）建设单位应该主动建立与业主的沟通渠道，并对反馈问题的业主进行积极的安抚，对反馈问题进行解释。如果确实存在问题，开发商应该采取适当的措施解决问题并争取获得业主谅解。如果存在误会，开发商则应该进行详细解释并消除业主疑虑。

（3）建设单位应该采取有效的措施解决问题。这可能包括修复或更换不合规的材料或设备、重新施工或维修等。如果建设单位需要，也可以雇佣第三方独立机构进行检测和评估，以确定问题的根源和最佳解决方案。

（4）建设单位应该评估问题产生原因，并采取适当的改进措施，以避免类似的问题再次发生，包括改进施工流程、加强监管、加强员工培训等。

（5）建设单位应该努力维护品牌声誉。在问题得到有效解决后，建设单位可以通过网络发布、公告告知等措施及时向公众和业主进行反馈，以展示建设单位的积极行动和诚信态度，维护品牌价值。

【合规路径】

（1）购房合同是确定精装修房交付标准的重要依据，开发商在施工过程中应注意实际交付界面与购房合同及报批文件相一致，合规合批，以防止被业主投诉而受到监管部门处罚。

（2）开发商应在前期营销过程中注意对营销物料及样板间的审核，确认无夸大或虚假宣传等违反《广告法》等法律法规的内容。物料及样板间中涉及户型及装修的内容也应与合同约定及报批文件一致。监管部门在判断开发商是否存在虚假宣传以及法院在判断开发商是否构成欺诈时，营销物料及样板间是主要审查的内容。

第三节　采购和供应商环节的合规

一、反商业贿赂合规

商业贿赂是企业经营活动中的一种违法行为，其形式不胜枚举，如回扣、折扣、佣金、咨询费、介绍费等。商业贿赂不仅损害企业的声誉和形象，而且还大幅增加了企业的法律风险。

何为商业贿赂？目前对这个问题的认识主要分为广义说和狭义说。广义说认为在商业活动领域内的贿赂行为都可认定为商业贿赂，如在商事活动中行为人为谋取商业利益而故意采取各种贿赂手段，诱使对方违背忠实履行代理义务，侵犯公平竞争的市场秩序的行为。狭义说即1996年11月原国家工商行政管理局公布的《关于禁止商业贿赂行为的暂行规定》（以下简称《商业贿赂规定》）第2条第2款明确的“本规定所称商业贿赂，是指经营者为销售或者购买商品而采用财物或者其他手段贿赂对方单位或者个人的行为”。因此，广义说和狭义说的区别在于对商业贿赂的主体、目的、手段等范围的认定，但无论是采取广义说还是狭义说，都承认商业贿赂本身的危害性。总而言之，商业贿赂是企业向他人行贿以获取商业利益的行为。结合商业贿赂的概念及实践中有关商业贿赂的实例，可总结出商业贿赂的以下特点：

（1）隐蔽性高。商业贿赂往往是在企业内部或与供应商、客户等关系紧密的人员之间进行，难以被外部人员发现。

（2）形式多样。《反不正当竞争法》第 7 条中规定："经营者不得采用财物或者其他手段贿赂下列单位或者个人，以谋取交易机会或者竞争优势……" 由此可见，《反不正当竞争法》规定的商业贿赂的手段为"财物或者其他手段"。对此，《商业贿赂规定》第 2 条第 3 款和第 4 款详细阐释了具体概念。由此可见，商业贿赂在生活中的表现形式是多样的，不仅是单纯地直接给予现金财物等，尤其是随着对商业贿赂的打击力度不断增强，为了逃避法律的规制，越来越多新型商业贿赂形式不断涌现。

（3）领域集中。有学者认为商业贿赂带有明显的行业和领域特点，"从发案领域来看，权力比较集中、资金比较密集、资源比较紧缺、竞争比较激烈、商业利润空间比较大的领域，往往容易成为商业贿赂犯罪的高发领域"。这一特点也是和商业贿赂的目的和目标相符合的，商业贿赂的目的就是通过进行不正当竞争获取不正当的交易利益，那么在这些有利可图的领域，自然会吸引更多的人进行商业贿赂以谋取更大的利益。

（4）利益驱动。商业贿赂往往是为了获取商业利益而进行的，如扩大市场份额、获取订单、提高产品价格等。

（5）影响恶劣。商业贿赂不仅会损害企业的声誉和形象，而且会引起购房者的不满和抵制，增加企业的法律风险和经济损失。

（6）后果严重。商业贿赂行为严重违反了法律法规，不仅会受到行政处罚和经济赔偿，还会面临刑事责任和司法惩处。

《反不正当竞争法》第 7 条规定："经营者不得采用财物或者其他手段贿赂下列单位或者个人，以谋取交易机会或者竞争优势：（一）交易相对方的工作人员；（二）受交易相对方委托办理相关事务的单位或者个人；（三）利用职权或者影响力影响交易的单位或者个人。经营者在交易活动中，可以以明示方式向交易相对方支付折扣，或者向中间人支付佣金。经营者向交易相对方支付折扣、向中间人支付佣金的，应当如实入账。接受折扣、佣金的经营者也应当如实入账。经营者的工作人员进行贿赂的，应当认定为经营者的行为；但是，经营者有证据证明该工作人员的行为与为经营者谋取交易机会或者竞争优势无关的除外。”

在房地产开发项目中，商业贿赂多发生于采购环节，供应商为获取利润，存在铤而走险对建设单位管理人员进行商业贿赂的行为。商业贿赂的危害众多，不仅会破坏市场的竞争秩序，侵害其他经营者的合法权益，对企业自身也会产生极大的危害：

（1）增加法律风险。商业贿赂行为严重违反了《反不正当竞争法》《刑法》等法律法规，企业一旦被发现涉嫌商业贿赂，将会面临行政处罚、经济赔偿、刑事责任等。

（2）导致经济损失。商业贿赂可能导致企业因此失去合同、订单、客户等商业资源，增加企业的经济损失。

（3）损害企业形象。商业贿赂不仅会损害企业的声誉和形象，还会导致购房者的不满和抵制，进而影响企业的市场份额和竞争力。

（4）影响员工士气。商业贿赂会破坏企业的公平竞争环境和正常管理秩序，给员工带来压力和不公平感，进而影响员工的士气和工作积极性。

因此，基于商业贿赂的隐蔽性及对开发公司的巨大危害，在房地产开发领域，反商业贿赂合规已刻不容缓。

1－1 合规义务的来源及合规风险的识别

【合规义务的来源】

《反不正当竞争法》

第十九条　经营者违反本法第七条规定贿赂他人的，由监督检查部门没收违法所得，处十万元以上三百万元以下的罚款。情节严重的，吊销营业执照。

第二十六条 经营者违反本法规定从事不正当竞争，受到行政处罚的，由监督检查部门记入信用记录，并依照有关法律、行政法规的规定予以公示。

第二十八条 妨害监督检查部门依照本法履行职责，拒绝、阻碍调查的，由监督检查部门责令改正，对个人可以处五千元以下的罚款，对单位可以处五万元以下的罚款，并可以由公安机关依法给予治安管理处罚。

第三十一条 违反本法规定，构成犯罪的，依法追究刑事责任。

《政府采购法》

第七十二条 采购人、采购代理机构及其工作人员有下列情形之一，构成犯罪的，依法追究刑事责任；尚不构成犯罪的，处以罚款，有违法所得的，并处没收违法所得，属于国家机关工作人员的，依法给予行政处分：

（一）与供应商或者采购代理机构恶意串通的；

（二）在采购过程中接受贿赂或者获取其他不正当利益的；

（三）在有关部门依法实施的监督检查中提供虚假情况的；

（四）开标前泄露标底的。

《建筑法》

第六十八条 在工程发包与承包中索贿、受贿、行贿，构成犯罪的，依法追究刑事责任；不构成犯罪的，分别处以罚款，没收贿赂的财物，对直接负责的主管人员和其他直接责任人员给予处分。

对在工程承包中行贿的承包单位，除依照前款规定处罚外，可以责令停业整顿，降低资质等级或者吊销资质证书。

《刑法》

第一百六十三条 【非国家工作人员受贿罪】公司、企业或者其他单位的工作人员，利用职务上的便利，索取他人财物或者非法收受他人财物，为他人谋取利益，数额较大的，处三年以下有期徒刑或者拘役，并处罚金；数额巨大或者有其他严重情节的，处三年以上十年以下有期徒刑，并处罚金；数额特别巨大或者有其他特别严重情节的，处十年以上有期徒刑或者无期徒刑，并处罚金。

公司、企业或者其他单位的工作人员在经济往来中，利用职务上的便利，违反国家规定，收受各种名义的回扣、手续费，归个人所有的，依照前款的规定处罚。

【受贿罪】国有公司、企业或者其他国有单位中从事公务的人员和国有公司、企业或者其他国有单位委派到非国有公司、企业以及其他单位从事公务的人员有前两款行为的，依照本法第三百八十五条、第三百八十六条的规定定罪处罚。

第三百八十七条　【单位受贿罪】国家机关、国有公司、企业、事业单位、人民团体，索取、非法收受他人财物，为他人谋取利益，情节严重的，对单位判处罚金，并对其直接负责的主管人员和其他直接责任人员，处五年以下有期徒刑或者拘役。

前款所列单位，在经济往来中，在帐外暗中收受各种名义的回扣、手续费的，以受贿论，依照前款的规定处罚。

【合规风险的识别】

通过分析我国反商业贿赂法律法规，我们可以知道司法部门和执法机关认定商业贿赂行为的关键在于企业或企业人员是否以财物或者其他手段谋取不正当利益。

第一，“财物或者其他手段”，包括超越正常商业往来范畴的财物或者其他利益，如旅游、娱乐活动、服务机会、提供便利、优惠条件等。

第二，“谋取不正当利益”，此为提供财物或其他手段所追求的目的。根据《最高人民法院、最高人民检察院关于办理商业贿赂刑事案件适用法律若干问题的意见》（以下简称《商业贿赂意见》）第 9 条的规定，“谋取不正当利益”是指行贿人谋取违反法律、法规、规章或者政策规定的利益，或者要求相对方违反法律、法规、规章、政策、行业规范规定提供帮助或者方便条件。比如，在招标投标、政府采购等商业活动中，违背公平原则，给予相关人员财物以谋取竞争优势的，属于“谋取不正当利益”。

《最高人民法院、最高人民检察院关于办理贪污贿赂刑事案件适用法律若干问题的解释》（以下简称《贪污贿赂解释》）第 13 条规定，具有下列情形之一的，应当认定为“为他人谋取利益”：（1）实际或者承诺为他人谋取利益的；（2）明知他人有具体请托事项的；（3）履职时未被请托，但事后基于该履职事由收受他人财物的。

实践中以下行为将被认为是商业贿赂或者涉嫌商业贿赂。

1. 贿赂财物

贿赂犯罪中的“财物”，包括货币、物品和财产性利益。财产性利益包括可以折算为货币的物质利益如房屋装修、债务免除等，以及需要支付货币的其他利益如会员服务、旅游等。后者的犯罪数额，以实际支付或者应当支付的数额计算。(《贪污贿赂解释》第 12 条)

商业贿赂中的财物，既包括金钱和实物，也包括可以用金钱计算数额的财产性利益，如提供房屋装修、含有金额的会员卡、代币卡(券)、旅游费用等。具体数额以实际支付的资费为准。(《商业贿赂意见》第 7 条)

收受银行卡的，不论受贿人是否实际取出或者消费，卡内的存款数额一般应全额认定为受贿数额。使用银行卡透支的，如果由给予银行卡的一方承担还款责任，透支数额也应当认定为受贿数额。(《商业贿赂意见》第 8 条)

2. 附赠

经营者在商品交易中不得向对方单位或者其个人附赠现金或者物品，但按照商业惯例赠送小额广告礼品的除外，否则视为商业贿赂行为。(《商业贿赂规定》第 8 条)

但《商业贿赂规定》对于“小额”未设定一个具体标准，一般而言，是以当地人均收入为标准来确定小额的大致范围。

关于如何区分馈赠与贿赂，应当结合以下因素综合判断：（1）发生财物往来的背景，如双方是否存在亲友关系及历史上交往的情形和程度；（2）往来财物的价值；（3）财物往来的缘由、时机和方式，提供财物方对于接受方有无职务上的请托；（4）接受方是否利用职务上的便利为提供方谋取利益。（《商业贿赂意见》第 10 条）

因此，认定附赠是否属于贿赂，不但取决于附赠礼品的价值，还由送礼原因、交往背景、商业惯例等综合决定。

3. 账外暗中

账外暗中，是指未在依法设立的反映其生产经营活动或者行政事业经费收支的财务账上按照财务会计制度规定明确如实记载，包括不记入财务账、转入其他财务账或者做假账等。（《商业贿赂规定》第 5 条第 3 款）与“账外暗中”相对应的是“明示入账”。

账外暗中的典型形式之一是佣金未如实入账或佣金支付给不符资质的中间人。经营者在市场交易中可以向提供服务的具有合法经营资格的中间人给予劳务报酬，但需以明示方式、并如实入账。（《商业贿赂规定》第 7 条第 1 款）

账外暗中的典型形式之二是给予回扣。回扣是指经营者销售商品时在账外暗中以现金、实物或者其他方式退给对方单位或者个人的一定比例的商品价款。（《商业贿赂规定》第 5 条第 2 款）回扣不同于折扣，前者往往是不合规的，而后者是商品购销中的让利，是指经营者在销售商品时，以明示并如实入账的方式给予对方的价格优惠，包括支付价款时对价款总额按一定比例即时予以扣除和支付价款总额后再按一定比例予以退还两种形式。（《商业贿赂规定》第 6 条第 2 款）回扣与折扣的区别在于是否明示、如实入账。

4. 巧立名目的各类费用

在经济往来中，违反国家规定，收受各种名义的回扣、手续费，归个人所有的，也属于商业贿赂。

财物，是指现金和实物，包括经营者为销售或者购买商品，假借促销费、宣传费、赞助费、科研费、劳务费、咨询费、佣金等名义，或者

以报销各种费用等方式，给付对方单位或者个人的财物。（《商业贿赂规定》第 2 条第 3 款）

《中央治理商业贿赂领导小组关于在治理商业贿赂专项工作中正确把握政策界限的意见》中规定，通过赌博，以及假借促销费、宣传费、广告费、培训费、顾问费、咨询费、技术服务费、科研费、临床费等名义给予、收受财物或者其他利益，以提供、获取交易、服务机会、优惠条件或者其他经济利益的，属于商业贿赂。

5. 免费旅游、债务免除等其他手段

其他手段，是指提供国内外各种名义的旅游、考察等给付财物以外的其他利益的手段。（《商业贿赂规定》第 2 条第 4 款）

《最高人民法院〈关于办理商业贿赂刑事案件适用法律若干问题的意见〉的理解与适用》中指出：当前对于贿赂范围的理解和掌握实际上有一定程度的突破，部分可以直接物化的财产性利益如免费旅游、无偿劳务、债务免除、消费权证等有时也会视具体情况被认定为贿赂。

《建筑法》第 17 条将商业贿赂行为具体规定为“收受贿赂、回扣或者索取其他好处”。

在原国家测绘局、原国家工商行政管理局发布的《测绘市场管理暂行办法》第 22 条中规定，账外暗中“回扣”与“行贿、受贿、索贿”被并列作为相同性质的行为。

《国家工商行政管理局关于以贿赂手段承包建筑工程项目定性处理问题的答复》中规定，“建筑施工企业为承包建筑工程项目，直接或假借其他名义给付建设单位财物的行为”系商业贿赂。

1-2　典型案例

案例 1：行政责任

【违法事实】

当事人 A 混凝土制品公司主要从事商品混凝土的生产和销售，其为了获取与B建筑工程有限公司承建的××项目的交易机会，于2016年12月初与B建筑工程有限公司前员工黄某约定，在当事人A公司与B建筑工程有限公司签订完商品混凝土购销合同并结清混凝土款项后，承诺支付给黄某50,000元作为报酬，该笔款项于2018年2月14日支付完成。当事人A公司未将上述款项如实入账。

【处理结果】

执法机关认为当事人的上述行为违反了《反不正当竞争法》第7条第1款“经营者不得采用财务或者其他手段贿赂下列单位或者个人，以谋取交易机会或者竞争优势：……（三）利用职权或者影响力影响交易的单位或者个人”的规定，构成了商业贿赂的行为。最终处罚A混凝土制品有限公司：没收违法所得600,634.81元，罚款300,000元。

案例2：刑事责任

【基本案情】

2010年3月至2012年11月，被告人欧某在担任A地产投资部总经理、B公司总经理助理兼C公司总经理期间，利用其负责B公司项目业务的职务便利，在C公司委托吴某控制的D公司协作竞标某市××地块的商业往来中，在争取前期款项、合同拟定方面给予吴某关照，并违反国家规定，收受吴某所送资金共计人民币1167.7439万元。具体分述如下：

1.2011年1月，被告人欧某收受吴某所送存有人民币80万元的吴某银行卡；

2.2011年6月，被告人欧某通过其母亲账户分4笔共收受吴某贿送的人民币180万元；

3.2012年1月，被告人欧某通过其朋友账户收受吴某贿送的人民币200万元；

4.2010年11月至2012年6月，被告人欧某以让吴某代付购房款、车位款的方式收受吴某贿送的人民币707.7439万元。

2013年5月前后，因得知行贿人吴某涉嫌经济问题被查处而唯恐其罪行败露，被告人欧某退还吴某人民币共计 814 万元。

2017 年 1 月 11 日，侦查机关将被告人欧某抓获后，被告人欧某的家属主动代其退缴共计人民币 464 万元。

【裁判结果】

（1）被告人欧某犯受贿罪，判处有期徒刑 11 年，并处罚金人民币 300 万元。

（2）被告人欧某退缴的人民币 464 万元予以没收，上缴国库。

1-3 纠正机制和合规路径

【纠正机制】

（1）供应商以行贿手段销售物资的，公司应当停止向其采购并进行相关调查。构成犯罪的，公司应向司法机关举报，依法追究其刑事责任。

（2）建立采购稽核小组对在采购业务中收受贿赂、拿回扣的采购人员进行调查、审计，根据情节轻重对当事人进行经济处罚或移送司法机关，依法追究法律责任。

（3）若公司采购人员在工作中非法收受他人贿赂或贪污，如发现其同事或者主管知情不报，应建立相应处罚机制进行惩处。

【合规路径】

（1）出台明确的采购管理制度，规范采购行为，确保采购过程公开、透明。

（2）公开招标，多家询价，并成立招标委员会，对采购全过程进行公开监督。

（3）由相关部门对投标方进行合规尽职调查，确保投标方的资信实力，并要求投标方签订反商业贿赂声明，同时确保招标委员会中的人员与投标方无利益冲突。

（4）在招标委员会外，应由相关部门对采购全过程进行公开监督。

（5）企业采购人员应签订反商业贿赂声明，确保采购过程中不会出现商业贿赂的行为。

（6）在发现或受到举报，证明采购过程中投标人员存在不当行为时，企业应由相关部门出面终止投标行为，并开展相应调查。

（7）对采购合同设置内部审核程序，加入反商业贿赂条款，避免日后产生商务纠纷，规范采购人员和供应商的行为。

（8）重点关注采购过程中的付款环节，建立明确的付款制度，规范付款风险。

第四章　房地产项目销售环节合规

第一节　销售资格合规

《城市房地产开发经营管理条例》和《商品房销售管理办法》规定，房地产开发企业在具备法律规定的条件后，方可预售或现售商品房。

房地产开发企业预售商品房，应当符合下列条件：（1）已交付全部土地使用权出让金，取得土地使用权证书；（2）持有建设工程规划许可证和施工许可证；（3）按提供的预售商品房计算，投入开发建设的资金达到工程建设总投资的25%以上，并已确定施工进度和竣工交付日期；（4）已办理预售登记，取得商品房预售许可证明。

商品房现售，应当符合以下条件：（1）现售商品房的房地产开发企业应当具有企业法人营业执照和房地产开发企业资质证书；（2）取得土地使用权证书或者使用土地的批准文件；（3）持有建设工程规划许可证和施工许可证；（4）已通过竣工验收；（5）拆迁安置已经落实；（6）供水、供电、供热、燃气、通讯等配套基础设施具备交付使用条件，其他配套基础设施和公共设施具备交付使用条件或者已确定施工进度和交付日期；（7）物业管理方案已经落实。

房地产开发企业在销售中，可能存在以下涉及销售资格不合规的行为。

（一）无预售许可证销售

1－1 合规义务的来源及合规风险的识别

【合规义务的来源】

《城市房地产开发经营管理条例》

第三十六条 违反本条例规定，擅自预售商品房的，由县级以上人民政府房地产开发主管部门责令停止违法行为，没收违法所得，可以并处已收取的预付款1%以下的罚款。

《刑法》

第二百二十五条 【非法经营罪】违反国家规定，有下列非法经营行为之一，扰乱市场秩序，情节严重的，处五年以下有期徒刑或者拘役，并处或者单处违法所得一倍以上五倍以下罚金；情节特别严重的，处五年以上有期徒刑，并处违法所得一倍以上五倍以下罚金或者没收财产：

……

（四）其他严重扰乱市场秩序的非法经营行为。

【合规风险的识别】

无预售许可证销售，即房地产企业在取得预售许可证前，将商品房销售给他人。如果房地产企业在未取得预售许可证的情况下销售房屋，除商品房买卖合同无效外，房地产企业还需按照《城市房地产开发经营管理条例》《刑法》承担相应法律责任：

（1）商品房买卖合同无效。根据《最高人民法院关于审理商品房买卖合同纠纷案件适用法律若干问题的解释》第2条的规定，出卖人未取得商品房预售许可证明，与买受人订立的商品房预售合同，应当认定无效，但是在起诉前取得商品房预售许可证明的，可以认定有效。出卖人未取得预售许可证而导致合同无效后，除返还购房款，还可能承担赔偿买受人损失的民事责任。

（2）预售商品房尚未构成犯罪的，由县级以上人民政府房地产开发主管部门责令停止违法行为，没收违法所得，可以并处已收取的预付款1%以下的罚款。

（3）构成犯罪的，依法追究刑事责任。

1-2　典型案例

案例1：行政案件

【违法事实】

某地产开发有限公司自2018年5月至2019年1月，在未取得商品房预售许可证的情况下，以诚意金、住宅认购保证金等名义向154户收取了房屋销售认筹金。

【处理结果】

该案件由某市住房和城乡建设局于2019年12月25日移交该市建设稽查执法支队检查核实，某地产开发有限公司未取得商品房预售许可证违法收取房屋销售认筹金，该行为违反了《商品房销售管理办法》第6条第2款、第42条的规定，市住房和城乡建设局对某房地产开发有限公司处以警告，责令限期改正，并处25,000元罚款的行政处罚。

案例2：刑事案件

【基本案情】

2001年3月，被告人臧某成立被告单位A公司并担任法定代表人。2009年，臧某以A公司的名义，取得某市一宗土地的房地产开发建设权。2009年8月至2010年7月，A公司及臧某在未取得立项、建设用地规划许可证、建设工程规划许可证、施工许可证及商品房预售许可证等审批手续并且未变更土地用途的情况下，在该地块上私自开工建设名称为××公寓的居民住宅楼8栋及附属楼1栋，共建成房屋615套及地下室134套。项目在建期间，市规划委员会于2009年9月、2010年6月两次对其下发违法建设停工通知。2011年至2012年，市房山区住房和城乡建设委员会以及市城市管理监察大队也先后多次对其下发行政处罚决定书以及限期拆除决定书等。A公司明知项目因系违法建设已被多次处罚的事实，在臧某的授意下，仍于2009年至2012年向社会公开销售，共计销售房屋605套及地下室120套，销售总金额人民币1.9亿余元。

【裁判要旨】

我国《刑法》第225条关于非法经营罪的规定中，除了明文列举构成非法经营罪的行为之外，还规定了“其他严重扰乱市场秩序的非法经营行为”，故认为《刑法》及相关司法解释没有明文列举本案行为，本案即不构成非法经营罪的意见不能成立。我国《土地管理法》《城市房地产管理法》《城乡规划法》《建筑法》等法律规定，建设、销售商品房时，需具备居住用地性质的国有土地使用证、建设用地规划许可证、建设工程规划许可证、施工许可证、商品房预售许可证等。本案中，A公司虽然具有涉案地块的国有土地使用证，但在既未将该土地性质由工业用地变更为居住用地，亦未取得各项建设、施工、预售等许可资质的情况下，擅自在该土地上违法建设并向社会公开销售公寓小区，其行为已经违反了前述法律规定，且非法经营额高达1.9亿余元，严重扰乱了市场秩序，属于违反国家规定，实施非法经营的行为，且情节严重，符合非法经营罪的构成要件。臧某作为A公司的实际负责人，属于A公司直接负责的主管人员，其行为亦构成非法经营罪。

【处理结果】

二审判决被告单位A公司犯非法经营罪，判处罚金人民币2000万元；被告人臧某犯非法经营罪，判处有期徒刑3年6个月，并处罚金人民币2000万元；继续追缴被告单位A公司的违法所得，予以没收。

1-3 纠正机制和合规路径

【纠正机制】

房地产企业在项目销售过程中，若未提前取得预售许可证，将同时面临民事、行政相关方面的责任；若同时存在其他扰乱市场秩序的情形，亦存在刑事相关方面的风险。发生风险事项时，应注意从以下方面争取避免损失的进一步扩大：

（1）停止销售。房地产企业应立即停止所有未经许可的销售活动，并提前准备等待进一步的处理。

（2）配合调查。房地产企业应积极应对政府相关部门对无预售许可销售行为的进一步调查和处理，及时进行陈述、申辩、听证，争取减轻或免予处罚。

（3）完善手续。若房地产企业确实存在无预售许可证销售的情况，应尽快完善相关手续，确保后续销售活动合法合规，避免损失进一步扩大。

（4）向专业律师团队寻求帮助。房地产企业对处罚或处理结果有异议的，应及时委托专业律师介入，通过法律途径解决问题。

【合规路径】

房地产企业的销售合规需要从多个方面入手，包括遵守相关法律法规、规范销售流程、加强人员培训和管理、强化风险控制机制等。只有这样，才能确保房地产销售活动的规范化和合法化。

（1）了解相关法规政策。房地产开发企业应了解和遵守国家及地方有关房地产销售的法律法规，包括但不限于《城市房地产管理法》《城市房地产开发经营管理条例》《商品房销售管理办法》等，掌握相关政策规定。

（2）严格遵守法规政策。房地产开发企业应按照相关规定，取得商品房预售许可证再行销售，同时注意避免通过收取定金或订金等形式变相销售。

（3）加强内部培训。房地产企业应对销售人员进行系统的培训，提高其专业素养和职业道德水平，增强其销售能力和沟通技巧。同时，应建立完善的管理制度，明确销售人员的职责和权限，建立有效的监督机制，确保销售活动的规范化和合法化，以降低出现违规操作的风险。

（4）建立完善的管理制度。制定明确的销售流程和操作规范，明确相关人员的职责和权限，建立有效的监督机制，确保销售活动的规范化和合法化。

（5）强化风险控制机制。建立健全风险控制机制，对房地产销售过程中可能出现的风险进行全面评估和预警，并制定相应的应对措施，以降低风险对销售活动的影响。

（二）无现售备案销售

2-1 合规义务的来源及合规风险的识别

【合规义务的来源】

《商品房销售管理办法》

第八条 房地产开发企业应当在商品房现售前将房地产开发项目手册及符合商品房现售条件的有关证明文件报送房地产开发主管部门备案。

第四十二条 房地产开发企业在销售商品房中有下列行为之一的，处以警告，责令限期改正，并可处以1万元以上3万元以下罚款。

（一）未按照规定的现售条件现售商品房的；

（二）未按照规定在商品房现售前将房地产开发项目手册及符合商品房现售条件的有关证明文件报送房地产开发主管部门备案的；

……

（六）不符合商品房销售条件，向买受人收取预订款性质费用的；

……

《刑法》

第二百二十五条 【非法经营罪】违反国家规定，有下列非法经营行为之一，扰乱市场秩序，情节严重的，处五年以下有期徒刑或者拘役，并处或者单处违法所得一倍以上五倍以下罚金；情节特别严重的，处五年以上有期徒刑，并处违法所得一倍以上五倍以下罚金或者没收财产；

……

（四）其他严重扰乱市场秩序的非法经营行为。

【合规风险的识别】

商品房现售，是指房地产开发企业将竣工验收合格的商品房出售给买受人，并由买受人支付房价款的行为。如房地产企业在未进行现售备案的情况下销售房屋，按照《商品房销售管理办法》，将被处以警告，责令限期改正，并可处以1万元以上3万元以下罚款。

2-2　典型案例

【违法事实】

2022年4月，某市住房和城乡建设局接到购房人举报称，一房地产开发企业涉嫌违规销售。市住房和城乡建设局依法初步调查取证后，于2022年7月15日予以立案查处。市住房和城乡建设局执法人员对该房地产开发企业项目公司总经理、项目销售副经理、财务主管进行行政执法问询，并调取“某房地产开发有限公司专用票据”“某团购协议”等有关证据材料对涉嫌违法事实予以核实后查明：该房地产开发企业在未办理商品房现售备案的情况下现售商品房，向购房人收取了首期款247.0752万元。

【处理结果】

该房地产开发企业的行为违反了《商品房销售管理办法》第8条的规定。鉴于当事人已于立案前完成商品房现房销售备案，根据《商品房销售管理办法》第42条第2项的规定，并结合《某省住房和城乡建设系统行政处罚裁量权基准》（2021年版）的处罚裁量基准设定，市住房和城乡建设局对该房地产开发企业作出相应行政处罚：（1）处以警告；（2）处罚款人民币2万元。

2-3 纠正机制和合规路径

【纠正机制】

房地产企业若因未进行现售备案而被调查，应注意从以下方面争取避免损失进一步扩大：

（1）停止销售。房地产企业应立即停止所有未经许可的销售活动，并提前准备等待进一步的处理。

（2）配合调查。房地产企业就无现售备案的进一步调查和处理，应积极进行陈述、申辩、听证，争取减免处罚。

（3）完善手续。若房地产企业确实存在未进行现售备案的情况，应尽快完善相关手续，确保销售活动合法合规。

【合规路径】

房地产企业的销售合规需要从多个方面入手，包括遵守相关法律法规、规范销售流程、加强人员培训和管理、强化风险控制机制等。只有这样，才能确保房地产销售活动的规范化和合法化。

（1）了解相关法规政策。房地产开发企业应了解和遵守国家及地方有关房地产现售的法律法规，特别是关于现售取得的前置性条件及违规现售的惩罚性后果。

（2）加强对于营销人员培训和指导。房地产企业应对销售人员进行系统的培训，建立完善的管理制度，确保销售活动的规范化和合法化，以降低出现违规操作的风险。

（3）强化风险控制机制。建立健全风险控制机制，对房地产销售过程中可能出现的风险进行全面评估和预警，并制定相应的应对措施，以降低风险对销售活动的影响。

（三）无外销证销售

3－1　合规义务的来源及合规风险的识别

【合规义务的来源】

外销证制度是基于国家安全考虑，对房地产项目涉外销售是否涉及国家安全进行的事前审核。中央及地方层面就外销证制度规定如下：

《国家安全法》

第五十九条　国家建立国家安全审查和监管的制度和机制，对影响或者可能影响国家安全的外商投资、特定物项和关键技术、网络信息技术产品和服务、涉及国家安全事项的建设项目，以及其他重大事项和活动，进行国家安全审查，有效预防和化解国家安全风险。

《浙江省建设厅、浙江省国家安全厅关于进一步加强商品房涉外销售管理工作的通知》（**建房发**〔2003〕120 **号**）

……新开发的商品房涉外销售，房地产企业办理国家安全事项审核手续，统一填写《商品房涉外销售审核申请表》（附后一式三份），经当地国家安全机关国家安全事项审核合格后，逐级报送建设行政主管部门核实登记认可。……

《成都市关于实行商品房外销许可证制度的通知》（**成房发**〔1993〕**第** 65 **号**）

……各类房地产开发经营企业，凡在我市锦江、青羊、金牛、武侯、成华五城区内开发经营的商品房，按市场价格向境外销售（包括预售）的，必须向成都市房地产管理局申请办理《商品房外销许可证》。未办理“外销许可证”的不得向境外销售；本文下达之前已经外销的，必须在一九九四年一月底前予以补办。否则，不予办理房屋产权转移登记手续。……

《关于明确涉外商品房销售有关政策的函复》（〔1999〕**函房字** 93 **号**）

……涉外房地产开发企业（包括中外合资、合作及外商独资的房地产开发企业）开发建设的商品房（以下简称涉外商品房）属于国家允许类的外商投资项目。此类项目可与内资房地产项目享受同等销售政策。因此，涉外商品房可不受外销比例限制，并按规定办理房屋权属证书。……

【合规风险的识别】

在实施外销许可证制度的地区，向国外法人或个人出售商品房，须取得外销许可证，否则可能无法办理过户登记，房地产企业因此还将对买受人承担违约责任。

3-2 典型案例

【违法事实】

原告陈某向A公司付清了购房款，A公司向原告陈某交付了案涉房屋。因陈某系香港居民，而A公司又无外销证，导致案涉房屋无法办理产权登记手续，原告陈某作为乙方、A公司作为甲方签订了《关于解除商品房买卖合同的补充协议》，协议约定解除甲、乙双方于2003年8月12日签订的《商品房买卖合同》，后甲方根据乙方要求与乙方好友被告韩某签订商品房买卖合同。

【裁判要旨】

本案中，购买案涉房屋实际出资的为原告陈某；实际接收房屋的也为原告陈某；原告陈某接房后将房屋用作其经营的某公司职工宿舍，实际使用房屋的主体也为原告陈某。被告韩某虽时任B公司法定代表人，但并未收取该房屋的收益，被告韩某并非使用案涉房屋的主体。但因原告陈某系香港居民，A公司无外销证，导致原告陈某无法办理案涉房屋产权证，所以双方协商签订了《关于解除商品房买卖合同的补充协议》，约定由被告韩某购买案涉房屋，但被告韩某并未出资，从该协议的约定看，应是原告陈某将合同权利义务转让给被告韩某。原告陈某主张其与被告韩某之间并非合同转让，而是借名登记关系，但根据《合同法》第52条恶意串通，损害国家、集体或者第三人利益的合同无效的规定，原告陈某向A公司购买案涉房屋时，当时的政策规定房地产开发商需具备外销证，才能向外籍人士销售商品房，而原告A公司无外销证。原告陈某借用被告韩某的名义购买案涉房屋，意图以此规避当时的限购政策，双方之间的借名登记协议违反了法律的强制性规定，应属无效，原告陈某无权要求被告韩某将案涉房屋的产权过户至其名下。

【处理结果】

原告陈某请求确认案涉房屋归其所有并协助过户的诉讼请求，不能成立，法院未予支持。对于原告陈某出资的购房款返还问题，由双方另行解决。

3-3 纠正机制和合规路径

【纠正机制】

在实行外销许可证制度的地区，若在未取得外销许可证的情况下进行销售，所涉房屋可能无法进行网签或过户，因此房地产企业为避免对众多买受人承担违约赔偿责任，可从以下方面争取减轻损失：

（1）停止销售。房地产企业应立即停止所有未经外销许可的销售活动，避免损失的扩大。

（2）自查原因。房地产企业应明确内部责任，排查确定问题产生的原因，避免后期类似问题的产生。

（3）完善手续。若房地产企业确实存在未取得外销许可证销售的情况，应尽快完善相关手续，确保销售活动合法合规。

（4）及时解决争议或纠纷。若因未取得外销许可证导致与购房者产生争议或纠纷，应及时加强与购房者的沟通与调解，如进入诉讼程序，则可选择委托专业律师参与案件办理。

【合规路径】

（1）了解法规政策规定。因各地方对于是否实行外销许可的政策并不统一，部分地区已取消外销许可证制度，如北京、深圳等，但有地区仍在施行外销许可证制度，如四川、浙江等。故房地产开发企业在实践中，应当注意了解相关政策法规，在实施外销许可证制度的地区，应先取得外销许可证，再对外销售。

（2）加强人员培训和管理。房地产企业应对销售人员进行系统的培训，提高其专业素养和职业道德水平，增强其销售能力和沟通技巧。同时，应建立完善的管理制度，明确销售人员的职责和权限，建立有效的监督机制，确保销售活动的规范化和合法化。以降低出现违规操作的风险。

（3）建立完善管理制度。制定明确的销售流程和操作规范，明确相关人员的职责和权限，建立有效的监督机制，确保销售活动的规范化和合法化。

（4）强化风险控制机制。建立健全的风险控制机制，对房地产销售过程中可能出现的风险进行全面评估和预警，并制定相应的应对措施，以降低风险对销售活动的影响。

第二节 销售价格合规

《商品房销售明码标价规定》第 2 条第 1 款规定，中华人民共和国境内的房地产开发企业和中介服务机构（以下统称商品房经营者）销售新建商品房，应当按照本规定实行明码标价。第 8 条规定，商品房销售明码标价实行一套一标。商品房经营者应当对每套商品房进行明码标价。按照建筑面积或者套内建筑面积计价的，还应当标示建筑面积单价或者套内建筑面积单价。第 13 条规定，商品房经营者不得在标价之外加价销售商品房，不得收取任何未予标明的费用。第 16 条规定，商品房经营者不按照该规定明码标价和公示收费，或者利用标价形式和价格手段进行价格欺诈的，由县级以上各级人民政府价格主管部门依据《价格法》《价格违法行为行政处罚规定》《关于商品和服务实行明码标价的规定》等法律、法规和规章实施行政处罚。

房地产销售过程中，常见的销售价格不合规行为有：销售商品房未明码标价、强制提供商品或服务并捆绑收费、通过虚假价格承诺等价格欺诈手段诱骗购房者进行交易、高于或低于备案价销售等。另外，若为谋取利益以明显低于市场的价格向国家工作人员销售房屋，还可能构成行贿罪。

（一）未明码标价

1-1　合规义务的来源及合规风险的识别

【合规义务的来源】

《价格法》

第四十二条　经营者违反明码标价规定的，责令改正，没收违法所得，可以并处五千元以下的罚款。

《价格违法行为行政处罚规定》

第十三条　经营者违反明码标价规定，有下列行为之一的，责令改正，没收违法所得，可以并处5000元以下的罚款：

（一）不标明价格的；

（二）不按照规定的内容和方式明码标价的；

（三）在标价之外加价出售商品或者收取未标明的费用的；

（四）违反明码标价规定的其他行为。

《明码标价和禁止价格欺诈规定》

第二十二条　经营者违反本规定有关明码标价规定的，由县级以上市场监督管理部门依照《中华人民共和国价格法》《价格违法行为行政处罚规定》有关规定进行处罚。

《关于进一步规范房地产开发企业经营行为维护房地产市场秩序的通知》（建房〔2016〕223号）

二、依法查处房地产开发企业不正当经营行为

一些房地产开发企业为了追求不正当利益，存在违法违规等不正当

经营行为，其中包括：

（一）发布虚假房源信息和广告；

（二）通过捏造或者散布涨价信息等方式恶意炒作、哄抬房价；

（三）未取得预售许可证销售商品房；

（四）不符合商品房销售条件，以认购、预订、排号、发卡等方式向买受人收取或者变相收取定金、预订款等费用，借机抬高价格；

（五）捂盘惜售或者变相囤积房源；

（六）商品房销售不予明码标价，在标价之外加价出售房屋或者收取未标明的费用；

（七）以捆绑搭售或者附加条件等限定方式，迫使购房人接受商品或者服务价格；

（八）将已作为商品房销售合同标的物的商品房再销售给他人；

（九）其他不正当经营行为。

对存在上述行为的房地产开发企业，各级房地产主管部门要加大执法检查力度，依法严肃查处。不正当经营行为应当由其他部门处理的，及时移交有关部门依法处理。涉嫌犯罪的，移交司法机关依法追究刑事责任。

在此基础上，各级房地产主管部门应当视情节轻重，对房地产开发企业采取以下措施：

（一）书面警示；

（二）约谈企业主要负责人；

（三）公开通报企业不正当经营行为；

（四）列入严重违法失信房地产开发企业名单；

（五）由资质许可机关在资质审查中重点审核。

各地要按照本通知要求，认真抓好落实，并结合实际制定相关办法。

【合规风险的识别】

未明码标价，是指商品房经营者在销售商品房时未按照《商品房销售明码标价规定》的要求公开标示商品房价格、相关收费以及影响商品房价格的其他因素。与商品房价格密切相关的因素包括：（1）开发企业名称、预售许可证、土地性质、土地使用起止年限、楼盘名称、坐落位置、容积率、绿化率、车位配比率。（2）楼盘的建筑结构、装修状况以及水、电、燃气、供暖、通讯等基础设施配套情况。（3）当期销售的房源情况以及每套商品房的销售状态、房号、楼层、户型、层高、建筑面积、套内建筑面积和分摊的共有建筑面积。（4）优惠折扣及享受优惠折扣的条件。（5）商品房所在地省级价格主管部门规定的其他内容。[①] 若商品房经营者存在以上未明码标价情形，则需要依照《价格法》《价格违法行为行政处罚规定》《明码标价和禁止价格欺诈规定》等规定承担相应法律责任。

1－2 典型案例

【违法事实】

2020年9月1日，某市场监督管理局执法人员联合某市住房与城乡建设局工作人员到某营销中心检查，现场检查发现A置地开发有限公司在销售某商品房时未按《商品房销售明码标价规定》相关规定对所售房源的层高、套内建筑面积和分摊的共有建筑面积、价格主管部门投诉举报电话等内容进行公示，于2020年9月1日予以立案调查。经查，A公司于2020年8月22日在某营销中心销售××项目D栋商品房，共销售C1户型50套、A1户型50套、C2户型50套，以上共计150套商品房。销售期间，A公司通过在该营销中心现场设置的“某销控表”对商品房价格进行公示，公示内容有户型、建筑面积、楼层、房号、单价、总价等内容，但未对所售房源的层高、套内建筑面积和分摊的共有建筑面积、价格以及主管部门投诉举报电话等内容进行公示。

① 《商品房销售明码标价规定》第10条。

【处理结果】

A置地开发有限公司销售未依照《商品房销售明码标价规定》第7条以及第10条的规定对所售房源的层高、套内建筑面积和分摊的共有建筑面积、价格主管部门投诉举报电话等内容进行公示。A公司上述行为违反了《价格法》第13条第1款，构成不按照规定的内容和方式明码标价的价格违法行为。鉴于A公司违法行为发生在某省新型冠状病毒感染的肺炎公共卫生事件Ⅲ级响应期间，根据《某省市场监督管理局行政处罚自由裁量权适用规则（试行）》第14条“在自然灾害、事故灾难、公共卫生事件等突发事件发生时期实施违法行为的”可以依法从重处罚的规定，建议依法从重行政处罚。根据《商品房销售明码标价规定》第8条“商品房销售明码标价实行一套一标。商品房经营者应当对每套商品房进行明码标价”的相关规定，本案件中A公司共销售150套商品房，对其价格违法行为的处罚应按一套商品房一处罚计算。依据《价格法》第42条、《价格违法行为行政处罚规定》第13条的规定和自由裁量理由，建议责令A公司改正，并对该公司作出如下行政处罚：对其销售的商品房每套罚款5000元，150套共计罚款人民币750,000元。

1-3 纠正机制和合规路径

【纠正机制】

（1）自查问题成因。房地产企业首先应自查是否符合明码标价的要求，以及不符合要求的原因，防止类似问题的产生。

（2）明确责任主体。明确问题成因后，需要确认责任主体。如果是第三方如中介的疏忽，房地产企业可要求第三方承担相应责任。如果是房地产企业的责任，房地产企业应当及时采取纠正措施，防止类似问题再次发生。

（3）及时予以纠正。在明确责任后，应当积极予以整改，按照规定公示价格，确保后续销售活动合法合规。

（4）积极配合调查。如果房地产企业未明码标价而销售房屋，可能会面临处罚。房地产企业应积极接受调查，及时进行陈述、申辩，争取免处罚。

（5）若对行政处罚结果不服，可在处罚听证程序、行政复议程序、行政诉讼程序等阶段委托专业律师团队。

【合规路径】

为满足房地产明码标价的合规要求，房地产企业在确定房价和收费标准后，应通过制作房价标签和价目表等方式公开标示房价和收费标准，并遵守相关法律法规和规定，确保信息的准确性和一致性。同时，房地产企业也应加强与购房者的沟通与解释，及时解答疑问，处理纠纷。具体可采取的合规手段包括：

（1）确定房价和收费标准。房地产企业应按照相关法律法规和规定，确定房价和收费标准。

（2）制作房价标签和价目表。房地产企业应制作房价标签和价目表，明确标示房屋销售价格、房屋面积、房屋类型、装修情况等信息，并放置在明显位置，方便购房者查看。

（3）公开标示房价和收费标准。房地产企业应在售楼处、网站、宣传册等渠道公开标示房价和收费标准，确保购房者能够了解房屋销售价格和相关费用的详细信息。若房地产企业提供产权转移等代收代办的收费项目，应当标明由购房者自愿选择并协商一致达成书面约定后收取费用。

（4）遵守《商品房销售明码标价规定》。房地产企业应遵守相关法律法规和规定，在销售房屋时按照《商品房销售明码标价规定》公开标示房价和收费标准，不得标示虚高房价或隐瞒房屋实际情况。

（5）保持信息一致性。房地产企业在不同渠道公开的房价和收费标准应保持一致，避免出现不同渠道信息不一致的情况，导致购房者混淆和误解。

（6）完善管理制度。房地产企业应完善相应管理制度，通过建立健全管理制度，可以规范销售流程。同时，房地产企业还可以通过开展检查、评估等活动，及时发现和解决问题。

（7）定期总结经验教训。房地产企业还可以通过总结经验教训，及时发现问题的原因和解决方法，避免类似问题再次发生。同时，房地产企业还可以通过对问题的分析和研究，提出改进措施和建议，提高管理水平。

（二）强制捆绑销售

2－1 合规义务的来源及合规风险的识别

【合规义务的来源】

《商品房销售明码标价规定》

第十六条　商品房经营者不按照本规定明码标价和公示收费，或者利用标价形式和价格手段进行价格欺诈的，由县级以上各级人民政府价格主管部门依据《中华人民共和国价格法》、《价格违法行为行政处罚规定》、《关于商品和服务实行明码标价的规定》、《禁止价格欺诈行为的规定》等法律、法规和规章实施行政处罚。

《消费者权益保护法》

第十六条　经营者向消费者提供商品或者服务，应当依照本法和其他有关法律、法规的规定履行义务。

经营者和消费者有约定的，应当按照约定履行义务，但双方的约定不得违背法律、法规的规定。

经营者向消费者提供商品或者服务，应当恪守社会公德，诚信经营，保障消费者的合法权益；不得设定不公平、不合理的交易条件，不得强制交易。

《反垄断法》

第十七条　禁止具有市场支配地位的经营者从事下列滥用市场支配地位的行为：……（五）没有正当理由搭售商品，或者在交易时附加其他不合理的交易条件；……

第五十七条　经营者违反本法规定，滥用市场支配地位的，由反垄断执法机构责令停止违法行为，没收违法所得，并处上一年度销售额百分之一以上百分之十以下的罚款。

《关于查处哄抬价格违法行为的指导意见》

……（三）经营者有下列推动商品价格过快、过高上涨行为之一的，市场监管部门可以认定构成《价格违法行为行政处罚规定》第六条第三项规定的哄抬价格违法行为：1. 在销售商品过程中，强制搭售商品，变相大幅度提高商品价格的；……

《价格违法行为行政处罚规定》

第六条　经营者违反价格法第十四条的规定，有下列推动商品价格过快、过高上涨行为之一的，责令改正，没收违法所得，并处违法所得5倍以下的罚款；没有违法所得的，处5万元以上50万元以下的罚款，情节较重的处50万元以上300万元以下的罚款；情节严重的，责令停业整顿，或者由工商行政管理机关吊销营业执照：……（三）利用其他手段哄抬价格，推动商品价格过快、过高上涨的。……

《住房城乡建设部关于进一步规范房地产开发企业经营行为维护房地产市场秩序的通知》

……依法查处房地产开发企业不正当经营行为

一些房地产开发企业为了追求不正当利益，存在违法违规等不正当经营行为，其中包括：

……

（七）以捆绑搭售或者附加条件等限定方式，迫使购房人接受商品或者服务价格；

……

对存在上述行为的房地产开发企业，各级房地产主管部门要加大执法检查力度，依法严肃查处。……

在此基础上，各级房地产主管部门应当视情节轻重，对房地产开发企业采取以下措施：

（一）书面警示；

（二）约谈企业主要负责人；

（三）公开通报企业不正当经营行为；

（四）列入严重违法失信房地产开发企业名单；

（五）由资质许可机关在资质审查中重点审核。……

【合规风险的识别】

商品房买卖过程中经常会出现捆绑销售的现象，其主要表现形式为捆绑车位、储藏间销售，捆绑装修等。其中，捆绑装修是指房地产开发企业在商品房销售过程中要求购房者同时与房地产开发企业或其指定第三方签署相关装修合同并收取装修费用。如果房地产企业捆绑销售商品或服务，除合同可能无效外，市场监督管理部门、住建部门可依据相关法律法规对房地产开发企业予以处罚。

（1）捆绑销售合同无效。实践中法院裁判主流观点是商品房项目销售中捆绑销售有效，但也有部分法院认为无效。若车位、装修协议等被认定为无效合同，则房地产开发企业实际收取的车位款（含房屋差价款）、装修款（含房屋差价款）须全额退还购房者，另外，可能就购房者基于合同无效的损失承担赔偿责任。

（2）若房地产经营者捆绑销售的行为构成垄断、哄抬价格违法、侵害购房者自由选择权，市场监督管理主管部门将依据《价格违法行为行政处罚规定》《消费者权益保护法》等相关规定予以处理。另外，住建部门作为商品房行业主管部门，亦有权查处商品房搭售违法行为，并可能采取约谈企业负责人并责令限期改正、整改到位前暂停网签、典型案例曝光、列入严重违法失信企业名单、信用减分、注销备案等方式进行处置。

2-2　典型案例

【违法事实】

2021年6月16日，吴某与王某在××楼盘看中一套106平方米的商品房。在谈及购房具体事项时，销售顾问张某向吴某、王某表示购买商品房的同时必须购买写字楼，否则商品房不卖。当时考虑到孩子以后能够上心仪的初中，吴某与王某就同意购买一套106平方米的商品房和一套30平方米的写字楼。之后，吴某向A公司的银行账户转入8万元购房定金，其中商品房购房定金5万元，写字楼购房定金3万元。之后双方签订了包含商品房9#504与写字楼19#1316在内的商品房认购书。

后来，吴某、王某感觉自身合法权益受到侵害，于6月19日来到项目现场询问能否退还购买写字楼的定金，当事人以购买商品房时必须搭售写字楼否则不予销售商品房的理由予以拒绝。其二人无奈向该市交通广播电台投诉反映该项目买商品房捆绑搭售写字楼的情况。

为消除社会影响，A公司的委托人主动上门为吴某、王某办理写字楼定金退款事宜。

【处理结果】

A公司销售商品房时搭售写字楼的行为，属于损害购房者自主选择权和公平交易权的违法行为，严重侵害购房者的合法权益，同时也违反了《某省价格条例》相关规定，理应受到相应行政处罚。

在市场监管局释法后，A公司意识到上述违法行为的严重错误，积极为购房者办理购房定金退款事宜，且双方签订的合同尚处于订立阶段，购房者仅向当事人缴纳了购房定金，还未缴纳购房款项，未到合同履行阶段。

案发后A公司积极整改，解除了双方之间的合同，未实际取得违法所得。

鉴于A公司销售商品房时搭售写字楼的行为未造成严重危害，故从法律目的、违法行为的事实、情节、性质、社会危害程度等方面综合裁量，对当事人作出了适当处罚。

综上所述，A公司销售商品房时搭售写字楼的行为，构成了《某省价格条例》第13条第3项所列之行为，依据《某省价格条例》第57条的规定，责令当事人改正，给予当事人以下行政处罚：罚款4000元。

2-3 纠正机制和合规路径

【纠正机制】

（1）自查问题原因。若交易被举报构成捆绑销售，房地产企业应该尽快了解被举报问题的详细信息，以及这些问题是否违反了相关规定。房地产企业可以通过查看相关合同、销售沟通记录以及与相关部门联系等方式来了解是否存在问题。

（2）及时与购房者沟通。房地产企业应该主动与购房者沟通，及时安抚购房者并对其反馈问题进行积极解释。如果确实存在问题，房地产企业应该采取适当的措施解决问题并争取获得购房者谅解。如果存在误会，房地产企业应该进行详细解释并消除购房者的疑虑。

（3）采取纠正措施。房地产企业应该采取有效的措施解决问题，包括但不限于将捆绑销售商品的款项退还购房者。

（4）积极配合调查。如果房地产企业因捆绑销售被行政机关调查，房地产企业应积极接受调查，及时进行陈述、申辩，争取减免处罚。

【合规路径】

若房地产开发企业具有市场支配地位，搭售行为可能违反《反垄断法》等相关规定，房地产开发企业应谨慎设置出售条件。若房地产开发企业不具有市场支配地位，搭售虽不构成违反《反垄断法》，但房管部门仍有权查处，建议从以下方面予以规范：

（1）遵循公平、公正、透明原则。房地产企业搭售必须遵循公平、公正、透明原则，不得利用优势地位强制购房者购买不需要的商品或服务，也不得设置不合理的附加条件。

（2）提前公示和告知购房者。房地产企业搭售前应提前公示和告知购房者，明确告知购房者搭售的具体内容、价格、期限等，并提供合理的选择和比较。

（3）提供必要的解释和说明。房地产企业搭售时，应向购房者提供必要的解释和说明，让购房者充分了解搭售的具体情况，以便购房者做出明智的消费决策。

（4）尊重购房者的选择权。房地产企业搭售中必须尊重购房者的选择权，不得强制购房者购买不需要的商品或服务，也不得以任何形式限制购房者的选择自由。

（5）建立完善的内部管理制度。房地产企业应建立完善的内部管理制度，规范搭售行为，确保合规性和公平性。

（三）价格欺诈诱导消费

3-1　合规义务的来源及合规风险的识别

【合规义务的来源】

《商品房销售明码标价规定》

第十五条　商品房经营者不得使用虚假或者不规范的价格标示误导购房者，不得利用虚假或者使人误解的标价方式进行价格欺诈。

《价格法》

第十四条　经营者不得有下列不正当价格行为：

……

（四）利用虚假的或者使人误解的价格手段，诱骗消费者或者其他经营者与其进行交易。

……

第四十条　经营者有本法第十四条所列行为之一的，责令改正，没收违法所得，可以并处违法所得五倍以下的罚款；没有违法所得的，予以警告，可以并处罚款；情节严重的，责令停业整顿，或者由工商行政管理机关吊销营业执照。有关法律对本法第十四条所列行为的处罚及处罚机关另有规定的，可以依照有关法律的规定执行。

……

《价格违法行为行政处罚规定》

第七条　经营者违反价格法第十四条的规定，利用虚假的或者使人误解的价格手段，诱骗消费者或者其他经营者与其进行交易的，责令改正，没收违法所得，并处违法所得5倍以下的罚款；没有违法所得的，处5万元以上50万元以下的罚款；情节严重的，责令停业整顿，或者由工商行政管理机关吊销营业执照。

【合规风险的识别】

价格欺诈诱导消费是指房地产开发企业利用虚假的或者使人误解的标价形式或者价格手段，包括虚构原价、虚假优惠折价，或者利用虚假信息、模糊表述、容易使人误解的标价方式欺骗、诱导购房者与其进行交易的行为。如房地产开发企业构成价格欺诈诱导消费，买受人可依据《民法典》相关规定请求撤销合同。同时，市场监督管理部门可依据《价格法》《价格违法行为行政处罚规定》等规定责令房地产开发企业改正违法行为，没收违法所得，并处以违法所得5倍以下罚款，没有违法所得的处5万元以上50万元以下罚款。

3-2　典型案例

案例1：虚构销售情况和原价

【违法事实】

A公司在2020年国庆节前销售商品房时，宣传“提前引爆黄金周、秒杀特价房”，“5套特价房，最高立省72万元”，“5套房折后总价1,650,785元、总优惠金额707,479元，目前5套特价房已全部售出”等内容。经调查，该公司并没有上述宣传的5套特价房成交记录，且价格远高于实际备案价，折价后成交价格实际为备案允许售价。

【处理结果】

该市市场监督管理局经调查认为，该行为违反了《价格法》第14条、《禁止价格欺诈行为规定》第7条的规定，依据《价格法》第40条第1款、《禁止价格欺诈行为的规定》第11条、《价格违法行为行政处罚规定》第7条的相关规定，依法对该公司作出行政处罚：（1）责令立即改正违法行为；（2）警告；（3）罚款185,000元。

案例2：虚构原价

【违法事实】

当事人A置业有限公司销售××房源时，自行制作了房屋销售价格，且部分销售价格高于房屋预售备案价格，并向购房者介绍宣传，后利用“认筹优惠9.8折、认购优惠9.8折、银行按揭贷款9.9折优惠、总经理特批9.9折、一次性付款优惠9.7折”的价格手段，促使购房者购买房屋，以略低于备案价格成交。

商品房价格由成本、税金、利润、代收费用以及地段、层次、朝向、质量、材料差价等组成，其价值金额巨大，成本核算极其复杂。

购房者在购房时会对房屋整体价格、配套设施、交通便捷程度等多方因素进行考量，双方交易成功与否多取决于购房者结合需求程度和使用目的而作出购买决定，无法通过外在行为判断，因此无法计算当事人因虚假的价格手段成交的商品房住宅数量及相应成本，导致本案当事人违法所得缺乏计算依据，违法所得无法确定。

某市住房保障和房地产管理局2018年下发的《关于进一步规范商品房预售管理的通知》规定“商品房实际成交价格不得高于预售申报价格，否则不予网签”，即房屋预售许可证在2018年××月×日之后取得的，其“房屋”的最终成交价格不得高于在某市住房保障和房地产管理局备案的预售申报价格。

本案当事人A置业有限公司销售其开发的房屋时，在明知商品房有预售申报价且实际销售价格不得高于预售申报价格的情形下，自行制定的房屋价格部分高于预售申报价格，并采用以自行制定的房屋价格向购房者宣传，后利用多种优惠方式，将房屋最终成交价降到预售申报价格内的虚假价格手段，诱骗购房者购买其开发的房屋，违反了《价格法》的有关规定。当事人A置业有限公司未诚实守信经营，扰乱了市场正常经营秩序，理应受到行政处罚。

【处理结果】

在销售商品房过程中，当事人A置业有限公司向购房者在虚构原价的基础上施行优惠政策进行销售的行为，违反了《价格法》第14条第1款“经营者不得有下列不正当价格行为：……（四）利用虚假的或者使人误解的价格手段，诱骗消费者或者其他经营者与其进行交易……”和《禁止价格欺诈行为的规定》第7条第1款第1项“虚构原价，虚构降价原因，虚假优惠折价，谎称降价或者将要提价，诱骗他人购买的”的规定，已构成了价格欺诈的违法行为。

依据《价格违法行为行政处罚规定》第18条“本规定中以违法所得计算罚款数额的，违法所得无法确定时，按照没有违法所得的规定处罚”之规定。参照《某省市场监督管理行政处罚裁量权适用规则（试行)》第二章序号323：“违法程度：较重，判断标准：有价格违法行为严重或者社会影响较大、拒不配合执法，以及其他从重处罚情形的。处罚基准：没收违法所得，并处违法所得1倍以上5倍以下罚款；没有违法所得的，处20万元以上50万元以下罚款，情节严重的，责令停业整顿，或者吊销营业执照”的规定。

本案中，当事人A置业有限公司实施虚构原价的价格欺诈违法行为，社会影响较大，扰乱了市场正常经营秩序，而且商品房不同于一般商品，价值巨大，因此符合从重处罚的情节。依据《价格法》第40条第1款“经营者有本法第十四条所列行为之一的，责令改正，没收违法所得，可以并处违法所得五倍以下的罚款；没有违法所得的，予以警告，可以并处罚款；情节严重的，责令停业整顿，或者由工商行政管理机关吊销营业执照。有关法律对本法第十四条所列行为的处罚及处罚机关另有规定的，可以依照有关法律的规定执行”，《价格法》第14条第

4 项“利用虚假的或者使人误解的价格手段，诱骗消费者或者其他经营者与其进行交易”和《价格违法行为行政处罚规定》第 7 条“经营者违反价格法第十四条的规定，利用虚假的或者使人误解的价格手段，诱骗消费者或者其他经营者与其进行交易的，责令改正，没收违法所得，并处违法所得 5 倍以下的罚款；没有违法所得的，处 5 万元以上 50 万元以下的罚款；情节严重的，责令停业整顿，或者由工商行政管理机关吊销营业执照”的规定，经集体讨论决定，责令当事人改正违法行为，并对其处罚如下：罚款人民币 500,000 元。

3-3 纠正机制和合规路径

【纠正机制】

（1）自查问题原因。若房地产企业发布的广告被认定为价格欺诈诱导消费，房地产企业应该尽快了解被举报问题的详细信息，以及这些问题是否违反了相关的法律法规或规定。房地产企业可以通过查看相关合同、销售沟通记录以及与相关部门联系等方式来了解是否存在问题。

（2）及时与购房者沟通。房地产企业应该主动与买受人沟通，并对购房者反馈问题进行积极解释。如果确实存在问题，房地产企业应该采取适当的措施解决问题并争取获得购房者谅解，消除购房者疑虑。

（3）积极配合调查。如果房地产企业因价格欺诈诱导消费被行政机关调查，房地产企业应积极接受调查，及时进行陈述、申辩，争取减免处罚。即使受到处罚，事后也应与监管部门沟通，吸取经验教训，以争取监管部门日后的风险提前预警，减少不必要的损失。若对行政处罚决定不服，则可选择行政复议或行政诉讼的方式维护自身合法权益。

【合规路径】

房地产企业在宣传中涉及的价格信息须真实、准确。避免使用虚假的或者使人误解的标价方式和价格手段欺骗、诱导购房者与其进行交易。具体可采取建立诚信品牌、制定合理的价格策略、公开透明地宣传和销售、加强内部管理和培训以及及时处理购房者投诉等措施。通过这些措施的实施，房地产企业可以有效地减少价格欺诈行为的发生，提高品牌形象和市场竞争力。

（1）建立诚信品牌形象。房地产企业应树立诚信经营的理念，打造品牌形象，提高购房者对品牌的信任度和忠诚度。通过诚信经营，房地产企业可以减少价格欺诈等不正当行为的发生。

（2）制定合理的价格策略。房地产企业应根据市场需求、成本、竞争等因素，制定合理的价格策略。在定价时，应考虑房屋的实际价值、地理位置、户型、市场供求等因素，避免定价过高或过低，导致价格欺诈的风险。

（3）公开透明地宣传和销售。房地产企业在宣传和销售过程中，应公开透明地展示房屋的价格、优惠、折扣等信息，避免虚假宣传和误导购房者。同时，房地产企业还应建立完善的销售管理制度，规范销售流程，确保销售行为的合法性和合规性。采用团购方式销售房屋的，要充分保障购房者的自主选择权，且应将参加团购的优惠价、不参加团购的优惠价、备案价一同在现场公示，并注明团购费是否包含在房价中，以免产生不必要的争议。

（4）加强内部管理和培训。房地产企业应加强内部管理和培训，提高员工的业务素质和法律意识。通过培训和教育，使员工了解价格欺诈的危害和如何避免违规行为，提高员工的道德操守和职业素养。

（5）及时处理购房者投诉。房地产企业应积极处理购房者对价格的投诉和举报，及时调查并采取相应的补救措施。通过及时处理投诉，房地产企业可以减少购房者的不满和误解，维护品牌形象。

（四）高于或低于备案价销售

4－1　合规义务的来源及合规风险的识别

【合规义务的来源】

《国务院关于坚决遏制部分城市房价过快上涨的通知》（国发〔2010〕10号）

（九）加大交易秩序监管力度。对取得预售许可或者办理现房销售备案的房地产开发项目，要在规定时间内一次性公开全部销售房源，并严格按照申报价格明码标价对外销售。住房城乡建设部门要对已发放预售许可证的商品住房项目进行清理，对存在捂盘惜售、囤积房源、哄抬房价等行为的房地产开发企业，要加大曝光和处罚力度，问题严重的要取消经营资格，对存在违法违规行为的要追究相关人员的责任。住房城乡建设部门要会同有关部门抓紧制定房屋租赁管理办法，规范发展租赁市场。

《住房和城乡建设部关于进一步加强房地产市场监管完善商品住房预售制度有关问题的通知》（建房〔2010〕53号）

……（一）加强商品住房预售行为监管。……取得预售许可的商品住房项目，房地产开发企业要在10日内一次性公开全部准售房源及每套房屋价格，并严格按照申报价格，明码标价对外销售。……

（二）严肃查处捂盘惜售等违法违规行为。各地要加大对捂盘惜售、哄抬房价等违法违规行为的查处力度。对……故意采取畸高价格销售……的行为，要严肃查处。

《商品房销售明码标价规定》

第九条　对取得预售许可或者办理现房销售备案的房地产开发项目，商品房经营者要在规定时间内一次性公开全部销售房源，并严格按照申报价格明码标价对外销售。

《刑法》

第三百八十九条　【行贿罪】为谋取不正当利益，给予国家工作人员以财物的，是行贿罪。

在经济往来中，违反国家规定，给予国家工作人员以财物，数额较大的，或者违反国家规定，给予国家工作人员以各种名义的回扣、手续费的，以行贿论处。

因被勒索给予国家工作人员以财物，没有获得不正当利益的，不是行贿。

《最高人民法院、最高人民检察院关于办理受贿刑事案件适用法律若干问题的意见》

一、关于以交易形式收受贿赂问题。

国家工作人员利用职务上的便利为请托人谋取利益，以下列交易形式收受请托人财物的，以受贿论处：

（1）以明显低于市场的价格向请托人购买房屋、汽车等物品的；

（2）以明显高于市场的价格向请托人出售房屋、汽车等物品的；

（3）以其他交易形式非法收受请托人财物的。

受贿数额按照交易时当地市场价格与实际支付价格的差额计算。

前款所列市场价格包括商品经营者事先设定的不针对特定人的最低优惠价格。根据商品经营者事先设定的各种优惠交易条件，以优惠价格购买商品的，不属于受贿。

【合规风险的识别】

房地产开发企业违反备案价格销售的，相关主管部门依法可采取书面警示、约谈负责人、公开曝光、暂停网签、停业整顿、没收违法所得、罚款、列入严重失信名单等措施处理。另就违反备案价格签订的民事合同效力问题，尽管各地及国务院主管部门均出台了禁止超出备案价销售的规定，但基本上为管理性规定且效力层级较低，因此在购房者与开发商因此发生争议时，无论是合同价格突破备案价格还是低于备案价格，在合同本身不存在其他导致无效或可撤销的情形时，买受人较难主张合同无效或者请求解除合同。若为谋取利益以明显低于市场的价格向国家工作人员销售房屋，还可能构成行贿罪承担刑事责任。

4-2　典型案例

案例1：行政责任

【违法事实】

2016年4月，A公司在获得某楼盘预售许可证时向住房行政管理部门备案了一房一价表，表中载明的商品房价格为备案价。在楼盘开盘后，该公司较备案价上调了部分房源价格，并按照上调后的价格对外销售，但未向住房行政管理部门履行重新备案或备案调整手续。

【处理结果】

市物价局认定，此行为违反了《某市人民政府办公厅印发关于本市贯彻〈国务院办公厅关于继续做好房地产市场调控工作的通知〉实施意见的通知》、《某市发展改革委关于贯彻落实〈商品房销售明码标价规定〉的通知》与《某市商品房销售方案备案管理暂行规定》等规定的行政措施，属于《某市价格管理条例》第21条第1款规定的不执行政府的行政措施的违规行为。且当时该市不断加强对房地产市场监管、调控，再三警示经营者必须依法合规经营，该公司仍实施上述违规行为，且情节恶劣，社会影响较大。根据《某市价格管理条例》第33条第1款第4项，决定对该公司处以人民币5万元罚款。

案例2：刑事责任

【基本案情】

被告单位A公司为谋取利益，2005年至2011年以明显低于市场的价格出售给时任自治区审计厅厅长、林业厅厅长陈某7套房产及2个车位，7套房产及2个车位当年市场价值共计391.2366万元，陈某实际缴款共计218.2万元，其中差额173.0366万元。

【裁判要旨】

被告单位A公司为谋取不正当利益，向陈某行贿，该公司的行为已触犯了《刑法》第393条的规定，构成了单位行贿罪，行贿数额折合人民币3,584,018元。被告人罗某作为A公司的法定代表人应承担刑事责任。关于辩护人提出罗某有投案自首情节的辩护意见，法院认为，公诉机关向法庭提供，罗某涉嫌行贿的主要问题是罗某以明显低价出售多套房产给陈某，涉嫌行贿罪，经查明属实，辩护人的辩护意见不予采纳。辩护人提出在侦查机关没有掌握陈某受贿的情况下，是罗某通过自书形式引出陈某受贿线索，具有重大立功情节，经查没有证据证实，法院不予采纳。

【处理结果】

（1）被告单位A公司犯单位行贿罪，判处罚金人民币50万元。（2）被告人罗某犯行贿罪，判处有期徒刑10个月。

4－3 纠正机制和合规路径

【纠正机制】

（1）自查问题原因。房地产企业应该尽快了解问题的详细信息以及这些问题是否违反了相关的法律法规或规定。

（2）积极配合调查。如果房地产企业因违反备案价被行政机关调查，房地产企业应积极接受调查，及时进行陈述、申辩，争取减免处罚。即使受到处罚，事后也应与监管部门沟通，吸取经验教训，以争取监管部门日后的风险提前预警，减少不必要的损失。

（3）必要时可向专业律师求助。如果房地产企业对行政处理结果有异议或遇到其他法律问题，可通过咨询律师或法律顾问，了解房地产相关法律法规和应对策略，以合法合规地解决问题。

【合规路径】

（1）房地产企业在开盘定价时，需要严格遵守地区销售方案的程序性要求，提前到物价部门备案，并申请预销售许可证。

（2）房地产企业在获得预销售许可证后，可以向房管部门申请网上公布备案价。房地产企业在实际销售中不得突破此价格。

（3）如果房地产企业在实际销售过程中想提高或降低销售价格，

需要提前到物价部门重新备案。

（4）房地产企业在物价部门备案的价格、房管部门在网上公布的价格以及楼盘的实际销售价格，必须“三价统一”。

第三节　销售广告合规

《广告法》第 4 条规定，“广告不得含有虚假或者引人误解的内容，不得欺骗、误导消费者。广告主应当对广告内容的真实性负责”。

《房地产广告发布规定》第 2 条规定，“本规定所称房地产广告，指房地产开发企业、房地产权利人、房地产中介服务机构发布的房地产项目预售、预租、出售、出租、项目转让以及其他房地产项目介绍的广告。居民私人及非经营性售房、租房、换房广告，不适用本规定”。

《广告法》对房地产销售广告进行了原则性规定，《房地产广告发布规定》则详细地规定了房地产销售广告应当遵循的基本规定，包括应当、不得载明的内容以及不得发布广告的情形等。实践中，常见的销售广告不合规情形包括：广告发布时间违反禁止性规定、广告发布内容违反禁止性规定如使用禁止使用的封建迷信、最高级等词汇宣传，发布虚假广告等。

（一）未具备法定条件提前发布广告

1－1　合规义务的来源及合规风险的识别

【合规义务的来源】

《房地产广告发布规定》

第五条　凡下列情况的房地产，不得发布广告：

（一）在未经依法取得国有土地使用权的土地上开发建设的；

（二）在未经国家征用的集体所有的土地上建设的；

（三）司法机关和行政机关依法裁定、决定查封或者以其他形式限制房地产权利的；

（四）预售房地产，但未取得该项目预售许可证的；

（五）权属有争议的；

（六）违反国家有关规定建设的；

（七）不符合工程质量标准，经验收不合格的；

（八）法律、行政法规规定禁止的其他情形。

第二十一条　违反本规定发布广告，《广告法》及其他法律法规有规定的，依照有关法律法规规定予以处罚。法律法规没有规定的，对负有责任的广告主、广告经营者、广告发布者，处以违法所得3倍以下但不超过3万元的罚款；没有违法所得的，处以1万元以下的罚款。

【合规风险的识别】

房地产企业发布广告应该遵守《房地产广告发布规定》等相关法律法规的规定，不得在不具备房地产广告发布条件时对外发布营销广告。若房地产企业针对未依法取得国有土地使用权的土地上开发建设的，未经国家征用的集体所有的土地上建设的，司法机关和行政机关依法裁定、决定查封或者以其他形式限制房地产权利的，预售房地产但未取得该项目预售许可证的，权属有争议的，违反国家有关规定建设的，不符合工程质量标准且经验收不合格等的房地产项目进行广告宣传，相关执法部门可处以违法所得3倍以下但不超过3万元的罚款，没有违法所得的，处以1万元以下的罚款。

1-2　典型案例

【基本案情】

A房地产开发公司开发有××房地产项目，2021年11月25日执法人员在“营销中心”的展厅检查时，现场有房地产预售项目的沙盘、户型图宣传卡片、“非标户型差异公示”展示牌、楼盘位置展示图、“以TOD之名演绎××新秀场”展示牌等。2021年11月初，A房地产开发公司通过微信小程序发布房产项目宣传内容，主要有房地产项目名称、限均价、主力产品面积、项目种类、点赞转发送礼物的活动、楼盘亮点、楼盘鉴赏及周边配套等信息。微信小程序上房产项目的截图显示，在线2719人围观。A房地产开发公司于2021年11月29日取得了12幢、13幢、14幢、15幢的商品房预售证。据A房地产开发公司陈述，上述房产项目的宣传内容发布时还未取得商品房预售证。房产项目处于预售状态，没有交易量，故无违法所得。

【处理结果】

根据《房地产广告发布规定》第21条“违反本规定发布广告，《广告法》及其他法律法规有规定的，依照有关法律法规规定予以处罚。法律法规没有规定的，对负有责任的广告主、广告经营者、广告发布者，处以违法所得3倍以下但不超过3万元的罚款；没有违法所得的，处以1万元以下的罚款”的规定，对当事人作出：罚款人民币3000元。

1-3 纠正机制和合规路径

【纠正机制】

（1）立即停止发布广告。如果项目不具备发布营销广告条件，房地产企业需要立即停止发布相关广告，避免影响扩大。

（2）删除或撤回已发布广告。如果房地产企业存在违法发布广告情况，需要尽快删除或撤回已发布的全部广告，房地产企业有义务确保已发布广告符合法律法规和政策规定。

（3）加强内部管理。房地产企业需要加强内部管理，规范广告发布流程，加强员工的培训和教育，提高员工的法律意识和合规意识。

（4）配合调查并整改。如果发布的广告违反了法律法规和政策规定，房地产企业需要接受相关部门的调查并积极整改。

【合规路径】

（1）遵守相关法律法规和政策规定。房地产企业发布广告应该遵守相关法律法规和政策规定，需在具备发布条件的情况下进行广告发布。

（2）合理规划广告发布时间节点。房地产企业应该根据市场需求和实际情况，合理规划广告发布时间节点，并且房地产企业应当在法律法规规定的可营销宣传节点发布广告，避免在不当时间节点发布广告。

（3）加强内部管理和风险控制。房地产企业应该建立完善的内部管理制度和风险控制机制，规范广告发布行为，避免出现违规行为。例如，可以建立专门的团队负责广告发布管理，制定严格的广告发布流程和审核制度，确保广告发布符合规定。

（4）与相关部门和机构合作。房地产企业可以与相关部门和机构合作，共同推进合规经营。例如，可以与广告监管部门、行业协会等机构合作，了解相关法律法规和政策规定，共同遵守市场规则，促进房地产市场的健康发展。

（5）及时整改和纠正违规。如果房地产企业发布的广告被认定为违法违规行为，应该及时整改和纠正。例如，可以删除、撤回或修改违规广告内容，减少违规广告的影响范围等。同时，房地产企业也应该加强内部营销人员合规意识教育，避免再次出现类似问题。

（二）广告内容违反禁止性规定

2-1 合规义务的来源及合规风险的识别

【合规义务的来源】

《广告法》

第二十六条　房地产广告，房源信息应当真实，面积应当表明为建筑面积或者套内建筑面积，并不得含有下列内容：

（一）升值或者投资回报的承诺；

（二）以项目到达某一具体参照物的所需时间表示项目位置；

（三）违反国家有关价格管理的规定；

（四）对规划或者建设中的交通、商业、文化教育设施以及其他市政条件作误导宣传。

第五十八条　有下列行为之一的，由市场监督管理部门责令停止发布广告，责令广告主在相应范围内消除影响，处广告费用一倍以上三倍以下的罚款，广告费用无法计算或者明显偏低的，处十万元以上二十万元以下的罚款；情节严重的，处广告费用三倍以上五倍以下的罚款，广告费用无法计算或者明显偏低的，处二十万元以上一百万元以下的罚款，可以吊销营业执照，并由广告审查机关撤销广告审查批准文件、一年内不受理其广告审查申请：

……

（八）违反本法第二十六条规定发布房地产广告的。

……

《房地产广告发布规定》

第八条　房地产广告不得含有风水、占卜等封建迷信内容，对项目情况进行的说明、渲染，不得有悖社会良好风尚。

第九条　房地产广告中涉及所有权或者使用权的，所有或者使用的基本单位应当是有实际意义的完整的生产、生活空间。

第十条　房地产广告中对价格有表示的，应当清楚表示为实际的销售价格，明示价格的有效期限。

第十一条　房地产广告中的项目位置示意图，应当准确、清楚，比例恰当。

第十二条　房地产广告中涉及的交通、商业、文化教育设施及其他市政条件等，如在规划或者建设中，应当在广告中注明。

第十三条　房地产广告涉及内部结构、装修装饰的，应当真实、准确。

第十四条　房地产广告中不得利用其他项目的形象、环境作为本项目的效果。

第十五条　房地产广告中使用建筑设计效果图或者模型照片的，应当在广告中注明。

第十六条　房地产广告中不得出现融资或者变相融资的内容。

第十七条　房地产广告中涉及贷款服务的，应当载明提供贷款的银行名称及贷款额度、年期。

第十八条　房地产广告中不得含有广告主能够为入住者办理户口、就业、升学等事项的承诺。

【合规风险的识别】

（1）广告内容是否符合法律法规的规定。包括广告内容是否真实、准确、合法。是否含有淫秽、色情、赌博、迷信、恐怖、暴力等违法或不道德的内容。

（2）广告内容是否与实际情况相符。广告内容应该与实际情况相符，不得夸大或者虚假宣传。例如，在广告中宣传楼盘的地理位置、交通条件、配套设施等，应该与实际情况相符，不得夸大或者虚假宣传。

（3）广告内容是否会对购房者产生误导。广告内容应该避免对购房者产生误导，不得使用不恰当的语言或者图片等来吸引购房者。例如使用绝对化用语如“国家级”“最高级”“最佳”，或对项目进行投资金融属性宣传如“收益跑赢通货膨胀”，或对配套设施进行不当宣传，或对学位进行不当宣传。

若广告存在违规内容，市场监督管理部门有权责令停止发布广告，责令广告主在相应范围内消除影响，视情节严重程度最高处以 100 万元罚款，吊销营业执照，并由广告审查机关撤销广告审查批准文件，1 年内不受理其广告审查申请。

2-2　典型案例

【基本案情】

A 房地产开发企业在某房地产项目营销中心右侧竖立的一块大型户

外广告牌有内容："国宾品质、墅级国宾豪宅、航母商业、顶级配套护航。"在营销中心大堂内，竖立有4块广告牌，其中1块广告牌包含如下内容："××盘踞××大桥，对望青山，比肩国宾区；后揽西湖天赋自然山水，前拥12公里滨江公园；毗邻投资32亿的××文化艺术中心，区文化博物馆，浓郁的文化气息氤氲品味人生；梦之岛总部商场、××第二十六中、××三中等环绕，坐拥新区完善的交通、市政、教育、商业等顶级城市配套，是不可多得的价值高地。"另有1块广告牌包含如下内容："×××于××桥头扼守城市交通咽喉，背靠××新区，与柳沙半岛国宾区一桥之隔；东侧××隧道护航，堤园路、××大道和××大道三大主干道纵贯全城，地铁4号线交汇，优越的现代化立体交通路网极速抵达东盟商务区、金湖商圈等城市各大中心；无可比拟的区位优势，尽显××尊贵地位。"在营销中心摆放的××印刷品广告海报包含"拥享一座城市顶级资源"，"坐拥新区完善的交通、市政、教育、商业等顶级城市配套"的内容。除了某房地产项目印刷海报2000张开支费用3780元有合同费用开支记录外，其余广告由楼盘销售公司出资制作安装，没有具体费用开支记录提供。同时，上述广告涉及的交通设施地铁3、4号线当时仍然在建设中，广告中未见注明。

【处理结果】

A房地产开发企业是上述广告的广告主，其发布的广告违反《广告法》第9条第1款第3项广告不得使用"国家级""最高级""最佳"等词语及《房地产广告发布规定》第12条房地产广告中涉及的交通、商业、文化教育设施及其他市政条件等，如在规划或者建设中，应当在广告中注明的规定。××市××区市场监督管理局对A房地产开发企业发布违法广告的行为作出如下处罚：对当事人违反《广告法》第9条第1款第3项规定的行为，依据《广告法》第57条第1款第1项，责令当事人改正上述违法行为，停止发布，处罚款人民币200,000元；对当事人违反《房地产广告发布规定》第12条规定的行为，依据《房地产广告发布规定》第21条的规定，因违法所得无法计算，处罚款人民币10,000元；以上罚款数额合计人民币210,000元，上缴国库。

2-3 纠正机制和合规路径

【纠正机制】

房地产企业在广告内容违反禁止性规定时，应采取及时、有效的纠正措施，确保广告内容的合法性和合规性。同时，加强内部培训和管理，提高员工的法律意识和专业素养，以避免类似问题再次发生。

（1）立即停止发布广告。房地产企业首先应立即停止发布涉嫌违规的广告，避免违规广告进一步传播和造成更大的不良影响。

（2）审查广告内容。房地产企业应仔细审查广告的内容，包括文字、图片、视频等，查找是否存在违反禁止性规定的情况，如果存在，应立即进行修正。

（3）了解相关法律法规。房地产企业应认真了解国家有关广告的法律法规，明确可发布广告的范围以及禁止发布的情形。

（4）建立举报渠道。建立举报渠道，鼓励员工随时向公司汇报违规广告，以便及时采取措施进行整改。

（5）与相关部门沟通。房地产企业应与广告发布平台、媒体等相关部门保持密切沟通，确保他们了解广告内容是否合法合规，并获得他们的支持和配合。

（6）采取补救措施。如果广告已经发布并造成了不良影响，房地产企业应采取补救措施，如发布更正声明、向购房者致歉等，以减轻购房者的不满和恢复品牌形象。

（7）持续监测和改进。房地产企业应持续监测广告的内容和发布情况，确保广告内容始终符合法律法规和道德标准。同时，应总结经验教训，不断改进广告策略和提高广告创意水平。

【合规路径】

（1）建立监测与审查机制。通过内部审核机制与外部合作的监测，及时发现广告中可能违反禁止性规定的内容。例如，广告发布前委托专业律师予以最终审查。一旦发现问题，应立即进行纠正。

（2）建立评估与判断机制。根据相关法律法规和道德标准，对审查出的问题进行评估和判断。如果广告内容确实违反了禁止性规定，需要判断问题的严重程度和影响范围。

（3）进行内部培训与意识提升。对员工进行定期培训，提高员工对违规广告的认识和意识。让员工了解法律法规和公司的广告政策，培养正确的广告创意和宣传理念。

（4）建立责任追究与处罚机制。对于故意违反禁止性规定的广告行为，应追究相关责任人的法律责任，并给予相应的处罚。

（三）虚假宣传

3－1　合规义务的来源及合规风险的识别

【合规义务的来源】

《广告法》

第四条　广告不得含有虚假或者引人误解的内容，不得欺骗、误导消费者。

广告主应当对广告内容的真实性负责。

第五十五条第一款　违反本法规定，发布虚假广告的，由市场监督管理部门责令停止发布广告，责令广告主在相应范围内消除影响，处广告费用三倍以上五倍以下的罚款，广告费用无法计算或者明显偏低的，处二十万元以上一百万元以下的罚款；两年内有三次以上违法行为或者有其他严重情节的，处广告费用五倍以上十倍以下的罚款，广告费用无法计算或者明显偏低的，处一百万元以上二百万元以下的罚款，可以吊销营业执照，并由广告审查机关撤销广告审查批准文件、一年内不受理其广告审查申请。

《房地产广告发布规定》

第三条　房地产广告必须真实、合法、科学、准确，不得欺骗、误导消费者。

《反不正当竞争法》

第八条　经营者不得利用广告或者其他方法，对商品的质量、制作成分、性能、用途、生产者、有效期限、产地等作引人误解的虚假宣传。广告的经营者不得在明知或者应知的情况下，代理、设计、制作、发布虚假广告。

第二十条　经营者违反本法第八条规定对其商品作虚假或者引人误解的商业宣传，或者通过组织虚假交易等方式帮助其他经营者进行虚假或者引人误解的商业宣传的，由监督检查部门责令停止违法行为，处二十万元以上一百万元以下的罚款；情节严重的，处一百万元以上二百万元以下的罚款，可以吊销营业执照。

经营者违反本法第八条规定，属于发布虚假广告的，依照《中华人民共和国广告法》的规定处罚。

《刑法》

第二百二十二条　【虚假广告罪】广告主、广告经营者、广告发布者违反国家规定，利用广告对商品或者服务作虚假宣传，情节严重的，处二年以下有期徒刑或者拘役，并处或者单处罚金。

【合规风险的识别】

若房地产企业广告介绍的内容与实际不符，含有不能兑现、带有欺骗性质的虚假承诺，有被认定为虚假宣传的风险。例如，在广告中使用伪造的统计数据、调查结果，或虚假承诺小区配套、学区、市政规划等。除买受人可主张房地产企业承担民事责任，房地产企业另将面临行政处罚，严重者甚至可能构成虚假广告罪。

（1）民事责任。买受人针对虚假广告可依据《广告法》《民法典》《反不正当竞争法》等主张支付违约金、修理、更换、重作、减少价款，或请求解除合同并赔偿损失等。

（2）行政责任。发布虚假广告的，市场监督管理部门有权责令停止发布广告，消除影响，视影响程度可处以200万元以下罚款、吊销营业执照。

（3）刑事责任。构成刑事犯罪的，处2年以下有期徒刑或者拘役，并处或者单处罚金。

3-2　典型案例

案例1：行政责任

【基本案情】

A房地产开发有限公司为销售其开发的兰园项目，在其营销中心进门右侧悬挂该楼盘区位图。该区位图上标示项目周边“H市第五人民医院（规划中）”“四星级酒店（在建中）”两处内容。经该市村镇人民政府复函确认，第五人民医院（规划中）项目，实际为村镇中心卫生院项目，属政府投资项目，正在办理前期手续。该项目建成后设想报上级批准增挂“某市第五人民医院”牌子，项目用地已符合规划。四星级酒店（在建中）项目，应为B置业有限公司投资建设的商办项目（含酒店），项目经规划部门批准后建设，具体拟建星级情况不详。经该市卫生和计划生育局复函确认，该局尚未批准设置“某市第五人民医院”医疗机构名称。至发函为止，“村镇中心卫生院”未明确增挂“某市第五人民医院”牌子。经酒店开发商B置业有限公司确认，当事人宣传的“四星级酒店”项目是以三星级以上硬件标准建造的在建酒店，具体星级待建成后评定。

【处理结果】

市场监督管理局认定当事人楼盘区位图上宣传的“某市第五人民医院（规划中）”“四星级酒店（在建中）”两处内容为虚假。罚款380,000元，上缴国库。

案例2：刑事责任

【基本案情】

2011年4月8日，某市A实业有限公司（开发公司）总经理毛某与B建设有限公司（建设公司）××项目部经理梁某共同委托C房地产营销策划有限公司（宣传公司）杨某对××项目A栋1~3层营业房进行全程营销。三方商议制定了以冒用某广场名义进行宣传，由梁某与杨某成立的D信息技术有限公司与购房户强制性签订委托经营协议，要求售后包租12年和承诺满5年可回购的不以房产销售为主要目的的销售方案后，于2011年5月，在未取得商品房预售许可证的情况下，由A公司提供销售场地和售房手续，B公司提供收款人员，C公司负责市场宣传和组织销售人员，××项目A栋1~3层营业房开始以内部申购协议收取诚意金的方式，通过报纸、传单等形式对社会公众进行宣传和销售。至2012年7月，该项目A栋1~3层营业房全部销售完成，实现销售额人民币69,844,184元，实际非法吸收购房户现金47,172,908元。

【裁判要旨】

被告人杨某作为受委托销售房屋一方的公司负责人，接受销售委托后进行销售宣传是必经程序，因此属于广告发布者。其为使房屋尽快销售和高价销售，虚构××公司名下的“某数码广场”要进入销售楼盘的事实，向消费者进行虚假宣传，诱使购房者购房，客观上导致消费者信以为真而购房，购房后一直无法实现商业目的，造成了重大经济损失，出现了购房者上访等社会不良后果，影响了正常的社会秩序，情节严重，构成虚假广告罪，依法应当追究被告人杨某的刑事责任。A公司虽将本案所涉房屋抵偿给实际承建方的被告人梁某作为工程款，但仍是楼盘的销售主体，因此双方均是楼盘销售的利益享有者，其共同委托宣传公司销售，应当清楚销售方要对销售的商品进行销售，必然要进行宣传和推介，广告的宣传自然成为委托销售房屋一方的委托事项，说明A公司和梁某是广告主。当委托公司的负责人杨某提出虚假广告宣传方案后，开发公司的负责人毛某和承建人梁某均表示同意，说明三被告人具有共同犯意，客观上，杨某正是在委托方的同意下才实施的虚假广告宣传，并造成恶劣社会影响，被告单位A公司与被告人梁某、杨某理应承担共同犯罪的刑事责任；被告人毛某作为A公司的直接负责人依法应当承担刑事责任。

【处理结果】

（1）被告单位A公司犯虚假广告罪，判处罚金100万元；（2）被告人毛某犯虚假广告罪，判处有期徒刑1年，宣告缓刑2年，并处罚金40万元；（3）被告人梁某犯虚假广告罪，判处有期徒刑1年，宣告缓刑2年，并处罚金40万元；（4）被告人杨某犯虚假广告罪，判处有期徒刑1年4个月，宣告缓刑2年，并处罚金50万元。

3-3 纠正机制和合规路径

【纠正机制】

房地产企业对虚假宣传进行纠正需要采取多种措施，包括撤回虚假宣传、整顿内部管理、加强合作与沟通、持续监测与改进以及接受监管与调查等。

（1）首要是撤回所有虚假的宣传信息，并积极地向购房者传递真实的信息，以消除误解。这种坦诚和透明的态度能够有助于重建购房者对房地产企业的信任。

（2）房地产企业还需要对内部管理进行整顿，确保所有宣传内容都经过严格审查，防止不实信息的发布。这不仅需要公司内部完善规章制度，还需要对员工进行专业培训，提高员工对虚假宣传的识别能力。

（3）房地产企业应积极与相关部门、媒体以及购房者进行沟通和合作。通过与权威机构的合作，可以加强宣传内容的真实性和可靠性，同时也能对潜在的虚假宣传行为起到震慑作用。

（4）为了预防类似的问题再次发生，房地产企业需要建立一个持续监测和改进的机制。这个机制应包括对市场动态和购房者反馈的定期收集和分析，以便及时发现并解决潜在问题。通过这种方式，企业可以不断提高宣传质量和效果，同时也能更好地满足购房者的需求。

（5）房地产企业应自觉遵守相关法律法规和监管规定，接受政府部门的监管和调查，以树立良好的企业形象，过程中可积极陈述、申辩，争取减免处罚。

【合规路径】

房地产企业预防虚假广告的出现需要从多个方面入手，包括严格遵守相关法律法规、充分了解广告监管政策、建立内部监管制度、增强法律意识、及时应对监管部门检查以及建立危机处理机制等。只有这些方面得到充分落实和执行，才能有效预防虚假广告的出现，确保企业的合规运营。

（1）严格遵守相关法律法规。房地产企业应当严格遵守《广告法》《反不正当竞争法》等法律法规，确保所发布的广告内容真实、合法、准确，不进行虚假宣传或误导购房者。

（2）充分了解广告监管政策。房地产企业应当及时了解广告监管政策，对监管部门发布的相关文件、通知等予以高度重视，确保所发布的广告符合监管要求。

（3）建立内部监管制度。房地产企业应当建立完善的内部监管制度，对广告的策划、审核、发布等环节进行全面把关，防止虚假广告的出现。

（4）增强法律意识。房地产企业应当加强对员工的法律知识培训，提高员工的法律意识和法律素养，确保其在工作中能够遵守相关法律法规，不进行虚假宣传或误导购房者。

（5）及时应对监管部门检查。房地产企业应当积极配合监管部门的检查工作，及时整改检查中发现的问题，确保所发布的广告符合监管要求。

（6）建立危机处理机制。房地产企业应当建立危机处理机制，对出现的虚假广告事件进行及时处理，防止事态扩大，尽可能减少对企业的负面影响。

（四）有奖销售

4-1　合规义务的来源及合规风险的识别

【合规义务的来源】

《反不正当竞争法》

第十条　经营者进行有奖销售不得存在下列情形：

（一）所设奖的种类、兑奖条件、奖金金额或者奖品等有奖销售信息不明确，影响兑奖；

（二）采用谎称有奖或者故意让内定人员中奖的欺骗方式进行有奖销售；

（三）抽奖式的有奖销售，最高奖的金额超过五万元。

《规范促销行为暂行规定》

第十条　经营者在促销活动中提供的奖品或者赠品必须符合国家有关规定，不得以侵权或者不合格产品、国家明令淘汰并停止销售的商品等作为奖品或赠品。

国家对禁止用于促销活动的商品有规定的，依照其规定。

第十一条　本规定所称有奖销售，是指经营者以销售商品或者获取竞争优势为目的，向消费者提供奖金、物品或者其他利益的行为，包括抽奖式和附赠式等有奖销售。抽奖式有奖销售是指经营者以抽签、摇号、游戏等带有偶然性或者不确定性的方法，决定消费者是否中奖的有奖销售行为。附赠式有奖销售是指经营者向满足一定条件的消费者提供奖金、物品或者其他利益的有奖销售行为。经政府或者政府有关部门依法批准的有奖募捐及其他彩票发售活动，不适用本规定。

第十三条　经营者在有奖销售前，应当明确公布奖项种类、参与条件、参与方式、开奖时间、开奖方式、奖金金额或者奖品价格、奖品品名、奖品种类、奖品数量或者中奖概率、兑奖时间、兑奖条件、兑奖方式、奖品交付方式、弃奖条件、主办方及其联系方式等信息，不得变更，不得附加条件，不得影响兑奖，但有利于消费者的除外。

在现场即时开奖的有奖销售活动中，对超过五百元奖项的兑奖情况，应当随时公示。

第十四条　奖品为积分、礼券、兑换券、代金券等形式的，应当公布兑换规则、使用范围、有效期限以及其他限制性条件等详细内容；需要向其他经营者兑换的，应当公布其他经营者的名称、兑换地点或者兑换途径。

第十七条　抽奖式有奖销售最高奖的金额不得超过五万元。有下列情形之一的，认定为最高奖的金额超过五万元：

（一）最高奖设置多个中奖者的，其中任意一个中奖者的最高奖金额超过五万元；

（二）同一奖券或者购买一次商品具有两次或者两次以上获奖机会的，累计金额超过五万元；

（三）以物品使用权、服务等形式作为奖品的，该物品使用权、服务等的市场价格超过五万元；

（四）以游戏装备、账户等网络虚拟物品作为奖品的，该物品市场价格超过五万元；

（五）以降价、优惠、打折等方式作为奖品的，降价、优惠、打折等利益折算价格超过五万元；

（六）以彩票、抽奖券等作为奖品的，该彩票、抽奖券可能的最高奖金额超过五万元；

（七）以提供就业机会、聘为顾问等名义，并以给付薪金等方式设置奖励，最高奖的金额超过五万元；

（八）以其他形式进行抽奖式有奖销售，最高奖金额超过五万元。

第二十七条　违反本规定第十三条第一款、第十四条、第十五条、第十六条、第十七条，由市场监督管理部门依据反不正当竞争法第二十二条的规定进行处罚。

《反不正当竞争法》

第二十二条　经营者违反本法第十条规定进行有奖销售的，由监督检查部门责令停止违法行为，处五万元以上五十万元以下的罚款。

【合规风险的识别】

房地产企业开展有奖销售促销活动，应当真实、准确、清晰地说明活动信息，不得利用虚假信息、模糊信息欺骗、误导购房者，对有奖销售活动作虚假或者引人误解的商业宣传，不仅违反有奖销售法律规定，还可能构成虚假宣传或虚假广告。就房地产企业违规有奖销售行为，如奖品为不合格产品、三无产品，活动期限、奖品型号等不明确，未标注有奖销售截止时间与开奖时间等，监督检查部门有权责令停止，处 5 万元以上 50 万元以下的罚款。若给买受人造成损失，房地产企业还可能承担民事赔偿责任。

4-2　典型案例

案例 1

【违法事实】

某市××区市场监督管理局执法人员网络巡查发现辖区某新盘发布“寻找××锦鲤行动开始，现场报名抢奔驰 C200”的促销信息。××区市场监督管理局初步判断该促销行为涉嫌违法，经调查，其售楼中心内堂停有一辆奔驰 C200 汽车，宣传牌上有“现场报名抢奔驰 C200”等字样。通过询问销售人员和翻阅资料，证明促销活动属实。

【处理结果】

该公司为提高楼盘知名度策划主办此次有奖促销，凡购房者都有机会抽奖，最高奖为一辆奔驰 C200 汽车（运动版）的终身使用权，这辆奔驰 C200 的市场促销价在 30.28 万元以上，远高于《反不正当竞争法》第 10 条规定的经营者进行抽奖式有奖销售的，最高奖金额不得超过 5 万元。由此，市场监督管理部门责令涉案公司停止违法行为，并对其罚款20万元。

案例2

【违法事实】

A公司于2019年7月1日开始，在其公司房产项目售楼处设立有奖销售点，进行砸金蛋抽奖销售活动，现场有金蛋和奖品，购房者签订定金合同并缴纳定金后可以参加砸金蛋活动并获取奖品。其间2020年1月春节至2020年3月中旬因新冠肺炎疫情影响，售楼处关闭，未开展活动。2019年7月1日至2020年1月，该公司在砸金蛋活动现场公示了活动奖品种类、每种奖品中奖概率以及兑奖条件等情况，但未公布奖品的数量。从2020年3月中旬起，该公司售楼处仍举行砸金蛋活动，现场未公示所设奖的种类，中奖概率，奖品种类，数量，兑奖时间、地点、方式。

【处理结果】

A公司销售房屋后砸金蛋活动属有奖销售活动。A公司于2019年7月1日至2020年1月在砸金蛋活动现场未公示奖品的数量信息，于2020年3月中旬起在砸金蛋活动现场未公示所设奖的种类，中奖概率，奖品种类、数量，兑奖时间、地点、方式的行为，构成了有奖销售所设奖的种类，中奖概率，奖品种类、数量，兑奖时间、地点、方式不予公布的违法行为。责令A公司立即停止违法行为，处罚款人民币5万元。

4-3 纠正机制和合规路径

【纠正机制】

（1）立即停止违规行为。房地产企业应立即停止违规的有奖销售行为，以避免损害进一步扩大。

（2）内部整改和培训。房地产企业应加强对内部管理和销售人员的培训，确保销售人员了解相关法律法规和公司的销售政策，防止类似事件再次发生。

（3）对违规行为进行惩处。房地产企业应对违规的销售人员进行惩处，以示警告，同时也能够挽回购房者对房地产企业的信任和口碑。

（4）重新制定合规的销售方案。房地产企业应与法务、企划、财务、市场、IT 等部门协商，重新制定符合法律法规的有奖销售方案及规则要素，确保其合规性。

（5）持续关注并监督。房地产企业应持续关注有奖销售活动的开展情况，并对可能出现的问题进行及时监督和纠正。

【合规路径】

（1）建立合规机制。房地产企业应建立有奖销售合规机制，包括制定有奖销售的规则、流程和标准，明确各个环节的责任和要求，确保有奖销售活动的合规性。

（2）明确奖品信息。房地产企业应在有奖销售活动中明确奖品信息，包括奖品的种类、数量、价值、兑奖条件等，避免虚假宣传或误导购房者。

（3）确保兑奖公正。房地产企业应确保有奖销售活动的兑奖过程公正、透明，制定科学的兑奖规则和流程，避免内定中奖者或操纵兑奖结果。

（4）公开透明宣传。房地产企业在进行有奖销售宣传时，应保持公开透明，避免虚假宣传或误导购房者。同时，应明确告知购房者活动的时间、地点、参与方式、兑奖方式等信息。

（5）合理设置奖项。房地产企业在设置奖项时，应合理设置奖项的种类、数量和价值，避免过度承诺或虚假宣传。同时，应确保奖项的设置符合相关法律法规的规定。

（6）制定合规流程。房地产企业应制定有奖销售合规流程，包括审核流程、监督流程和应急处理流程等。审核流程应包括对奖项设置、宣传内容、兑奖结果等进行审核；监督流程应包括对整个有奖销售活动的监督和检查；应急处理流程应包括对突发事件的应对和处理。

（7）加强人员培训。房地产企业应对参与有奖销售活动的人员进行培训，包括法务、企划、财务、市场、IT 等部门的人员，确保他们了解相关的法律法规和公司的销售政策，提高他们的合规意识和风险意识。

（8）定期进行自查。房地产企业应定期对有奖销售活动进行自查，发现存在的问题和不足，及时进行整改和优化。同时，应积极配合监管部门的检查和监督，及时反馈问题和改进情况。

（9）建立危机处理机制。房地产企业应建立危机处理机制，对出现的违规行为或购房者投诉等事件进行及时处理，防止事态扩大，尽可能减少对企业的负面影响。

（五）售后返租

5－1 合规义务的来源及合规风险的识别

【合规义务的来源】

《商品房销售管理办法》

第十一条第一款　房地产开发企业不得采取返本销售或者变相返本销售的方式销售商品房。

第四十二条　房地产开发企业在销售商品房中有下列行为之一的，处以警告，责令限期改正，并可处以1万元以上3万元以下罚款。

……

（三）返本销售或者变相返本销售商品房的；

（四）采取售后包租或者变相售后包租方式销售未竣工商品房的；

……

《刑法》

第二百二十四条　【合同诈骗罪】有下列情形之一，以非法占有为目的，在签订、履行合同过程中，骗取对方当事人财物，数额较大的，处三年以下有期徒刑或者拘役，并处或者单处罚金；数额巨大或者有其他严重情节的，处三年以上十年以下有期徒刑，并处罚金；数额特别巨大或者有其他特别严重情节的，处十年以上有期徒刑或者无期徒刑，并处罚金或者没收财产：

……

《最高人民法院关于审理非法集资刑事案件具体应用法律若干问题的解释》

第二条　实施下列行为之一，符合本解释第一条第一款规定的条件的，应当依照刑法第一百七十六条的规定，以非法吸收公众存款罪定罪处罚：

（一）不具有房产销售的真实内容或者不以房产销售为主要目的，以返本销售、售后包租、约定回购、销售房产份额等方式非法吸收资金的；

……

第七条　以非法占有为目的，使用诈骗方法实施本解释第二条规定所列行为的，应当依照刑法第一百九十二条的规定，以集资诈骗罪定罪处罚。

使用诈骗方法非法集资，具有下列情形之一的，可以认定为“以非法占有为目的”：

（一）集资后不用于生产经营活动或者用于生产经营活动与筹集资金规模明显不成比例，致使集资款不能返还的；

……

【合规风险的识别】

“售后返租”行为是否合法，关键在于房地产企业是否以房屋销售为主要目的。如果房屋具备销售条件且行为人具有销售房屋的真实目的，则行为不构成犯罪，但仍可能因违反法律法规而受到行政处罚。若不具有销售房屋的真实内容或不以销售房屋为主要目的，但不具有非法占有目的，有可能构成非法吸收公众存款罪；若具有非法占有目的，则有可能构成合同诈骗罪、集资诈骗罪。

5-2 典型案例

【行政责任】

案例1："售后返租"的行政责任

【基本案情】

××项目2#至8#商铺的建设单位是A公司，该项目2#至8#商铺2016年预售，2#商铺2018年11月21日竣工验收，3#至8#商铺2018年12月29日竣工验收，截至2018年，该项目已售后返租商铺201套，涉及业主183人，返租金额约10,362万元。A公司在销售中，与业主签订《商品房买卖合同》，并由B公司与业主签订《委托经营合同》，合同约定由B公司经营管理业主的物业，委托经营管理期限为10年，前3年为业主无偿委托B公司经营管理，后7年由B公司每年以房款和营运保证金的合计金额的8%向业主支付收益和退还营运保证金。本案中B公司是A公司的全资子公司。

【处理结果】

经调查认定，A公司存在以下违法行为：采取变相售后包租方式销售未竣工商品房。A公司的行为违反了《商品房销售管理办法》第11条第2款的规定，根据《商品房销售管理办法》第42条第4项的规定，对A公司处以警告，责令30日内改正，并处30,000元罚款的行政处罚。

【刑事责任】

案例2：非法吸收公众存款罪

【基本案情】

2013年2月，A公司经研究，由彭某（另案处理）决定将规划性质为物业、仓储等的××项目1号楼地下一层作为商铺销售，法定代表人彭某对商铺的销售进行监管、审批，并且由被告人燕某、焦某、严某等人负责和购房户签订《商品房买卖合同》《商铺委托经营合同》进行售后返租，承诺给付购房款的11%至12%的收益（半年支付）。经审计，2015年5月前，A公司共非法吸收公众存款7715.1983万元人民币，案发前，已退购房户款额259.9727万元，支付利息1764.470,508万元人民币，实际损失5712.710,297万元人民币。破案后，侦查机关扣押600万元人民币。被告人焦某在为A公司销售涉案地下一层商铺时，收取的佣金为销售额的5%，并按照销售业绩1.5%支付销售团队普通业务员提成，按照整组销售业绩0.5%支付销售主管提成，按照团队销售业绩0.1%支付团队经理提成，被告人焦某的违法所得为2,237,408元。

【裁判要旨】

A公司虽系有相关资质的房地产开发企业，而其开发的××项目地下一层用途为仓储，性质为物业、人防等非卖房，不属商业用房或住宅，不具备真实的商业用房或住宅的销售内容，但该A公司却将该地下一层建筑物分割后作为商铺，以售后包租并支付租金的方式向社会公众进行销售，其并非以房产销售为主要目的，而是向社会不特定公众非法吸收资金，且所吸收的公众存款归单位所得，其行为在本质上属于变相吸收公众存款，系单位犯罪。被告人燕某、焦某、严某在公司工作期间，直接组织、参与、实施对外宣传、与集资参与人签订合同、收取钱款等行为，系单位犯罪的直接责任人。

【处理结果】

(1) 被告人燕某犯非法吸收公众存款罪，判处有期徒刑3年2个月，并处罚金5万元。退缴违法所得3,353,000元，予以没收，上缴国库。

(2) 被告人严某犯非法吸收公众存款罪，判处有期徒刑3年5个月，并处罚金5万元。退缴违法所得20万元，予以没收，上缴国库。

(3) 被告人焦某犯非法吸收公众存款罪，判处有期徒刑3年，缓刑3年，并处罚金5万元。退缴违法所得2,237,408元，按照A公司非法吸收公众存款案件中各集资参与人损失比例发还各集资参与人。

案例3：合同诈骗罪

【基本案情】

被告高某将已被抵押、无法办理贷款的房产隔成小间，对外宣称售后返租、5年后原价回购。2011年3月，高某因企业经营不善，多笔贷款到期无法偿还，其本人及亲属名下公司法定代表人、股东均变更为浙江农民杨某、杨某。同年4月，高某关闭通讯工具、关停厂房后逃匿。

【裁判要旨】

被告人高某以非法占有为目的，隐瞒房产已被抵押、无法办理贷款、未经主管部门备案许可等事实，对外宣称售后返租、5年后原价回购、年收益8%以上，诱骗被害人购买房产，共计骗取34名被害人购房款共计4,987,678元。后因企业经营不善，贷款无法偿还，房屋无法按约定交付等原因，携款逃匿。区分非法吸收公众存款罪和合同诈骗罪的关键是被告人高某是否具有非法占有的故意。经查，被告人高某先隐瞒涉案房屋已经抵押的事实向被害人出售，并承诺没有产权及债权债务纠纷，保证在2011年7月31日交房前将产权证、土地证交付被害人；当发现涉案房屋销售并未达到其理想状态时，即携款潜逃，足以证明被告人高某具有非法占有的故意，符合《刑法》第224条第4项“收受对方当事人给付的货物、货款、预付款或者担保财产后逃匿的”，构成合同诈骗罪。

【处理结果】

（1）被告人高某犯合同诈骗罪，判处有期徒刑11年，并处罚金人民币40万元。（2）责令被告人高某退出违法所得人民币4,987,678元，发还被害人。

案例4：集资诈骗罪

【基本案情】

某市××号房产（权属人A公司）于2010年3月26日已抵押给某银行，于2011年9月19日被法院查封。2011年11月至2012年10月，被告人张某未经有关部门依法批准，通过电视、传单等途径，向社会公开宣传上述已被查封的“某复式公寓及别墅”，承诺高额、长期投资回报，收取款项合计8,494,790元，并将大部分款项用于归还银行贷款、个人借款，并未按照约定用于上述房屋装修，到期未交付被害人实际使用。

【裁判要旨】

被告人张某在欠下巨额贷款、借款后，未用于实际项目经营，在非法募集资金后，将大部分集资款用于偿还银行贷款、个人借款，后在明知项目无法经营，投资人的款项无法退还的情况下，直接出逃国外，足以证明被告人张某具有非法占有的主观故意，构成集资诈骗罪。

【处理结果】

（1）被告人张某犯集资诈骗罪，判处有期徒刑11年，并处罚金30万元。（2）责令被告人张某退赔违法所得给各被害人。

5-3　纠正机制和合规路径

【纠正机制】

（1）协商解决。房地产企业可以尝试与购房者协商解决问题，通过协商达成一致，以避免购房者采取进一步的行动。

（2）完善相关制度。房地产企业应该完善售后返租的相关制度，制度的制定应该符合相关法律法规的规定。

（3）加强监管。房地产企业应该加强对售后返租行为的监管，包括对租户的租赁行为、租金收取、物业管理等方面进行监督和管理。

（4）配合相关部门调查。如果房地产企业的售后返租行为被相关部门调查，房地产企业应该积极配合，及时行使陈述、申辩等权利。

【合规路径】

（1）遵守相关法律法规。房地产企业应当严格遵守《商品房销售管理办法》《消费者权益保护法》等法律法规，确保售后返租行为符合规定。

（2）合理规划售后返租方案。房地产企业应当根据项目实际情况，制定合理的售后返租方案，包括租赁期限、租金标准、物业管理等方面，避免过度承诺或虚假宣传。

（3）完善合同条款。房地产企业应当与买受人签订完善的商品房买卖合同和房屋租赁合同，明确双方的权利和义务。合同条款应当清晰、完整，不含有歧义或误导性内容。

（4）加强风险控制。房地产企业应当建立完善的风险控制机制，对售后返租过程中可能出现的风险进行预防和控制。例如，对购房者/承租人的资格进行审查、对租金收益进行合理评估等。

（5）加强监管和培训。房地产企业应当加强对售后返租行为的监管和培训，确保相关工作人员了解法律法规和公司的销售政策，提高他们的合规意识和风险意识。

（6）建立危机处理机制。房地产企业应当建立危机处理机制，对出现的售后返租问题进行及时处理，防止事态扩大，尽可能减少对自身的负面影响。

第四节　销售文件合规

为规范商品房买卖合同行为，住房和城乡建设部、原国家工商行政管理总局于2014年制定了预售和现售《商品房买卖合同》示范文本，随即各地方陆续出台并实施地方《商品房买卖合同》示范文本。后住房和城乡建设部于2015年下发《房屋交易与产权管理工作导则》对网签备案《商品房买卖合同》的流程进行了规范。住房和城乡建设部另于2018年下发《住房和城乡建设部关于进一步规范和加强房屋网签备案工作的指导意见》，要求在全国城市规划区国有土地范围内全面实行房屋交易合同网签备案，加快推进房屋网签备案系统全国联网工作。实践中，常见的销售文件不合规行为有预售合同未备案、销售文件约定保修年限与法律法规规定不一致等。

（一）预售合同未备案

1-1 合规义务的来源及合规风险的识别

【合规义务的来源】

《城市房地产管理法》

第四十五条第二款 商品房预售人应当按照国家有关规定将预售合同报县级以上人民政府房产管理部门和土地管理部门登记备案。

《城市房地产开发经营管理条例》

第二十七条第二款 房地产开发企业应当自商品房预售合同签订之日起30日内，到商品房所在地的县级以上人民政府房地产开发主管部门和负责土地管理工作的部门备案。

《城市商品房预售管理办法》

第十条 商品房预售，开发企业应当与承购人签订商品房预售合同。开发企业应当自签约之日起30日内，向房地产管理部门和市、县人民政府土地管理部门办理商品房预售合同登记备案手续。房地产管理部门应当积极应用网络信息技术，逐步推行商品房预售合同网上登记备案。商品房预售合同登记备案手续可以委托代理人办理。委托代理人办理的，应当有书面委托书。

各地就房地产企业未办理预售合同备案登记颁发地方性法规等规范性文件，明确相应处罚，如：

《天津市商品房管理条例》

第三十八条 违反本条例，有下列行为之一的，由房地产行政主管部门给予行政处罚：

……

（五）房地产开发企业违反本条例第二十二条第二款规定，未办理商品房买卖合同备案的，责令改正；拒不改正的，处以一万元以下罚款。

《厦门市商品房预售管理规定》

第三十七条　预售人有下列行为之一的，由预售主管部门责令限期改正，并可处10000元以上30000元以下罚款，记入预售人信用档案：

……

（三）违反本规定第二十条第二款规定，未备案商品房买卖合同的。

……

《郑州市商品房销售管理办法》

第四十六条　房地产开发企业有下列行为之一的，由市、县（市）、上街区城市管理综合执法部门责令改正，并可处以10000元以上30000元以下罚款：

……

（二）商品房现售前未到房地产管理部门登记备案的。

……

【合规风险的识别】

房地产企业预售商品房与买受人签订商品房预售合同后，房地产企业应当自签约之日起30日内，向房地产管理部门和市、县人民政府土地管理部门办理商品房预售合同登记备案手续。未到房地产管理部门登记备案的，可能被处以罚款、记入预售人信用档案。

1-2　典型案例

案例1

【基本案情】

A公司开发建设的某小区2号楼某房屋，未按规定将《商品房买卖合同》报房地产管理部门登记备案，违反了《某市商品房销售管理办法》第28条“房地产开发企业和买受人在依法签订商品房预售合同后，房地产开发企业应在30日内，报市、县（市）、上街区房地产管理部门登记备案”的规定。

【处理结果】

依据《某市商品房销售管理办法》第47条的规定，某市城市综合执法局对A公司处以罚款1500元的行政处罚。

案例2

【基本案情】

2018年4月，A公司在某街道开发经营某项目，实际销售753套房屋。当事人与购房者均签订了《商品房买卖合同》、《补充协议》及《补充协议（二)》。上述已签订的合同及其补充协议均由当事人预先拟定，内容相同。其中《商品房买卖合同》及附件已在使用前报行政部门备案，但《补充协议（二)》未按要求备案。A公司与购房者有关房屋买卖合同的《补充协议（二)》采用格式条款，未在开始使用该格式条款之日起30日内将合同样本报核发营业执照的工商行政管理部门备案，违反了《某省合同行为管理监督规定》的规定。

【处理结果】

对A公司未将格式条款订立的合同报管理部门备案的行为，依据《某省合同行为管理监督规定》第27条的规定，决定责令当事人限期10日内改正，并予警告。

1-3　纠正机制和合规路径

【纠正机制】

（1）及时进行合同备案。房地产企业应尽快将购房合同提交给行政部门进行备案登记、并查明迟延备案原因。若因工作人员怠于备案导致迟延备案，应当及时予以纠正。若因行政机关政策限制备案数量导致延迟备案，应及时做好对买受人的解释工作，消除误解。

（2）接受监督。房地产企业应接受政府相关部门和购房者的监督，及时回应质疑和投诉，确保自身行为的合法性和合规性。

【合规路径】

(1) 加强监管。房地产企业应加强对销售过程的监管，确保所有销售活动都符合相关法律法规和规定。

(2) 强化培训。房地产企业应针对销售团队进行专业培训，提高团队成员的法律意识和专业素养，以避免在销售过程中出现违规行为。

(3) 完善流程。房地产企业应优化销售流程，确保每个环节都符合相关法律法规和规定。

(二) 销售文件约定保修年限与国家相关规定不一致

2-1 合规义务的来源及合规风险的识别

【合规义务的来源】

《建设工程质量管理条例》

第四十条　在正常使用条件下，建设工程的最低保修期限为：

(一) 基础设施工程、房屋建筑的地基基础工程和主体结构工程，为设计文件规定的该工程的合理使用年限；

(二) 屋面防水工程、有防水要求的卫生间、房间和外墙面的防渗漏，为5年；

(三) 供热与供冷系统，为2个采暖期、供冷期；

(四) 电气管线、给排水管道、设备安装和装修工程，为2年。

其他项目的保修期限由发包方与承包方约定。

建设工程的保修期，自竣工验收合格之日起计算。

《商品房销售管理办法》

第三十三条　房地产开发企业应当对所售商品房承担质量保修责任。当事人应当在合同中就保修范围、保修期限、保修责任等内容做出约定。保修期从交付之日起计算。

商品住宅的保修期限不得低于建设工程承包单位向建设单位出具的质量保修书约定保修期的存续期；存续期少于《规定》中确定的最低

保修期限的，保修期不得低于《规定》中确定的最低保修期限。

非住宅商品房的保修期限不得低于建设工程承包单位向建设单位出具的质量保修书约定保修期的存续期。

在保修期限内发生的属于保修范围的质量问题，房地产开发企业应当履行保修义务，并对造成的损失承担赔偿责任。因不可抗力或者使用不当造成的损坏，房地产开发企业不承担责任。

【合规风险的识别】

房地产企业约定的保修期若少于《建设工程质量管理条例》规定时间，司法实践中，北京市高级人民法院、四川省高级人民法院、浙江省高级人民法院等地均规定合同中约定的保修期限低于国家和省规定的最低期限的，该约定无效。

2-2 典型案例

【基本案情】

A公司上诉主张案涉工程除防水工程以外其余分项工程的保修期均已届满，B公司应返还除防水工程以外其余分项工程质保金，但其未提供证据证明保修项目中各分项工程的具体保修金数额。经查，当事方签订的《建设工程施工合同》的附件3《工程质量保修书》对电气管线、给排水管道、设备安装和装修工程的保修期的约定为1年。

【裁判要旨】

根据《建设工程质量管理条例》第40条的规定，电气管线、给排水管道、设备安装工程和装修工程的最低保修期限为2年。《建设工程质量管理条例》第2条第1款规定："凡在中华人民共和国境内从事建设工程的新建、扩建、改建等有关活动及实施对建设工程质量监督管理的，必须遵守本条例。"质量保修期限属于行政法规的强制性规定，当事人约定的质量保修期限短于《建设工程质量管理条例》规定的最低保修期限的，应当适用《建设工程质量管理条例》的规定。因此，案涉工程中电气管线、给排水管道、设备安装和装修工程的保修期应当认定为2年。本案中，案涉工程于2017年12月4日竣工验收，根据《建设工程质量管理条例》及当事方对保修期与保修金返还的约定，案涉工程中防水工程及电气管线、给排水管道、设备安装和装修等工程保修期均未届满，上述工程质保金未至返还期限。鉴于A公司交付工程存在质量问题及工程最长保修项目的保修期限尚未届满，A公司、B公司亦未提供证据证明各分项工程质保金具体数额，根据《最高人民法院关于适用的解释》第90条的规定，本案中，对于A公司主张返还工程质量保证金的上诉请求，法院未予支持。

【处理结果】

（1）撤销某高级人民法院（2018）某号判决；（2）B公司于判决生效后10日内向A公司支付工程款18,053,140.52元及逾期支付工程款违约金4,142,824元；（3）驳回A公司、B公司其他上诉请求。

2－3 纠正机制和合规路径

【纠正机制】

（1）协商解决。房地产企业可以尝试与买受人协商解决问题，通过协商达成一致，以避免争议扩大。

（2）及时采取纠正措施。根据国家相关法律法规，房地产企业对其销售的商品房应当承担质量保修责任，具体保修期限根据房屋的种类、建筑结构、使用性质等因素来确定。如果房地产企业提供的保修时间比国家规定的时间短，可能会引起买受人的不满和投诉，为增强买受人对开发商的信任度和满意度，房地产企业须按照法定期限履行保修义务。

（3）寻求专业律师帮助。如果房地产企业与买受人的纠纷无法协商解决，可以咨询专业律师的意见，利用司法程序解决问题。

【合规路径】

（1）遵守相关法律法规。房地产企业应严格遵守《商品房销售管理办法》等法律法规，对所售商品房承担质量保修责任，并在合同中就保修范围、保修期限、保修责任等内容作出约定。

（2）合理设定保修期。房地产企业应根据商品房买卖合同以及房地产企业提供的质量保证书约定，设定合理的保修期，遵守国家、地方相关保修规定。

（3）公示保修信息。房地产企业应将保修期限、保修范围、保修责任等内容在合同中明确，并在销售现场进行公示，以便买受人了解。

第五节　销售资金监管合规

商品房预售资金监管是为了保证开发商能按期交付房屋，防止购房款被挪用。住房和城乡建设部发布的《关于进一步加强房地产市场监管完善商品住房预售制度有关问题的通知》规定，“完善预售资金监管机制。各地要加快完善商品住房预售资金监管制度。尚未建立监管制度的地方，要加快制定本地区商品住房预售资金监管办法。商品住房预售资金要全部纳入监管账户，由监管机构负责监管，确保预售资金用于商品住房项目工程建设；预售资金可按建设进度进行核拨，但必须留有足够的资金保证建设工程竣工交付”。

《城市商品房预售管理办法》第 11 条规定，“开发企业预售商品房所得款项应当用于有关的工程建设。商品房预售款监管的具体办法，由房地产管理部门制定”。实践中，在预售资金监管方面，各地区基本施行“一城一策”，即各地区出台相应的“预售资金监督管理办法”和“预售资金监督管理实施细则”，并按照“重点监管资金 + 一般监管资金”的框架进行监管。例如：

山西省《商品房预售资金监管办法》第 12 条规定：“商品房预售资金应当全部直接存入监管账户，不得存入其他账户。房地产开发企业与购房人签订商品房预售合同后，应当向购房人开具监管账户缴款单。购房人应当凭缴款单，将全部购房价款直接存入监管账户。购房人申请商业银行按揭贷款和住房公积金贷款的，监管账户作为贷款唯一到账账户。”第 13 条规定：“有关部门办理商品房预售合同网签备案时，应当核对预售资金已存入监管账户的凭证。对于未按规定将预售资金存入监管账户的，不得办理商品房预售合同网签备案。”第 24 条规定：“房地产开发企业和购房人之间解除商品房预售合同的，应共同到有关部门申请撤销商品房预售合同网签备案，有关部门审核准予撤销的，监管部门出具《商品房预售资金退款通知书》。监管银行按照《商品房预售资金退款通知书》，将监管资金退回购房人指定的交易资金结算个人账户和贷款银行账户。”

《淄博市房地产开发经营管理条例》第 34 条规定：“房地产开发企业申请商品房预售许可前，应当选择监管银行名录内的商业银行开立商品房预售资金监管专用账户，并与监管银行、住房城乡建设主管部门签订预售资金监管协议。商品房预售资金应当全部存入监管账户，用于预售项目工程建设。房地产开发企业不得直接收存预售资金。住房城乡建设主管部门应当建立查询渠道，为买受人提供预售房款入账、监管解除等查询服务。住房城乡建设主管部门可以根据房地产开发企业信用、资质等级情况，按照有关规定调整商品房预售资金留存比例。房地产开发项目达到商品房交付条件并且办理不动产首次登记后，方可解除商品房预售资金监管。支持房地产开发企业规范使用商业银行独立保函置换预售监管资金。”

实践中，房地产开发企业易出现预售资金不入监管账户、擅自挪用预售监管资金等不合规行为。

（一）预售资金不入监管账户

1－1 合规义务的来源及合规风险的识别

【合规义务的来源】

部分地区对违规收取预售资金不入监管账户的规定：

《武汉市新建商品房预售资金监管实施细则》

第三十五条　开发企业应协助购房人将全部房价款交入监管账户，并按规定使用资金，应提交真实、有效的申请材料办理新建商品房预售资金监管的相关手续。开发企业若不按规定使用新建商品房预售资金、不按规定将房价款存入监管账户、以收取其他款项为名变相逃避监管、以及提交虚假的材料办理新建商品房预售资金监管相关手续，由监管机构责令其限期改正、暂停监管资金拨付，逾期不改的，由监管部门关闭该项目商品房买卖合同网上签约，同时记入开发企业信用档案并向社会公示。

山西省《商品房预售资金监管办法》

第二十三条　预售人与监管银行或者监管项目的工程监理单位相互串通设立虚假资金账户逃避监管或者违规使用商品房预售资金的，由其主管部门责令限期改正，造成严重后果的，应当依法追究法律责任。

《淄博市房地产开发经营管理条例》

第四十六条　违反本条例规定，房地产开发企业未将商品房预售资金全部存入监管账户的，由城乡建设主管部门责令限期改正；逾期不改正的，处十万元以上五十万元以下罚款。

《关于进一步规范杭州市商品房预售资金监管的通知》

开发企业违反规定的，应承担相应的法律责任。监管机构责令其整改，整改期间暂停网签备案，并可将其违规行为记入企业信用信息系统，向社会公示。

《厦门市商品房预售管理规定》

第三十七条　预售人有下列行为之一的，由预售主管部门责令限期改正，并可处10000元以上30000元以下罚款，记入预售人信用档案：

……

（四）违反本规定第二十八条第一款规定，未将商品房预售资金全部存入商品房预售资金监管专用账户的；

……

【合规风险的识别】

在《城市商品房预售管理办法》原则性规定指引下，各地均发布细则规范预售资金的监管。若房地产开发企业收取预售资金未打入监管账户，监管机构可处以罚款、责令整改，整改期间暂停网签备案，并可将其违规行为记入企业信用信息系统，向社会公示。

1-2 典型案例

【违法事实】

2022年1月，有购房者向某市住房保障和房产管理局举报A公司于2018年向其销售某商品房项目1号楼时，存在未将预售商品房所得款项全部存入预售资金专用存款账户的行为。

【处理结果】

按照相关规定，需要存入预售资金监管账户的商品房预售资金包括首付款、分期付款、一次性付款、银行按揭贷款、住房公积金贷款等。某市住房保障和房产管理局根据举报人提供的线索并调查核实，举报人的购房款实际并未进入监管账户。某市住房保障和房产管理局根据相关规定，要求A公司停止违法行为并罚款10万元。

1-3 纠正机制和合规路径

【纠正机制】

（1）按照规定将商品房预售资金存入监管账户，确保资金安全。

（2）重新审查和评估公司的财务状况和偿债能力，确保公司的财务稳健。

（3）完善公司的资金管理制度，防止类似的问题再次发生。

（4）对公司内部的财务流程和操作进行全面检查和整改，确保公司的财务操作合法、合规。

（5）加强与监管部门的沟通和合作，积极配合监管部门的工作，遵守相关法律法规和规定。

（6）针对问题进行整改，并对相关责任人进行严肃处理，防止类似问题再次发生。

【合规路径】

（1）建立资金监管制度。房地产企业应建立完善的资金监管制度，明确销售资金监管的范围、标准、程序和责任。同时，房地产企业应制定相应的内部审批流程和风险控制措施，确保销售资金的安全性和合规性。

（2）设立资金监管账户。房地产企业应在银行开设专门的资金监管账户，用于存放销售资金。房地产企业应与银行签订协议，明确双方的权利和义务，并指定专人负责监督账户的管理和使用。

（3）规范销售资金收付。房地产企业应按照相关法律法规和规定，规范销售资金的收付行为。房地产企业应在签订购房合同后，及时将购房款项存入监管账户，并按照合同约定的时间和方式进行支付。

（4）强化资金使用管理。房地产企业应严格控制销售资金的使用，确保资金使用符合相关法律法规和规定。房地产企业应制订资金使用计划，明确资金使用的范围、标准和程序，并按照计划进行审批和使用。

（5）加强内部审计和监督。房地产企业应加强内部审计和监督，确保销售资金监管制度的执行和效果。房地产企业应定期对销售资金进行审计和检查，及时发现和纠正问题，并按照规定进行报告和披露。

（二）擅自挪用预售资金

2－1　合规义务的来源及合规风险的识别

【合规义务的来源】

《城市商品房预售管理办法》

第十一条　开发企业预售商品房所得款项应当用于有关的工程建设。

商品房预售款监管的具体办法，由房地产管理部门制定。

第十四条 开发企业不按规定使用商品房预售款项的，由房地产管理部门责令限期纠正，并可处以违法所得3倍以下但不超过3万元的罚款。

《西安市商品房预售资金监督管理办法》

第二十七条 开发企业未按规定收取、支出、使用商品房预售资金，要求贷款银行将购房贷款划转至监管账户以外的账户，用监管账户归集其他性质的资金，提供虚假资料以获取商品房预售资金，或存在其他违规行为的，由项目辖区住房建设行政主管部门或开发区管委会依法依规查处。

【合规风险的识别】

房地产企业申请提取监管资金，需要遵守各地区有关资金监管的相关规定。若未达到申请节点，房地产企业提供虚假材料提前申请提取预售资金、未按规定使用商品房预售资金或有其他违反规定或监管协议的行为，将构成挪用监管资金，监管部门有权责任改正、处以违法所得3倍以下但不超过3万元的罚款，构成犯罪的，依法追究刑事责任。

2-2 典型案例

【违法事实】

某市××地块项目由A公司开发建设，于2020年6月4日、2021年3月1日分别取得A（A1-1）地块Ⅰ、A（A1-1）地块Ⅱ的商品房预售许可证。项目建设期间，预售资金监管系统核查显示，××地块项目共支出材料、工程款、设计款、营销费用等约3.85亿元，其中A公司、B公司共计支出材料款3.14亿元。而A公司、B公司均为C集团关联公司。

【处理结果】

A公司涉嫌违规使用预售资金监管账户资金，违反了《城市商品房预售管理办法》第11条第1款的规定。相关部门责令A公司按建设行政管理部门意见完成整改，并罚款人民币3万元。

2-3 纠正机制和合规路径

【纠正机制】

（1）立即停止挪用预售资金。房地产企业应该立即停止挪用预售资金，并采取措施将资金归还到指定的账户上。

（2）制订还款计划。房地产企业应该制定还款计划，并按照计划及时归还挪用的预售资金。

（3）加强内部管理。房地产企业应该加强内部管理，确保资金使用合法合规，并避免再次发生挪用资金的情况。

（4）接受监管机构的调查。如果挪用资金的情况被监管机构发现，房地产企业应该积极配合监管机构的调查，争取减轻处罚。

【合规路径】

（1）建立完善的内部控制体系。房地产企业应建立完善的内部控制体系，包括资金管理、财务审计、风险管理等方面的制度。通过加强内部控制，确保公司对监管资金的管理和使用符合相关法律法规和规定。

（2）设立独立的资金监管账户。房地产企业应在银行设立独立的资金监管账户，用于存放监管资金。房地产企业应与银行签订协议，明确双方的权利和义务，并指定专人负责监督账户的管理和使用。

（3）严格把控资金收付流程。房地产企业应制定严格的资金收付流程，确保监管资金的收取和使用符合规定。房地产企业应在签订购房合同后，应及时将购房款项存入监管账户，并按照合同约定时间和方式进行支付。

（4）定期进行内部审计和检查。房地产企业应定期对监管资金进行内部审计和检查，确保资金使用符合规定。房地产企业还应加强与监管部门的沟通和合作，及时反馈监管部门提出的问题和建议。

（5）建立风险预警机制。房地产企业应建立风险预警机制，及时发现和防范监管资金被挪用的风险。房地产企业应制定风险应对预案，明确应对措施和责任人，并按照预案进行应急处理。

（6）加强对相关人员的培训和教育。房地产企业应加强对相关人员的培训和教育，提高他们对监管资金重要性的认识和管理水平。同时，房地产企业还应建立奖惩机制，对违规行为进行严肃处理，以起到震慑作用。

第五章　物业管理及商业运营合规

第一节　物业管理合规

物业管理的概念最早自19世纪60年代出现，距今已经有150余年的历史，早期的物业管理与现在有较大的差别。进入20世纪后，随着商业、酒店、写字楼等不同业态的快速发展，美国以及欧洲均出台较多法律法规去规制行业的发展，也成立了较多物业协会进行内部规范。

基于我国的国家制度及经济发展状况，物业管理行业起步较西方国家晚，1988年深圳经济特区进行第一次住房制度改革，发布《深圳经济特区住房制度改革方案》，在国内率先取消了计划经济体制下的福利分配的模式，开创了住房市场化的新模式，物业管理也随着住房市场化的发展而进步，但此时的物业管理行业还是以政府主导为主。进入21世纪后，随着我国经济的飞速发展，各种不同业态的物业，如医院、学校、商场、工业园的基础建设的规模化发展，带动物业管理企业从政府主导转向企业自主发展。近年来，在资本市场的助推和吸引之下，物业管理行业出现了并购和上市的趋势。

2003年国务院出台了《物业管理条例》，对物业管理的概念、业主及业主大会、前期物业管理、物业服务、物业的使用与维护以及法律责任等整个体系进行了完整的规范，该行政法规经过2007年、2016年及2018年的三次修订，目前仍有效。2007年出台的《物权法》亦对聘请物业服务企业对小区进行管理进行了规范，在更高的法律效力位阶上，对物业管理进行了定义。2021年1月1日起实施的《民法典》在合同编中单独对物业服务合同进行了规范，并在“业主的建筑物区分所有权”部分中对物业服务进行了详细规范。

物业服务企业的类型多样，本章重点就住宅项目物业管理合规进行展开，结合相关实践中发生的案例进行分析，研究房地产开发企业及物业服务企业在物业管理方面的合规路径以及发生不合规现象时的纠正方案。

一、房企住宅前期物业招投标程序合规

1-1 合规义务的来源及合规风险的识别

【合规义务的来源】

《物业管理条例》

第三条 国家提倡业主通过公开、公平、公正的市场竞争机制选择物业服务企业。

第二十四条 国家提倡建设单位按照房地产开发与物业管理相分离的原则，通过招投标的方式选聘物业服务企业。

住宅物业的建设单位，应当通过招投标的方式选聘物业服务企业；投标人少于3个或者住宅规模较小的，经物业所在地的区、县人民政府房地产行政主管部门批准，可以采用协议方式选聘物业服务企业。

第五十六条 住宅物业的建设单位未通过招投标的方式选聘物业服务企业或者未经批准，擅自采用协议方式选聘物业服务企业的，由县级以上地方人民政府房地产行政主管部门责令限期改正，给予警告，可以并处10万元以下的罚款。

《浙江省物业管理条例》

第二十条第三款 住宅物业的建设单位应当通过招标投标方式选聘物业服务企业。但是，投标人少于三个或者物业管理区域的建筑面积较小的，经所在地县级物业主管部门同意，建设单位可以采取协议方式选聘物业服务企业。

《杭州市物业管理条例》

第四十三条第二款 含有住宅物业的建设项目，应当采用公开招标

方式选聘物业服务人；投标人少于三个或者物业管理区域的物业总建筑面积较小的，经所在地的区、县（市）房产主管部门批准，可以采用协议方式选聘物业服务人。

《招标投标法》

第三十二条 投标人不得相互串通投标报价，不得排挤其他投标人的公平竞争，损害招标人或者其他投标人的合法权益。

投标人不得与招标人串通投标，损害国家利益、社会公共利益或者他人的合法权益。

禁止投标人以向招标人或者评标委员会成员行贿的手段谋取中标。

第五十三条 投标人相互串通投标或者与招标人串通投标的，投标人以向招标人或者评标委员会成员行贿的手段谋取中标的，中标无效，处中标项目金额千分之五以上千分之十以下的罚款，对单位直接负责的主管人员和其他直接责任人员处单位罚款数额百分之五以上百分之十以下的罚款；有违法所得的，并处没收违法所得；情节严重的，取消其一年至二年内参加依法必须进行招标的项目的投标资格并予以公告，直至由工商行政管理机关吊销营业执照；构成犯罪的，依法追究刑事责任。给他人造成损失的，依法承担赔偿责任。

【合规风险的识别】

不论是在国家层面还是在地方层面，政府主管部门均对于住宅类项目的前期物业的聘用程序进行了严格的规制，房地产开发企业必须通过公开招投标的方式来选聘物业服务企业，仅在参与投标的企业少于 3 家或该住宅项目的总建筑面积很小的情况下，才允许房地产开发企业向项目所在地县级物业主管部门进行书面申请，经同意后，方可通过协议方式选聘物业服务企业。

因此，房地产开发企业在选聘前期物业服务企业的时候需要格外注意，房地产开发企业不得：（1）直接指定（未通过公开招投标的方式选聘）某家物业服务企业并直接与其签订物业服务协议；（2）在未向项目所在地县级物业主管部门进行书面申请并取得同意的情况下（未通过公开招投标方式）协议选择某家物业服务企业提供服务；（3）通过串通投标的方式指定某家物业服务企业中标。前述行为均是典型的前期物业选聘程序不合规的行为。

1-2 典型案例

案例1

【违法事实】

2016年8月，甲某（另案处理）在事先得知A小区前期物业管理项目将于2016年8月底向社会公开招标，而其本人所在的物业公司不符合此次投标要求的情况下，邀请B物业公司（另案处理）负责人乙某在咖啡厅就A小区前期物业管理项目进行串通安排：甲某个人借用B物业公司的名义参与投标，并确定B物业公司作为中标单位，再由乙某负责邀请其他符合投标条件的物业公司参与投标，作为陪标单位，中标以后由甲某以B物业公司的名义对该项目进行经营管理，同时甲某承诺待投标成功后给予当事人B物业公司该投标工程额（180万元）中5%（9万元）的中标好处费，给予陪标单位5000元的陪标好处费。2016年9月，乙某找到C物业公司负责人另就D小区前期物业管理项目进行陪标，将C物业公司评分占比最高的技术标标书交由乙某制作，以便达到串通目的。2016年9月，乙某将串通标书放置于其本人车内，并向公共资源交易中心缴纳5万元投标保证金，准备于2016年9月19日下午参加该次招投标，后于2016年9月19日投标当天上午被该市纪委介入调查，此次投标未能顺利开标，中标好处费和陪标好处费均未兑现。

【处理结果】

根据《招标投标法》第53条、《招标投标法实施条例》第67条，该市市场监督管理局于2016年11月8日作出如下行政处罚：对C物业公司罚款9000元；对其直接责任人罚款450元。

根据另案行政处罚查询结果，当事人甲某被该市市场监督管理局以串通招标投标处以罚款 16,000 元；B 物业公司被处以罚款 12,000 元；B 公司直接责任人被处以罚款 720 元。

案例 2

【违法事实】

某市 A 房产公司开发建设了 × × 小区，建筑面积 254,225.67 平方米。A 房产公司于 2020 年 7 月 1 日通过非招投标方式选聘了 B 物业服务有限公司作为该小区的前期物业服务企业，随后该物业服务企业于 2020 年 7 月 1 日便进驻小区开始提供前期物业服务。

【处理结果】

A 房产公司的行为违反了《物业管理条例》第 24 条第 2 款“住宅物业的建设单位，应当通过招投标的方式选聘物业服务企业”的规定，某市综合行政执法局于 2021 年 10 月 18 日向 A 房产公司送达了行政处罚听证告知书，A 公司未在规定的时间内向综合行政执法局提出陈述、申辩以及要求听证，视为放弃陈述、申辩以及要求听证的权利。根据《物业管理条例》第 56 条的规定，该市综合行政执法局于 2021 年 10 月 26 日对 A 房产公司作出如下行政处罚：警告；处以人民币 29,000 元的罚款。

1-3　纠正机制和合规路径

【纠正机制】

房地产企业在前期物业招投标时，如果发现物业公司存在串标或陪标的情况，尚未完成招标行为的应当立即停止；已经中标的应当与投标人协商解除合同；如相关主体已受到相关主管部门的行政处罚，则建议配合主管部门的调查并及时支付罚款、消除影响。如果认为主管部门行政处罚程序或处罚结果不当，可以要求听证、要求行政复议或提起行政诉讼等。

【合规路径】

（1）房地产企业、物业公司可设立监察部门或岗位，设立违规举报专线，建立陪标、串标行为发生后的叫停机制。

（2）房地产企业、物业公司应当健全公司制度，就招投标合规设立专门的管理制度进行约束；公司负责人应提高合规意识，不主动串标也不配合其他公司进行串标，维护负责人及公司的形象信誉。

（3）住宅前期物业服务必须通过公开招投标的方式进行（投标人少于3个或者物业管理区域的物业总建筑面积较小的除外），未经法定程序直接指定物业公司或在招投标程序中进行串标等违规行为的均将受到行政处罚。

二、房企办理物业承接查验手续合规

2-1 合规义务的来源及合规风险的识别

【合规义务的来源】

《物业管理条例》

第二十八条　物业服务企业承接物业时，应当对物业共用部位、共用设施设备进行查验。

第二十九条　在办理物业承接验收手续时，建设单位应当向物业服务企业移交下列资料：

（一）竣工总平面图，单体建筑、结构、设备竣工图，配套设施、地下管网工程竣工图等竣工验收资料；

（二）设施设备的安装、使用和维护保养等技术资料；

（三）物业质量保修文件和物业使用说明文件；

（四）物业管理所必需的其他资料。

物业服务企业应当在前期物业服务合同终止时将上述资料移交给业主委员会。

第五十八条　违反本条例的规定，不移交有关资料的，由县级以上地方人民政府房地产行政主管部门责令限期改正；逾期仍不移交有关资料的，对建设单位、物业服务企业予以通报，处1万元以上10万元以下的罚款。

部分地区物业查验时需移交的资料：

《北京市物业管理条例》

第二十一条　在办理物业承接查验手续时，建设单位应当向前期物业服务人移交下列资料：

（一）物业管理区域划分相关文件；

（二）竣工总平面图，单体建筑、结构、设备的竣工图，配套设施、地下管网工程竣工图等竣工验收资料；

（三）设施设备的安装、使用和维护保养等技术资料；

（四）物业质量保修文件和物业使用说明文件；

（五）物业管理必需的其他资料。

物业已投入使用，上述资料未移交的，应当移交；资料不全的，应当补齐。

第九十条　违反本条例第二十一条规定，建设单位不移交或者补齐资料的，由区住房和城乡建设或者房屋主管部门责令限期改正；逾期不改的，处五万元以上十万元以下的罚款。

《西安市物业管理条例》

第五十三条　建设单位应当在现场查验二十日前向物业服务企业移交下列资料：

（一）竣工总平面图，单体建筑、结构、设备竣工图，配套设施、地下管网工程竣工图等竣工验收资料；

（二）共用设施设备清单；

（三）设施设备的安装、使用和维护保养等技术资料；

（四）物业质量保修文件和物业使用说明文件；

（五）业主名册；

（六）承接查验所必需的其他资料。

第一百零四条第一款　违反本条例第十条、第五十三条、第七十三条第一款规定，建设单位、物业服务企业不报送、移交有关资料的，由区县物业管理行政主管部门或者开发区管理委员会责令限期改正；逾期不改正的，处一万元以上十万元以下罚款。

【合规风险的识别】

房企在项目开发建设完成后，为了方便前期物业服务企业为项目提供物业服务，需要将项目的相关档案资料移交给前期物业服务公司，并由物业公司查验移交的相关材料及设施设备是否存在问题，这个程序即承接查验手续，承接查验所需要移交的材料一般包括竣工验收资料、共用设施设备清单、两书、业主名册等。部分项目房企由于主观上不重视承接查验手续导致未移交、资料移交不全，或者客观上因为项目延期竣工等原因被迫延迟承接查验手续，这两种情形均存在被主管部门处罚的风险，房企需重视承接查验手续，在前期物业服务企业的配合下圆满完成相关交接。

2-2　典型案例

案例 1

【违法事实】

某市 A 房地产开发有限公司在住宅项目开发完成后，办理物业承接查验手续时存在部分瑕疵，该区住房和城乡建设委员会的调查取证证明某市 A 房产公司在办理物业承接查验手续时，一直未移交或补齐相关资料的事实确凿，该行为违反《某市物业某市管理条例》的规定。

【处理结果】

根据《某市物业管理条例》第 21 条第 2 项、第 3 项，第 90 条的规定，某市××区住房和城乡建设委员会依法对当事人 A 房地产开发有限公司处以 90,000 元罚款的行政处罚。

案例 2

【违法事实】

某市 A 置业有限公司在项目开发完成后，与前期物业服务企业进行承接查验的过程并不顺畅，存在资料不全、程序不规范的情况，经该区住房和城乡建设局的调查核实，该项目事实上 A 置业有限公司未经查验便向物业公司进行了移交，该情况违反了《某市物业管理条例》的规定，应受到相关行政处罚。

【处理结果】

该市住房和城乡建设局依据《某市物业管理条例》第 53 条、第 105 条，依法给予该市 A 置业有限公司 80,000 元罚款。

2-3　纠正机制和合规路径

【纠正机制】

房企在项目竣备后、交付之前，需同前期物业服务企业充分沟通、接洽承接查验的手续以及需要签订的协议文件等，尽快完成承接查验手续，并按主管部门的要求提交所需的备案文件，如果出现承接查验程序瑕疵、文件不全的情况，首先应当补全程序或文件，如面临主管部门给予的行政处罚，需按处罚结果积极整改。

【合规路径】

首先，房企需在观念上重视物业承接查验的事项，将其作为项目竣备后、交付前的一项重点工作进行推进。其次，需与前期物业服务企业深入沟通交接的工作，在交接工作中取得物业服务企业全力配合和支持，如果存在资料缺失或者移交的设施设备存在损坏的情况，及时查漏补缺、对共用设施设备进行维修或更换，使整个物业承接查验工作保质保量按期完成。最后，房企需要在制度上对承接查验事项进行规定，从制度上规制承接查验工作的标准操作流程。

三、住宅前期物业费定价合规

3－1 合规义务的来源及合规风险的识别

【合规义务的来源】

《价格法》

第十二条　经营者进行价格活动，应当遵守法律、法规，执行依法制定的政府指导价、政府定价和法定的价格干预措施、紧急措施。

第三十九条　经营者不执行政府指导价、政府定价以及法定的价格干预措施、紧急措施的，责令改正，没收违法所得，可以并处违法所得五倍以下的罚款；没有违法所得的，可以处以罚款；情节严重的，责令停业整顿。

《价格违法行为行政处罚规定》

第九条　经营者不执行政府指导价、政府定价，有下列行为之一的，责令改正，没收违法所得，并处违法所得5倍以下的罚款；没有违法所得的，处5万元以上50万元以下的罚款，情节较重的处50万元以上200万元以下的罚款；情节严重的，责令停业整顿：

（一）超出政府指导价浮动幅度制定价格的；

（二）高于或者低于政府定价制定价格的；

……

（五）自立收费项目或者自定标准收费的；

（六）采取分解收费项目、重复收费、扩大收费范围等方式变相提高收费标准的。

……

《浙江省物业服务收费管理实施办法（试行）》

第七条　物业服务收费根据物业的类型、物业服务的不同阶段、提供服务的性质、特点等不同情况，分别实行政府指导价和市场调节价。

普通住宅小区（不包括别墅等高标准住宅，下同）的前期物业服务收费实行政府指导价；非住宅物业、别墅等高标准住宅，以及业主委员会成立以后的普通住宅小区的物业服务收费实行市场调节价。

【合规风险的识别】

随着物价水平的变化，早先对物业费“一刀切”的政府指导价使得部分提供高质量物业服务的企业难以为继，物业服务费的定价也从原先单一的政府指导价发展为多样的收费方式。以浙江省为例，除普通住宅前期物业服务外均实行市场调节价，目前仅对普通住宅小区的前期物业服务实行政府指导价，并对不同档次住宅的前期物业服务进行分级收费，档次高的住宅可以定较高的物业费标准。

前期物业费的政府指导价受到地域、物价、经济发展水平、住宅档次等多种因素的影响，不同省份、不同城市均按照当地情况制定了不同的政府指导价格。物业服务企业在定价过程中，需要特别注意两项风险：其一，前期普通住宅物业费标准不得超出政府指导价范围；其二，不得在物业服务费以外收取类似装修管理费、制卡费等名目的额外费用。

3-2 典型案例

案例1：定价超出政府指导价

【违法事实】

A物业管理有限公司××分公司分别于2018年9月4日、2018年9月24日与B房地产开发有限责任公司签订C楼盘、D楼盘前期物业服务合同，合同均约定高层住宅的物业收费标准是2.5元/月·平方米。该市区普通住宅物业服务收费基准价高层一级为1.7元/月·平方米，最高上浮幅度30%，上浮后最高收费标准为2.21元/月·平方米。2022年8月18日，某市市场监管局向A物业管理有限公司××分公司送达了《责令退款通知书》。截至2022年8月18日，A物业管理有限公司温州分公司向C楼盘和D楼盘的2193户业主收取前期物业管理费

7,294,738.88元，按照指导价最高上浮价格2.21元/月·平方米计算，A物业管理有限公司××分公司超出政府指导价浮动幅度多收846,189.71元，后A物业管理有限公司××分公司将超额收取的物业费全部退还业主。

【处理结果】

依据《价格法》第39条以及《价格违法行为行政处罚规定》第9条第1项的规定，鉴于A物业管理有限公司××分公司案发后积极配合调查，主动提供物业费缴纳清单等证据材料，在收到责令退款通知书后积极落实退款事宜，从轻处罚，责令A物业管理有限公司××分公司改正上述价格违法行为，并罚款10万元。

案例2：收取额外费用

【违法事实】

A物业有限公司通过招投标中标某市××小区二期B区的前期物业管理，2013年9月15日与某市C开发有限公司签订《前期物业管理合同》，物业服务收费采用包干制形式，按政府指导价规定收费。该小区共有1762户，共有36部电梯，××小区至今未成立业主委员会。××小区《前期物业管理合同》第7条规定，"前期物业服务收费按照《某省物业服务收费管理办法》规定实行。（一）收费标准，具体高层住宅按建筑面积每月每平米0.9元，商业用房每月每平米1.5元"。2017年7月，A物业有限公司陆续与业主签订《前期物业管理服务合同》，《前期物业管理服务合同》第4条规定，"……二、电梯住宅（含未售出住宅）按建筑面积每月每平米1.15元收取（其中0.9元物业管理费，0.25元电梯维保年检费）[包含电梯维保、年检费，根据《某市区普通住宅前期物业服务等级标准及指导性收费标准》文件，不包含公共水电公摊费，公共设施维修费用等]"。第5条规定，"其他有偿服务……二……2.甲方为电梯管理单位，已经按规定厂家售后服务保修承诺期后的电梯年检及维保已委托有资质维保单位进行维保年检，产生费用据实按户平均分摊已经包含物业管理费"。A物业有限公司在对××小区的物业管理过程中，除了按建筑面积每月每平方米0.9元收取物业服务费外，还向业主收取电梯维保费和电梯年检费，统一以物业服务费名义开收据给业主。从2017年7月至2019年3月，A物业有限公司按建筑面积每月每平米0.25元向××小区业主收取电梯维保费和年检费合计4,236,176.54元。2019年6月1日，某市××区市场监督管理局责令该物业公司退还电梯维保费和年检费236,176.54元，截至2019年12月1日，A物业有限公司退还小区业主电梯维保费和年检费187,527.21元，余额48,649.33元未退还。

【处理结果】

2020年4月28日，某市××区市场监督管理局向当事人送达《行政处罚告知书》，处罚如下：责令改正；没收违法所得48,649.33元；处以罚款48,640元。

3－3　纠正机制和合规路径

【纠正机制】

物业服务企业在提供住宅前期物业服务项目前，应当完全明确并掌握所在地级市物价或房产主管部门出台的收费标准，后续定价过程中不应超过政府指导价定价和收费。例如，在杭州，物业服务企业拟入驻某分类为甲级的住宅小区提供服务，根据杭州当地政策，市区（萧山区、余杭区、富阳区除外）普通住房前期物业服务基准收费标准为：甲级住宅小区有电梯住房每月每平方米建筑面积（下同）2.20元，则物业费标准切不可超过2.20元，否则一旦有业主投诉，极有可能受到主管部门的行政处罚。另外，在物业费之外，亦不可设置其他诸如办卡费、装修服务费、电梯维保费等特殊名目的费用，否则极可能突破政府指导价而受到处罚。如果已经受到相关行政处罚，则应按处罚决定内容积极整改，对处罚程序或结果有异议的，及时申请行政复议或行政诉讼。

【合规路径】

物业服务企业的经营过程中最核心的问题便是考虑物业费的收费标准问题，定价过低将导致提供的物业服务质量下降、配备的服务人员素质下降，不利于物业服务企业的长期发展，而定价过高又与相关法律法规相违背，面临受到业主投诉及主管部门行政处罚的风险。公司需要研究制定物业费收费制度标准，在后续投标物业服务项目时严格执行该制度，但不得超过政府指导价格。

四、物业服务业务转委托合规

4－1　合规义务的来源及合规风险的识别

【合规义务的来源】

《物业管理条例》

第三十九条　物业服务企业可以将物业管理区域内的专项服务业务委托给专业性服务企业，但不得将该区域内的全部物业管理一并委托给他人。

第五十九条　违反本条例的规定，物业服务企业将一个物业管理区域内的全部物业管理一并委托给他人的，由县级以上地方人民政府房地产行政主管部门责令限期改正，处委托合同价款30%以上50%以下的罚款。委托所得收益，用于物业管理区域内物业共用部位、共用设施设备的维修、养护，剩余部分按照业主大会的决定使用；给业主造成损失的，依法承担赔偿责任。

【合规风险的识别】

实践中大部分物业服务企业具有专业的管理运营团队，能够提供专营物业服务和相应服务规模，但也存在部分物业服务企业仅是“中介”居间商，其获取项目后不实际经营，通过将相应项目转包至其他物业服务企业，从而赚取差价或管理费。该行为属于违反相关法律法规的非法转让行为，从事非法转委托的物业服务企业不仅面临被行政处罚的风险，其所签订的物业服务转委托协议也面临无效的法律风险。因此，物业服务企业在获得项目后，虽能将部分专业服务分包给其他企业，但不可将项目整体转委托给第三方，否则存在被行政处罚和转委托合同无效的合规风险。

4-2　典型案例

案例1：民事责任

【案件事实】

2021年4月13日，甲某购买A建设开发有限公司开发的商铺。2021年11月25日，B运营管理有限公司中标该项目物业服务。2022年2月23日，因甲某装修不当，C冷链物流有限公司向甲某发出装修整改通知书，认为甲某存在拆除、移位公共部位墙面、消防、土建等，侵占公共空间，损害公共部位和设施的违章行为，要求其在2022年3月1日前恢复原状。2021年12月1日，B运营管理有限公司作为授权人向C冷链物流有限公司出具授权书，授权书载明：鉴于授权人及被授权人公司均为D控股有限公司下属公司，A建设开发有限公司该项目的前期物业合同由B运营管理有限公司与A建设开发有限公司签订和管理，委托C冷链物流有限公司直接与各商户签订前期物业合同，授权人B运营管理有限公司对A建设开发有限公司前期物业服务合同中的权利和义务，由被授权人C冷链物流有限公司享有和承担。

法院认为，《物业管理条例》第39条规定，物业服务企业可以将物业管理区域内的专项服务业务委托给专业性服务企业，但不得将该区域内的全部物业管理一并委托给他人。B运营管理有限公司作为中标物业单位，依法不能将其全部物业管理一并委托给他人。B运营管理有限公司出具授权书将其全部物业管理委托给C冷链物流有限公司，违反了《物业管理条例》第39条，故上述授权为无效，C冷链物流有限公司与被告甲某所签订的《前期物业服务合同》亦无效。

【处理结果】

C 冷链物流有限公司主张被告甲某违规装修并要求被告停止侵害、消除危险、恢复原状，属主体不适格，裁判结果驳回原告 C 冷链物流有限公司的起诉。

案例 2：行政责任

【违法事实】

北京 A 置业有限公司在管理某市××区国际大厦物业项目时，将物业管理区域内的全部物业管理事项一并委托给第三方，违反了《物业管理条例》第 39 条的规定。

【处理结果】

某市××区住房和城乡建设委员会在 2022 年 8 月 29 日作出〔2021〕第××号行政处罚，对北京 A 置业有限公司处委托合同价款 30% 即 1,417,625.82 元的罚款。

4-3 纠正机制和合规路径

【纠正机制】

从上述案例中可以清晰地看到《物业管理条例》第 39 条在实践中的适用情况，物业服务企业作为提供实体服务的企业，应当承担起物业服务的管理责任，不应在获取项目后转手全部委托给第三方公司，如果发生转委托全部物业管理事项的事件应立即叫停，如果确实存在相关情形，则应在受到主管部门的处罚后积极履行处罚内容。

【合规路径】

为避免转委托协议无效、受委托方与业主签订的物业服务协议无效以及被主管部门行政处罚的风险，房企应当在合同中确定严格限制转委托全部物业管理事项的条款，增加严格的违约责任，物业服务企业亦应当严格杜绝转委托全部物业管理事项的情况发生，在相关制度中严格限制转委托全部物业管理事项的行为，对于转委托全部物业管理事项的提议、合同流程等均予以直接否决。

五、物业共用部位对外经营合规

5-1　合规义务的来源及合规风险的识别

【合规义务的来源】

《物业管理条例》

第二十七条　业主依法享有的物业共用部位、共用设施设备的所有权或者使用权，建设单位不得擅自处分。

第五十四条　利用物业共用部位、共用设施设备进行经营的，应当在征得相关业主、业主大会、物业服务企业的同意后，按照规定办理有关手续。业主所得收益应当主要用于补充专项维修资金，也可以按照业主大会的决定使用。

第五十七条　违反本条例的规定，建设单位擅自处分属于业主的物业共用部位、共用设施设备的所有权或者使用权的，由县级以上地方人民政府房地产行政主管部门处5万元以上20万元以下的罚款；给业主造成损失的，依法承担赔偿责任。

第六十三条　违反本条例的规定，有下列行为之一的，由县级以上地方人民政府房地产行政主管部门责令限期改正，给予警告，并按照本条第二款的规定处以罚款；所得收益，用于物业管理区域内物业共用部位、共用设施设备的维修、养护，剩余部分按照业主大会的决定使用：

（一）擅自改变物业管理区域内按照规划建设的公共建筑和共用设施用途的；

（二）擅自占用、挖掘物业管理区域内道路、场地，损害业主共同利益的；

（三）擅自利用物业共用部位、共用设施设备进行经营的。

个人有前款规定行为之一的，处1000元以上1万元以下的罚款；单位有前款规定行为之一的，处5万元以上20万元以下的罚款。

【合规风险的识别】

一般而言，物业的共用部位是指住宅主体承重结构部位，包括基础、内外承重墙体、柱、梁、楼板、屋顶、户外墙面、门厅、楼梯间、走廊通道等。共用设施设备是指住宅小区或单幢住宅内，建设费用已分摊进入住房销售价格的共用的上下水管道、水箱、电梯、供电线路、照明、煤气线路、消防设施、道路、路灯、公益性文体设施等。

上述公用部位、公用设施设备属于全体业主共有资产，不属于物业服务企业所有。物业服务企业没有使用权限，不得随意处分，不得在未经业主大会同意的情况下将共用部位、共用设施设备用于盈利，一旦擅自处分或用于经营盈利，将受到行政处罚，所得收益也将被收缴至业主大会。

5-2 典型案例

案例 1

【违法事实】

A 物业管理有限公司为某市 × × 区 × × 小区提供物业服务。某市 × × 区住房和城乡建设委员会通过现场检查、询问及调取相关证据发现：该小区 34 部电梯内均安装电梯广告（每部轿厢 4 块）；该小区园区内安装智能快递柜（丰巢智能快递柜和邮政智能快递柜各 3 台，共 6 台）；A 区一层电梯等候室安装电视广告（共 7 块）。根据有关法规规定及小区总平面图，以上占用的电梯轿厢、园区、电梯等候室属于小区共用部位、共用设施设备，A 物业管理有限公司没有征得相关业主、业主大会的同意就利用上述共用部位、共用设施设备进行经营。2020 年 1 月 7 日，某市 × × 区住房和城乡建设委员会对 A 物业管理有限公司下发了《责令改正通知书》，要求该公司改正该行为，A 物业管理有限公司于 2020 年 6 月 21 日改正了违法行为，并上交了整改报告。

【处理结果】

A 物业管理有限公司擅自利用小区物业共用部位、共用设施设备进行经营的行为违反了《物业管理条例》第54条的规定，该企业在现场检查前已经意识到不能擅自利用物业共用部位、共用设施设备进行经营，已经准备拆除电梯广告，征求业主意见是否保留快递柜，属于主动改正违法行为，从轻处罚，给予行政处罚5万元。

案例2

【违法事实】

A商业管理有限公司于2020年5月1日将××广场商业区南区停车管理业务委托给B停车管理有限公司经营管理，并于2020年7月15日开始收取停车费用。××县综合行政执法局执法人员于2021年9月24日接县住房和城乡建设局案件移送，进行现场勘查发现××广场商业区南区出入口设有7个道闸，7幢南广场及其东侧、西侧、北侧，10幢东侧和西侧，14幢北侧划有停车位，并实行停车收费制度（现场部分停车位停放有车辆）。经现场询问，A商业管理有限公司未能提供利用物业共用部分进行经营的行为征得物业服务企业、业主、业主大会同意的相关文件及其他相关审批手续，违反了《物业管理条例》第54条的规定，属擅自利用物业共用部位进行经营的违法行为。

【处理结果】

××县综合行政执法局责令A商业管理有限公司恢复原状或者补办经营手续，并决定对A商业管理有限公司作出行政处罚，罚款人民币10万元。

案例3

【违法事实】

A物业管理有限公司在××广场小区公共场地设立停车场对外开放出租，且出租收益未缴入小区公共收益账户，并且在小区公共收益明细表内公示其为0收益，存在虚假公示行为。A物业管理有限公司擅自将××广场小区公共场地委托郑某个人，与第三方B公司签订××广场基站租赁合同，所收取租金进入郑某个人账户，未直接缴入小区公共收益账户，属利用小区共用部位、共用设施设备进行经营、牟取利益行为，损害业主的共同利益。该行为违反《某省物业管理条例》47条第1款和《物业管理条例》第54条的规定。

【处理结果】

A物业管理有限公司存在以下违法行为：（1）未按规定在物业管理区域内醒目位置公示服务内容、服务事项、服务标准、收费项目、计费方式、收费标准、公共部位经营收益情况、公共水电分摊情况、电梯维修保养检验费用等有关事项。（2）擅自利用物业共用部位、共用设施设备进行经营。依据《物业管理条例》第64条第1款第3项和第2款，对A物业管理有限公司作出责令限期改正，并处13万元罚款（其中停车场收费未缴入公共收益账户未进行公示处3万元罚款；擅自委托个人出租公共部位进行经营、牟取利益处责令限期改正，并处10万元罚款）的处罚。

5-3 纠正机制和合规路径

【纠正机制】

房企应当对物业服务企业利用共用部位的情况进行监督，物业服务企业应谨慎使用小区共用部位从事营利活动，必要时与业委会充分交换意见，并通过业主大会决议，协商将所得收益用于小区提升。

【合规路径】

房企需对物业服务企业使用公共部位的情况进行监督并提出整改建议，并在前期物业服务协议中对违规利用的情况进行严格限制、加重违约责任。物业服务企业接手小区后，为了充分利用小区资源，常常会将一些公共部位利用起来进行营利活动，如将架空层改造为棋牌室、将电梯轿厢出租给广告公司放置广告播放器、将架空层出租给快递公司用于放置快递柜等。利用公共部位进行营利活动存在两种情形：第一种是未改变公共部位原规划用途或改建公共部分，第二种是改变了原先的规划用途。对于第一种，物业服务企业应当在征得相关业主、业主大会的同意后，按照规定办理有关手续，所得收益应当主要用于补充专项维修资金，也可以按照业主大会的决定使用。对于第二种情况，一般情况下，物业管理区域内按照规划建设的公共建筑和共用设施，不得改变用途，如果业主确需改变公共建筑和共用设施用途的，应当在依法办理有关手续后告知物业服务企业；如果物业服务企业确需改变公共建筑和共用设施用途，应当在提请业主大会讨论同意后，由业主依法办理有关手续。

第二节 商业经营合规

商业经营是房地产开发项目完成后最重要的环节，也是房企存量资产产生现金流的重要来源。虽然资产出售是房企的首选，但是实践中有许多商业资产因各种原因无法出售，例如商业综合体需统一管理而不宜单独出售、部分商业资产存在开发商强制自持的出让条件等，上述资产房企往往统一规划用于租赁经营。部分房企选择成立专门的商管团队管理资产，或交给专门从事商业管理的关联公司管理，也会通过合作的方式与第三方商管公司签订合作协议、由第三方公司提供专业管理，双方分享租金回报。不论选择何种方式，房企都无法回避商业经营的合规问题，对这个问题本节将详细展开。

一、房企对外租赁用途合规

1-1 合规义务的来源及合规风险的识别

【合规义务的来源】

《商品房屋租赁管理办法》

第六条 有下列情形之一的房屋不得出租：

（一）属于违法建筑的；

（二）不符合安全、防灾等工程建设强制性标准的；

（三）违反规定改变房屋使用性质的；

（四）法律、法规规定禁止出租的其他情形。

【合规风险的识别】

房企在从事租赁经营的过程中，首先需关注租赁标的性质上是否被允许商用，否则承租人的合同目的可能将无法实现，承租人可以要求解除合同，房企将面临承担违约责任及赔偿承租人损失的风险，同时，亦存在违反规划类行政法规、受到行政处罚的风险。租赁资产的性质主要体现在资产所属土地的用地性质、规划条件上，比较常见的情况是房企将划拨用地、工业用地、教育用地等非商业性质土地上的房屋用于出租，且作为商用房屋进行招商宣传，这类用地性质土地上的房屋可能不能顺利通过后期办理营业执照、消防备案等环节，使得承租人无法正常对外进行经营，自然双方就会面临租赁合同纠纷，房企也很可能因此受到行政处罚。因此，房企首先须尽量避免租赁资产性质与对外租赁用途不符的情况，如不符，需提前做好相关的合规措施。

1-2 典型案例

案例1

【违法事实】

2021年4月26日，某区住房和城乡建设委员会对A房地产经纪有限公司报送的《房屋承包租赁协议》和《房屋租赁合同》及有关材料进行了执法检查。经查，2019年8月1日A房地产经纪有限公司与产权人B公司签订《房屋承包租赁协议》，将某区××科技园1号楼的23间、2号楼的12间、4号楼的49间，共84间，建筑面积共3701.7平方米的房屋交由A房地产经纪有限公司承包租赁。B公司将以上房屋交付A房地产经纪有限公司后，A房地产经纪有限公司将以上房屋分别对外进行了出租。经进一步调查，2020年4月6日A房地产经纪有限公司与承租人闫某签订《房屋租赁合同》，将××号房间出租给闫某使用，租赁用途为居住但该房屋规划用途为车间。综上，A房地产经纪有限公司存在出租违反规定改变其使用性质的房屋的违法行为。

【处理结果】

根据《商品房屋租赁管理办法》第21条的规定，某区住房和城乡建设委员会对A房地产经纪有限公司作出责令限期30日之内改正，处以3万元罚款的行政处罚。

案例2

【违法事实】

2009年12月至2015年12月，A技术有限公司未经城乡规划主管部门审批同意，擅自改变位于某市××区××号的房屋用途，把原为工业厂房、办公用房的房屋出租用于商业、办公，陆续出租给28家单位（个人），面积共计28,896.47平方米。以上事实有现场检查笔录、询问笔录、旁证笔录等证据证实。

【处理结果】

A技术有限公司的行为违反了《某省城乡规划条例》第47条第1款的规定，属违法行为。根据评估报告，A技术有限公司从2009年至2015年出租房产的市场参考租金为27,539,856.57元，实际租金收入为20,085,641.33元，没有违法所得。根据《某省城乡规划条例》第61条的规定，作出以下行政处罚决定：责令限期改正，并处以罚款人民币9万元。

1-3 纠正机制和合规路径

【纠正机制】

当上述情况发生时，房企出租前需提前向所在地市场监管部门咨询租赁标的是否可以办理营业执照、注册公司等，如果连最基本的营业执照都没办法办理，势必会影响承租人后续的正常经营，除非承租人租赁用途就是教育、科研或者工业本身，否则一旦承租人租赁后无法办理营业执照，房企将承担极大的违约风险。如果所在地市场监督管理部门答复无法办理营业执照、注册公司等，应当停止租赁合同的签署，协商解除已经签署的租赁合同，控制损失。

【合规路径】

房企用于出租的房屋所属土地的性质与租赁双方租赁合同约定的用途不符，是实践中常常会出现的一种情况。房企名下可能会存在部分配套的教育用地、科创用地或者工业用地等性质的资产，而其出租给承租人的房产一般都是用作商业经营的，若冒险将其作为商用房屋出租将会存在一定的违约风险。因此，房企需在租赁合同中将租赁标的的规划用途明确写明，这样承租人对于租赁标的的情况、性质在租赁前就非常清楚，能够大大降低房企在后续合同纠纷处理过程中的过错程度，也能顺势降低赔偿金额。在整个租赁经营过程中，房企作为出租方，需要表达出较大的善意，消除每个环节中可能导致过错的因素，对自己的合同义务均积极履行，在这种情况下，即便后期因合同纠纷进入诉讼或仲裁程序，房企也会因为自身在整个交易过程中不存在过错或者过错程度较低而承担较少的责任。当然，通过案例也能够发现，出租与规划用途不符的资产是明确违反《某省城乡规划条例》的违法行为，将受到主管部门的罚款处罚，原则上不建议房企违反规划用途出租资产。

二、招商营销宣传方式合规

2-1 合规义务的来源及合规风险的识别

【合规义务的来源】

《广告法》

第九条　广告不得有下列情形：

……

（三）使用“国家级”、“最高级”、“最佳”等用语；

……

第二十八条　广告以虚假或者引人误解的内容欺骗、误导消费者的，构成虚假广告。

广告有下列情形之一的，为虚假广告：

（一）商品或者服务不存在的；

（二）商品的性能、功能、产地、用途、质量、规格、成分、价格、生产者、有效期限、销售状况、曾获荣誉等信息，或者服务的内容、提供者、形式、质量、价格、销售状况、曾获荣誉等信息，以及与商品或者服务有关的允诺等信息与实际情况不符，对购买行为有实质性影响的；

（三）使用虚构、伪造或者无法验证的科研成果、统计资料、调查结果、文摘、引用语等信息作证明材料的；

（四）虚构使用商品或者接受服务的效果的；

（五）以虚假或者引人误解的内容欺骗、误导消费者的其他情形。

第五十五条第一款　违反本法规定，发布虚假广告的，由市场监督管理部门责令停止发布广告，责令广告主在相应范围内消除影响，处广告费用三倍以上五倍以下的罚款，广告费用无法计算或者明显偏低的，处二十万元以上一百万元以下的罚款；两年内有三次以上违法行为或者有其他严重情节的，处广告费用五倍以上十倍以下的罚款，广告费用无法计算或者明显偏低的，处一百万元以上二百万元以下的罚款，可以吊销营业执照，并由广告审查机关撤销广告审查批准文件、一年内不受理其广告审查申请。

第五十七条　有下列行为之一的，由市场监督管理部门责令停止发布广告，对广告主处二十万元以上一百万元以下的罚款，情节严重的，并可以吊销营业执照，由广告审查机关撤销广告审查批准文件、一年内不受理其广告审查申请；对广告经营者、广告发布者，由市场监督管理部门没收广告费用，处二十万元以上一百万元以下的罚款，情节严重的，并可以吊销营业执照：

（一）发布有本法第九条、第十条规定的禁止情形的广告的；

……

《反不正当竞争法》

第八条　经营者不得对其商品的性能、功能、质量、销售状况、用户评价、曾获荣誉等作虚假或者引人误解的商业宣传，欺骗、误导消费者。

经营者不得通过组织虚假交易等方式，帮助其他经营者进行虚假或者引人误解的商业宣传。

第二十条　经营者违反本法第八条规定对其商品作虚假或者引人误解的商业宣传，或者通过组织虚假交易等方式帮助其他经营者进行虚假或者引人误解的商业宣传的，由监督检查部门责令停止违法行为，处二十万元以上一百万元以下的罚款；情节严重的，处一百万元以上二百万元以下的罚款，可以吊销营业执照。

经营者违反本法第八条规定，属于发布虚假广告的，依照《中华人民共和国广告法》的规定处罚。

【合规风险的识别】

不论是产权式商铺、酒店式公寓、写字楼还是大型商业综合体的经营，房企在前期均需要投入大量的广告进行营销推广，进行蓄客。在广告宣传的过程中，同住宅项目的销售行为一样，商业地产的前期租赁招商也需要符合《广告法》和《反不正当竞争法》的要求，若销售人员为了业绩而进行虚假广告、误导购房者，公司需要立即介入并叫停，否则将产生合规风险。

2-2　典型案例

案例1

【违法事实】

2022年3月30日，某市市场监督管理局执法人员对A置业有限公司位于某市的营销招商中心进行检查，发现该营销招商中心二楼工作人员桌子上放有××广场招商手册若干份，招商手册内容中存在“××广场3公里内常住人口43万”“××广场5公里内常住人口89万”“入住率100%”等统计数据及广告语，当事人不能提供相关统计数据及广告语的真实性依据。经查，A置业有限公司于2016年年底开始开发建设××广场项目，其属于商业综合体项目，并配套有××街。据A置业有限公司陈述，上述招商手册是进行××广场××街项目招商使用，主要用于让业务人员发放给顾客，使顾客了解项目商铺落位及招商规划，介绍××广场××街项目的概况等。

【处理结果】

A置业有限公司的行为违反了《广告法》第28条第1款“广告以虚假或者引人误解的内容欺骗、误导消费者的，构成虚假广告”及《广告法》第28条第2款“广告有下列情形之一的，为虚假广告：……（三）使用虚构、伪造或者无法验证的科研成果、统计资料、调查结果、文摘、引用语等信息作证明材料的……”的规定，构成发布虚假广告的违法行为，行政处罚罚款8000元。

案例2

【违法事实】

B商业管理有限公司提供广告内容给C广告有限公司，由该公司制作后在××广场购物中心外面的围挡上发布广告，广告发布时间是2020年7月28日，广告内容主要有：“××广场全球最大咖啡品牌首进某市9.30即将启幕”“××广场全球最受欢迎比萨连锁餐饮首进某市9.30即将启幕”“××广场中国超市领先品牌首进某市9.30即将启幕”“××广场牛蛙界的扛把子首进某市9.30即将启幕”。B商业管理有限公司于2020年8月1日对上述广告进行了整改和撤除。上述涉案广告费用为2400元。

【处理结果】

当事人在发布的广告中使用“全球最大”“全球最受欢迎”等用语的行为，违反了《广告法》第9条“广告不得有下列情形：……使用‘国家级’、‘最高级’、‘最佳’等用语……”的规定。市场监督管理局决定对B商业管理有限公司发布违法广告的行为作如下处罚：罚款

60,000 元，依法上缴国库。

案例 3

【违法事实】

A 置业有限公司在某镇开发建设了××房产项目，该项目为集住宅、商业于一体的城市生活综合体，其中商品房于 2019 年 8 月开盘销售。为了推销该房产项目的商品房，A 置业有限公司于 2019 年 4 月 30 日与 B 模型制作有限公司签订《模型制作委托合同》，委托 B 公司制作项目沙盘及挂壁模型，合同价格 300,000 元。2019 年 8 月，B 公司向 A 置业有限公司交付安装了合同约定的沙盘及挂壁，并根据 A 置业有限公司的要求，在沙盘模型的商业综合体上粘贴了标有"某市影都""KFC""世纪联华"等字样的标牌。同时，A 置业有限公司还委托广告公司制作了一块宣传板，上有"某市影都""KFC""世纪联华""德克士""华为""adidas""CoCo""味千拉面"的图文标识及"世纪联华，约 3000 平方米精品生活超市，签约入驻""某市影都，首家巨幕数字影院，签约入驻""约 70% 店铺已与品牌商家签订意向协议"等字样，安装在售楼处墙壁上。经核实，A 置业有限公司与"某市影都"品牌方某市电影有限责任公司签订有《合作商务申请》，但未正式签订意向协议或租赁合同。A 置业有限公司亦未与 KFC、世纪联华、德克士、华为、adidas、CoCo、味千拉面等 7 个品牌方的商家签订意向协议等文书，也没有与 70% 的店铺与品牌商家签订意向协议。

【处理结果】

根据《反不正当竞争法》第 20 条的规定，某市市场监督管理局决定对当事人罚款 100,000 元。

2－3 纠正机制和合规路径

【纠正机制】

房企或房企委托的商业管理公司在对项目进行前期的宣传时，需严格遵守《广告法》及《反不正当竞争法》的规定，不得出现相关的虚假宣传或者误导购房者的行为。

【合规路径】

建议项目的营销部门设置专人对营销物料进行审查，如有条件则聘请相关的外部机构（如律师事务所）对宣传物料进行复审，确保对外输出的物料中没有虚假的成分，避免受到举报及市场监督管理部门的处罚。

三、产权式商铺经营模式合规

3-1　合规义务的来源及合规风险的识别

【合规义务的来源】

《商品房销售管理办法》

第十一条　房地产开发企业不得采取返本销售或者变相返本销售的方式销售商品房。

房地产开发企业不得采取售后包租或者变相售后包租的方式销售未竣工商品房。

第四十二条　房地产开发企业在销售商品房中有下列行为之一的，处以警告，责令限期改正，并可处以1万元以上3万元以下罚款：

……

（三）返本销售或者变相返本销售商品房的；

（四）采取售后包租或者变相售后包租方式销售未竣工商品房的；

……

《最高人民法院关于审理非法集资刑事案件具体应用法律若干问题的解释》

第二条　实施下列行为之一，符合本解释第一条第一款规定的条件的，应当依照刑法第一百七十六条的规定，以非法吸收公众存款罪定罪处罚：

（一）不具有房产销售的真实内容或者不以房产销售为主要目的，以返本销售、售后包租、约定回购、销售房产份额等方式非法吸收资金的；

……

【合规风险的识别】

在房地产市场上行的时候，房企可以快速将房子卖出去或对外出租，不会采取一些特殊的销售方式，然而当市场下行时，如何销售或招商便成了一个难题。销售或招商形势的严峻也将反过来导致开发商资金周转困难，此时一些开发商便会铤而走险，采取“创新销售模式”。返本销售或者售后包租明面上是销售或租赁资产，实质是变相通过向买受人融资的方式回笼资金，从而缓解开发及招商过程中的资金压力。但是这种销售模式不被主管部门所允许，一方面房地产开发商并非金融机构，不得变相从事金融业务，另一方面房地产项目买受人数量众多、风险较大，一旦项目停滞或烂尾，将会引发较大的社会不稳定事件。

从文义方面理解，返本销售是指房地产开发企业以定期向买受人返还购房款的方式销售商品房的行为；而售后包租是指房地产开发企业以在一定期限内承租或者代为出租买受人所购该企业商品房的方式销售商品房的行为。在商品房买卖合同的示范文本中，一般会强制约定“出卖人承诺不采取分割拆零销售、返本销售或者变相返本销售的方式销售商品房；不采取售后包租或者变相售后包租的方式销售未竣工商品房；全装修住宅不得对室内装饰装修部分拆分销售”。如开发商不遵守该规则将构成违约。另外在法律法规层面，《商品房销售管理办法》也明令禁止返本销售和售后包租的行为。因此开发商或商业管理公司在销售、招商过程中应避免采取变相金融模式。

关于返本销售、售后包租等情况是否会构成非法吸收公众存款罪，除了需要具备构成非法吸收公众存款罪的要件之外，认定房产销售构成非法吸收公众存款罪还必须具备下列条件：（1）未经有关部门依法批准或者借用合法经营的形式吸收资金；（2）通过媒体、推介会、传单、手机短信等途径向社会公开宣传；（3）承诺在一定期限内以货币、实物、股权等方式还本付息或者给付回报；（4）向社会公众即社会不特定对象吸收资金。未向社会公开宣传，在亲友或者单位内部针对特定对象吸收资金的，不属于非法吸收或者变相吸收公众存款。

3－2 典型案例

案例 1

【违法事实】

A 置业有限公司在××楼盘推出车位“十年返还”优惠活动，该活动内容：凡已认购过在售项目住宅、商铺或车位的老业主，及优惠期间新增认购在售项目住宅或商铺的购房人，优惠期间，再认购同一项目车位的，可享受车位“十年返还”优惠，2021 年 7 月 20 日支付第一笔物业管理服务费补助，以后每年 7 月 20 日前支付当年补助，共分 10 次支付，每次支付车位成交总价的 10%。

【处理结果】

A 置业有限公司涉嫌采取变相返本销售的方式销售商品房，违反了《商品房销售管理办法》第 11 条，某市××区住房和城乡建设局给予了 3 万元的行政处罚。

案例 2

【违法事实】

××项目由 A 房地产开发有限公司开发建设。该企业销售人员以返本销售的方式进行宣传，诱导购买人购买商铺，收取认购金后与购买人签订返还租金的协议，该项目暂未竣工，涉嫌存在售后包租。2021 年 1 月 20 日，该开发企业与买方王某签订《商品房买卖合同（预售）》，销售该项目 2 号楼 1 层商铺，收取购房款 267.9165 万元，于 2021 年 2 月 1 日全额退还。2021 年 1 月 3 日与买方任某签订《××都会广场一期商品房认购书》，销售该项目 1 号楼 110 号商铺，收取认购金10万元。

【处理结果】

鉴于该企业未与购买人签订返租协议，且在责令改正期内退还王某购房款267.9165万元，计划于2021年3月中旬退还任某10万元购房款项，某市住房保障和房产管理局对A房地产开发有限公司予以一般处罚：给予警告，并处罚款人民币1.8万元。

3－3 纠正机制和合规路径

【纠正机制】

产权式商铺、大型综合体商场在前期招商的过程中，需要明确不能采用返本销售的模式，这种模式是一种类似金融的衍生品，而房地产开发企业或商管公司是不被允许从事金融业务的，采用此种模式将伴随较大的合规风险。若受到行政处罚，应积极履行处罚内容，如对处罚程序或结果有异议，可以申请行政复议或提起行政诉讼。

【合规路径】

从制度层面严禁返本销售模式的使用，一旦采用该种模式，如果后期无法交付商铺甚至可能面临非法集资的刑事风险。售后包租的模式在房屋竣工之前也不被允许，所谓的包租存在较大不确定性，只有市场形式较好的情况下才可能完全兑现，一旦违约将产生较大范围的影响，因此开发商或商管公司在前期招商时需要选择合规的经营模式，不得采用返本销售模式，售后包租也需要在项目竣工后才能采用。

四、经营场所消防安全合规

4－1 合规义务的来源及合规风险的识别

【合规义务的来源】

《消防法》

第十五条 公众聚集场所投入使用、营业前消防安全检查实行告知承诺管理。公众聚集场所在投入使用、营业前，建设单位或者使用单位应当向场所所在地的县级以上地方人民政府消防救援机构申请消防安全检查，作出场所符合消防技术标准和管理规定的承诺，提交规定的材料，并对其承诺和材料的真实性负责。

……

公众聚集场所未经消防救援机构许可的，不得投入使用、营业。消防安全检查的具体办法由国务院应急管理部门制定。

第二十八条　任何单位、个人不得损坏、挪用或者擅自拆除、停用消防设施、器材，不得埋压、圈占、遮挡消火栓或者占用防火间距，不得占用、堵塞、封闭疏散通道、安全出口、消防车通道。人员密集场所的门窗不得设置影响逃生和灭火救援的障碍物。

第五十八条第一款　违反本法规定，有下列行为之一的，由住房和城乡建设主管部门、消防救援机构按照各自职权责令停止施工、停止使用或者停产停业，并处三万元以上三十万元以下罚款：

……

（四）公众聚集场所未经消防救援机构许可，擅自投入使用、营业的，或者经核查发现场所使用、营业情况与承诺内容不符的。

第六十条　单位违反本法规定，有下列行为之一的，责令改正，处五千元以上五万元以下罚款：

（一）消防设施、器材或者消防安全标志的配置、设置不符合国家标准、行业标准，或者未保持完好有效的；

（二）损坏、挪用或者擅自拆除、停用消防设施、器材的；

（三）占用、堵塞、封闭疏散通道、安全出口或者有其他妨碍安全疏散行为的；

（四）埋压、圈占、遮挡消火栓或者占用防火间距的；

（五）占用、堵塞、封闭消防车通道，妨碍消防车通行的；

（六）人员密集场所在门窗上设置影响逃生和灭火救援的障碍物的；

（七）对火灾隐患经消防救援机构通知后不及时采取措施消除的。

个人有前款第二项、第三项、第四项、第五项行为之一的，处警告或者五百元以下罚款。

……

【合规风险的识别】

大型的商场或商业街属于公共聚集场所，在建设单位建成完成招商、投入使用前，需要向消防救援机构申请消防检查，如果没有完成这个步骤、未提交相关材料而擅自投入使用，将面临行政处罚的风险。

在商场内部，消防设施、器材或者消防安全标志的配置、设置应符合国家标准，不得随意占用、堵塞、封闭疏散通道。

4-2 典型案例

（1）A文旅集团商业管理有限公司管理的乐游城项目（2021年12月开始营业，使用性质为商场）作为公众聚集场所未经消防救援机构许可擅自投入使用、营业，违反了《消防法》第15条第4款的规定。该市消防救援支队决定给予A文旅集团商业管理有限公司管理的乐游城项目责令停产停业，并处罚款人民币5.88万元的行政处罚。

（2）A商业地产管理有限公司××分公司管理的××城使用性质为商场，总建筑面积207,521.44平方米，属于重点场所，占用疏散通道一处，且不能当场改正，违反了《消防法》第28条的规定，该市消防救援支队决定给予A商业地产管理有限公司××分公司罚款人民币1.5万元的行政处罚。

（3）A商业集团有限公司商场公众聚集场所未经消防救援机构许可，擅自投入使用、营业，该行为违反了《消防法》第15条第4款的规定，该市消防救援机构决定给予A商业集团有限公司在该市的商场责令停产停业，并处罚款人民币3万元的行政处罚。

（4）某市A连锁商场未经消防安全检查擅自于2018年10月1日

营业，违反了《消防法》第 15 条第 2 款的规定。该单位营业面积为 420 平方米，使用性质为超市，该市消防救援支队决定给予该市 A 连锁商场责令停产停业，并处罚款人民币 5000 元的行政处罚。

4-3　纠正机制和合规路径

【纠正机制】

商业经营管理者在日常经营过程中，应周期性地对商场环境进行检查，检查消防设施、器材或者消防安全标志是否损坏，检查商户占用、堵塞、封闭疏散通道、安全出口的情况，检查消火栓或消防通道是否能够正常使用等。如果发现经营场所存在消防安全隐患，则应立即整改。

【合规路径】

在商业综合体的开业经营过程中，尤其是在开业前，需要重点关注消防合规的问题，房地产开发公司应委托专业的消防服务公司进行设计、施工和安装，在综合体建成后，需要向场所所在地的县级以上地方人民政府消防救援机构申请消防安全检查，作出场所符合消防技术标准和管理规定的承诺，提交规定的材料。

五、商业综合体演出程序合规

5-1　合规义务的来源及合规风险的识别

【合规义务的来源】

《营业性演出管理条例》

第六条　文艺表演团体申请从事营业性演出活动，应当有与其业务相适应的专职演员和器材设备，并向县级人民政府文化主管部门提出申请；演出经纪机构申请从事营业性演出经营活动，应当有 3 名以上专职演出经纪人员和与其业务相适应的资金，并向省、自治区、直辖市人民政府文化主管部门提出申请。文化主管部门应当自受理申请之日起 20 日内作出决定。批准的，颁发营业性演出许可证；不批准的，应当书面通知申请人并说明理由。

第四十三条　有下列行为之一的，由县级人民政府文化主管部门予以取缔，没收演出器材和违法所得，并处违法所得8倍以上10倍以下的罚款；没有违法所得或者违法所得不足1万元的，并处5万元以上10万元以下的罚款；构成犯罪的，依法追究刑事责任：

（一）违反本条例第六条、第十条、第十一条规定，擅自从事营业性演出经营活动的；

（二）违反本条例第十二条、第十四条规定，超范围从事营业性演出经营活动的；

（三）违反本条例第八条第一款规定，变更营业性演出经营项目未向原发证机关申请换发营业性演出许可证的。

违反本条例第七条、第九条规定，擅自设立演出场所经营单位或者擅自从事营业性演出经营活动的，由工商行政管理部门依法予以取缔、处罚；构成犯罪的，依法追究刑事责任。

《营业性演出管理条例实施细则》

第十九条　歌舞娱乐场所、旅游景区、主题公园、游乐园、宾馆、饭店、酒吧、餐饮场所等非演出场所经营单位需要在本场所内举办营业性演出的，应当委托演出经纪机构承办。

在上述场所举办驻场涉外演出，应当报演出所在地省级人民政府文化和旅游主管部门审批。

【合规风险的识别】

大型商业综合体在经营过程中，为了吸引大量的客源，经常会在商场中庭或者外部广场举办不同种类的经营性演出，此类演出因涉及营利，受到文化和旅游主管部门的管理。演出前承办方需要履行相应的申报手续，如果未做相关的申报，径直在商场中办理相关的大型活动，演出承办公司将受到主管部门的处罚，会有较大经济损失。

5-2 典型案例

案例1

【违法事实】

2016年12月27日，A商城与B广告有限公司（不具备演出经纪机构资质）签订合同，于2016年12月31至2017年1月2日，在A商城开展元旦主题集客活动。2017年1月2日，B广告公司在未取得任何与演出相关的审批的情况下，在A商城一楼北广场擅自举办由日本籍演员谷某表演的吉他演奏，原定共计演奏8首曲目。在执法人员检查期间，A商城自行中止演出（演出进行了35分钟，演奏了5首曲目）。经办案人员调查，此次演出系A商城举办、B广告有限公司承办，演出在开放场地进行，无门票收入，A商城支付承办费用6500元。

【处理结果】

上述经营行为，违反了《营业性演出管理条例实施细则》第19条第1款中“歌舞娱乐场所、旅游景区、主题公园、游乐园、宾馆、饭店、酒吧、餐饮场所等非演出场所经营单位需要在本场所内举办营业性演出的，应当委托演出经纪机构承办”的规定，构成非演出场所经营单位擅自举办（涉外）演出的违法行为。A商城在上述经营活动中，违法经营额6500元，无违法所得。某市××区文化市场行政执法大队给予没收吉他1把，并处罚款人民币50,000元的处罚。

案例2

【违法事实】

2016年10月29日晚，B文化传播有限公司在某市长江中路98号D中心广场举办了“万圣爵士音乐派对”营业性演出活动，该演出从19时15分开始到22时15分结束，共有演员14人参加演出，共表演曲目34首，现场观众约300人，演出活动中进行了广告宣传和产品促销。B文化传播有限公司无法出示文化主管部门对该演出的批准文件和营业性演出许可证，执法人员开具了相关执法文书，对该场演出进行了全程摄像、拍照等取证工作。B文化传播有限公司在未取得营业性演出许可证的情况下，受C商业有限责任公司委托，于2016年10月29日晚在某市××中心广场举办了的“万圣爵士音乐派对”演出，B文化传播有限公司为获得C商业有限责任公司以后的宣传演出活动，此次演出未收取C商业有限责任公司费用。B文化传播有限公司同时提供了与C有限责任公司的《营销推广活动合同》及演员的演出协议等材料。C商业有限责任公司承认：委托B文化传播有限公司承办了“万圣爵士音乐派对”演出活动，该演出是针对D商场的VIP客户进行的节日宣传，未销售门票，该公司仅提供场地、用电及保洁，未向B文化传播有限公司支付任何演出费用。

【处理结果】

B文化传播有限公司在未取得营业性演出许可证的情况下，于2016年10月29日晚承办了营业性演出活动，无违法经营额和违法所得，违反了国务院《营业性演出管理条例》第6条的规定，市文化和旅游局给予行政处罚罚款人民币50,000元。

案例3

【违法事实】

2021年2月12日，某市文化和旅游局执法人员对D置业有限公司××广场进行检查时发现，商场一楼搭建舞台，舞台上有2名相声演员正在演出，现场有××广场的宣传海报，海报名称为“最美桃花最嗨体验”，海报中有关于演出的内容［国潮型秀，演出时间：2月12日、2月16日（15:00/16:00/17:00），演出内容：舞蹈、快板、相声、变脸。桃花春曲，演出时间：2月14日（15:00/16:00/17:00），演出内容：乐队演唱］。现场工作人员甄某提供2月12日当天演出节目单，并表示该场演出的承办单位是E文化传播有限公司，没有办理演出相关手续。

【处理结果】

E文化传播有限公司的行为违反了《营业性演出管理条例》第6条

的规定，市文化和旅游局作出 2 万元的行政处罚。

5-3 纠正机制和合规路径

【纠正机制】

大型商业综合体经营管理公司在日常举办演出活动前，需要委托专业的演出经纪公司全程处理，演出经纪公司具有丰富的经验，在办理相关活动的审批手续上具有优势。在演出活动举办过程中或结束后如受到相关主管部门的处罚，则应积极履行处罚内容。

【合规路径】

在制度层面严格规制商业综合体演出活动举办的程序，在演出前需对活动进行相关手续的申报，在实际操作中加强对活动承办方的监督，商场经营管理公司负有对活动承办方进行监督的职责，如果活动承办方受到相关行政处罚，因为商场经营管理公司与其存在民事合同关系，也易因行政处罚产生相关经济纠纷。

第六章　房地产项目开发的税务合规

房地产项目开发行业不仅被税务机关税收重点检查较多，且涉及的税种较多。若被核查到存在未缴或少缴税款的情形，则需要面临的不只是补缴相应税款的风险，还可能承担追缴滞纳金、罚款等行政处罚甚至刑事责任。房地产开发环节多且周期较长，税务风险几乎贯穿整个房地产开发流程。因此，如何规避税务风险是一个房地产开发企业需要积极解决的问题。房地产行业从立项、规划、土地出让或转让、拆迁、建设到销售，繁杂的经济活动产生复杂的财务核算，涉税税种繁多，是涉税风险的高发地带，尤其是增值税、土地增值税、企业所得税、城镇土地使用税、个人所得税的处理。故本章重点列举房地产项目开发环节中，房地产企业可能出现的几种较为常见的不合规税务处理方式，其会导致少缴税款，从而产生相应税务处罚的风险，甚至是刑事风险。房地产企业一旦被税务机关核定征收，要求补缴税款，通常涉及金额较大，如被认定为偷税行为，达到《刑法》第 201 条逃税罪立案追诉标准的可能性较大。虽然逃税罪中规定了不予追究刑事责任的特殊情形，但在某些案例中，同样可能因为金额较大无法满足“补缴应纳税款，缴纳滞纳金，已受行政处罚”的要求，从而被追究刑事责任。故房地产企业在日常经营中即应高度关注相关事项的税务合规。

一、企业所得税和土地增值税的成本分摊方式适用错误

1-1　合规义务的来源及合规风险的识别

【合规义务的来源】

偷漏税的合规义务来源：

《税收征收管理法》

第三十二条　纳税人未按照规定期限缴纳税款的，扣缴义务人未按照规定期限解缴税款的，税务机关除责令限期缴纳外，从滞纳税款之日起，按日加收滞纳税款万分之五的滞纳金。

第六十三条　纳税人伪造、变造、隐匿、擅自销毁帐簿、记帐凭证，或者在帐簿上多列支出或者不列、少列收入，或者经税务机关通知申报而拒不申报或者进行虚假的纳税申报，不缴或者少缴应纳税款的，是偷税。对纳税人偷税的，由税务机关追缴其不缴或者少缴的税款、滞纳金，并处不缴或者少缴的税款百分之五十以上五倍以下的罚款；构成犯罪的，依法追究刑事责任。

扣缴义务人采取前款所列手段，不缴或者少缴已扣、已收税款，由税务机关追缴其不缴或者少缴的税款、滞纳金，并处不缴或者少缴的税款百分之五十以上五倍以下的罚款；构成犯罪的，依法追究刑事责任。

《刑法》

第二百零一条　【逃税罪】纳税人采取欺骗、隐瞒手段进行虚假纳税申报或者不申报，逃避缴纳税款数额较大并且占应纳税额百分之十以上的，处三年以下有期徒刑或者拘役，并处罚金；数额巨大并且占应纳税额百分之三十以上的，处三年以上七年以下有期徒刑，并处罚金。

扣缴义务人采取前款所列手段，不缴或者少缴已扣、已收税款，数额较大的，依照前款的规定处罚。

对多次实施前两款行为，未经处理的，按照累计数额计算。

有第一款行为，经税务机关依法下达追缴通知后，补缴应纳税款，

缴纳滞纳金，已受行政处罚的，不予追究刑事责任；但是，五年内因逃避缴纳税款受过刑事处罚或者被税务机关给予二次以上行政处罚的除外。

企业所得税的成本分摊：

《房地产开发经营业务企业所得税处理办法》

第二十九条　企业开发、建造的开发产品应按制造成本法进行计量与核算。其中，应计入开发产品成本中的费用属于直接成本和能够分清成本对象的间接成本，直接计入成本对象，共同成本和不能分清负担对象的间接成本，应按受益的原则和配比的原则分配至各成本对象，具体分配方法可按以下规定选择其一：

（一）占地面积法。指按已动工开发成本对象占地面积占开发用地总面积的比例进行分配。

1. 一次性开发的，按某一成本对象占地面积占全部成本对象占地总面积的比例进行分配。

2. 分期开发的，首先按本期全部成本对象占地面积占开发用地总面积的比例进行分配，然后再按某一成本对象占地面积占期内全部成本对象占地总面积的比例进行分配。

期内全部成本对象应负担的占地面积为期内开发用地占地面积减除应由各期成本对象共同负担的占地面积。

（二）建筑面积法。指按已动工开发成本对象建筑面积占开发用地总建筑面积的比例进行分配。

1. 一次性开发的，按某一成本对象建筑面积占全部成本对象建筑面积的比例进行分配。

2. 分期开发的，首先按期内成本对象建筑面积占开发用地计划建筑面积的比例进行分配，然后再按某一成本对象建筑面积占期内成本对象总建筑面积的比例进行分配。

（三）直接成本法。指按期内某一成本对象的直接开发成本占期内全部成本对象直接开发成本的比例进行分配。

（四）预算造价法。指按期内某一成本对象预算造价占期内全部成本对象预算造价的比例进行分配。

土地增值税的成本分摊：

《土地增值税暂行条例实施细则》

第九条　纳税人成片受让土地使用权后，分期分批开发、转让房地产的，其扣除项目金额的确定，可按转让土地使用权的面积占总面积的比例计算分摊，或按建筑面积计算分摊，也可按税务机关确认的其他方式计算分摊。

【合规风险的识别】

关于房地产企业所得税成本分摊的方式，根据《房地产开发经营业务企业所得税处理办法》的规定，房地产企业可以就以下四种分配方式选择其一：占地面积法、建筑面积法、直接成本法和预算造价法。关于土地增值税成本分摊，国家税务总局则主要列举了占地面积法、建筑面积法和税务机关确认的其他方法。具体的其他成本分摊方法则主要由各地税务机关自行规定。

关于土地增值税的成本分摊方法，中央层面已发布《土地增值税暂行条例实施细则》、《土地增值税清算管理规程》（国税发〔2009〕91号）和《国家税务总局关于房地产开发企业土地增值税清算管理有关问题的通知》（国税发〔2006〕187号）等文件，房地产开发企业主要可以选择占地面积法和建筑面积法等方式。此外，地方各省、市税务部门也可以就本地土地增值税清算出台具体的管理办法。故关于土地增值税的扣除项目分摊方法，具体适用时还应以各地方税务部门的具体规定为准，例如下文“典型案例”中的房地产公司所在的贵州省的房地产企业实际上并无权利自行选择土地增值税成本分摊的方式。

不同的成本分摊方法下，所计征的税额存在差异。房地产企业若混淆成本核算对象、错误适用成本分摊方式，会在项目完工后的清算过程中，严重影响对成本、费用的归集、分配，企业所得税和土地增值税款金额计算错误，导致少缴纳税款。如被税务机关核查确认错误适用成本分摊方式、少缴税款，将有被税务机关核定征收的税务风险，并可能被要求：（1）补缴应纳税款；（2）未在税务机关责令限期缴纳的期间内缴纳的，按日加收滞纳税款5‰的滞纳金；（3）如被认定为构成“偷税”，还将面临不缴或者少缴税款50%以上5倍以下的罚款；（4）构成逃税罪的，依法将被追究刑事责任。

1-2 典型案例

【基本案情】

2016年1月5日，A房地产公司向××市××区地方税务局申报××房地产开发项目土地增值税清算，区地税局于2016年2月2日受理。A房地产公司向区地税局提交其委托税务师事务有限公司对××房地产项目土地增值税清算所作的《土地增值税汇算清缴鉴证报告》，该报告中对土地增值税清算扣除项目土地出让金及拆迁补偿费以项目所在地政府公布的土地级别和基准地价为权重进行分摊计算，鉴证结论为A房地产公司应缴纳土地增值税4,534,217.67元。2016年3月18日地税局经审核后作出《税务事项通知书》，对《土地增值税汇算清缴鉴证报告》中“土地出让金及拆迁补偿费按土地级别和基准地价为权重进行成本分摊计算”不予采纳，并根据《土地增值税暂行条例实施细则》第9条的规定，决定在该次土地增值税清算审核中，对土地成本按建筑面积法进行分摊计算。同时，作出《土地增值税清算结论通知书》，审核结论为A房地产公司××房地产开发项目应缴纳土地增值税6,165,280.46元。A房地产公司不服，向该市地方税务局提起行政复议，市地方税务局于2016年8月12日作出行政复议决定，维持原行政行为。

【裁判要旨】

本案中，被告区地税局作为原告A房地产公司房地产开发项目的征税机关，依法审核原告申报土地增值税清算资料后，适用《土地增值税暂行条例实施细则》第9条规定的按建筑面积计算分摊的方法，审定原告A房地产公司应缴纳土地增值税税额，符合税收法定原则和《土地增值税暂行条例》“合理调节土地增值收益，维护国家利益”的要求及本案实际情况，适用法律正确。关于原告提出的该房地产开发项目系整体开发并销售，不是分期分批开发、转让房地产，不应适用《土地增值税暂行条例实施细则》第9条的规定，按建筑面积法计算分摊的方式确定原告的应纳税额，应依据《土地增值税清算管理规程》第21条第5项的规定，区分受益对象，合理分摊扣除项目金额的起诉理由，因《土地增值税清算管理规程》是依据《土地增值税暂行条例》和《土地增值税暂行条例实施细则》制定，《土地增值税清算管理规程》第21条规定为税务机关在土地增值税清算工作中对扣除项目的审核要求，而非计算方法。第21条第5项虽然规定“应按照受益对象，采用合理的分配方法，分摊共同的成本费用”，但并未明确合理的方法，故对于原告××房地产开发项目一次性整体开发的情形也应适用《土地增值税暂行条例实施细则》第9条的规定。

【处理结果】

被告地税局作出的《税务事项通知书》和《土地增值税清算结论通知书》及被告市地方税务局作出的行政复议决定认定事实清楚，证据确凿，符合法定程序，适用法律正确。原告A公司的起诉理由不予支持，其诉讼请求依法应予驳回。

1-3 纠正机制和合规路径

【纠正机制】

强化与税务机关的沟通，如因计税方式等被税务机关立案调查，应积极配合税务机关，询问、账簿资料调取、账户信息调查及实地检查等工作。对于因错误适用成本分摊方式等导致少缴税款的，应及时补缴税款及罚款，同时向税务机关合理就企业的计税方式进行合理化解释。如对决定结果有异议，应及时要求税务处罚听证，并及时进行行政复议、行政诉讼等程序，及时行使法定的陈述、申辩权。争取最大限度地降低税务行政风险对房地产企业的不利影响。

房地产开发企业5年内因偷税受过二次行政处罚，且逃税税额在10万元以上的，将以逃税罪被立案追诉。[①] 补缴税款及罚款后，应注意及时进行内部核查，弥补企业税务筹划漏洞，强化企业内部税务合规管理，避免因同一事项被二次处罚及与此相关的刑事风险。

如因税务处罚被检察院立案调查，在检察院的立案调查阶段，同样需积极配合公诉机关的案件调查，并积极沟通反馈企业已建立的合规机制，争取达到合规不起诉的目标。

【合规路径】

根据《房地产开发经营业务企业所得税处理办法》的规定，房地产开发企业应在开工前按照可否销售原则、分类归集原则、功能区分原则、定价差异原则、成本差异原则、权益区分原则等确定计税成本对象，并报主管税务机关备案。成本对象一经确定，不能随意更改或互相混淆，确需改变成本对象的，应征得主管税务机关同意。[②] 在按规定确定成本对象后，应将有关收入、成本、费用按规定在不同期间和不同项目间进行合理归集、分配。而且每个企业开发项目不同，具体规划存在差异，房地产开发企业应当综合选择适用前述所列各种成本分摊方式，合理合规计算应缴税款。

房地产开发企业进行土地增值税清算时，应合理合规选择相应的成本分摊方式。不同地区的房地产企业，应当着重关注各个地方关于土地增值税清算成本费用的范围、受益对象的认定以及成本分摊方式的选择等规定，并根据地方税务机关的具体要求进行相应选择。与此同时，加强与税务机关的积极沟通，推进适用对企业有利的成本分摊方式。

---

① 《最高人民检察院、公安部关于印发〈最高人民检察院、公安部关于公安机关管辖的刑事案件立案追诉标准的规定（二）〉的通知》第52条。

② 《国家税务总局关于印发〈房地产开发经营业务企业所得税处理办法〉的通知》第26条。

与税务部门建立良性沟通机制，防范企业与税务主管之间的信息差，就日常税务处理中遇到的成本分摊方法适用等税务问题及时与税务部门咨询沟通，最大限度地规避可能产生的税务风险，推动房地产企业长远健康发展。

二、未按规定确认预收收入并预缴税款

2-1 合规义务的来源及合规风险的识别

【合规义务的来源】

增值税及预收收入申报：

《房地产开发企业销售自行开发的房地产项目增值税征收管理暂行办法》

第九条　一般纳税人销售自行开发的房地产老项目适用简易计税方法计税的，以取得的全部价款和价外费用为销售额，不得扣除对应的土地价款。

第十条　一般纳税人采取预收款方式销售自行开发的房地产项目，应在收到预收款时按照3%的预征率预缴增值税。

第十二条　一般纳税人应在取得预收款的次月纳税申报期向主管国税机关预缴税款。

第十九条　房地产开发企业中的小规模纳税人（以下简称小规模纳税人）采取预收款方式销售自行开发的房地产项目，应在收到预收款时按照3%的预征率预缴增值税。

土地增值税的预收收入申报：

《土地增值税暂行条例实施细则》

第十五条　根据条例第十条的规定，纳税人应按照下列程序办理纳税手续：

（一）纳税人应在转让房地产合同签订后的七日内，到房地产所在地主管税务机关办理纳税申报，并向税务机关提交房屋及建筑物产权、

土地使用权证书，土地转让、房产买卖合同，房地产评估报告及其他与转让房地产有关的资料。

纳税人因经常发生房地产转让而难以在每次转让后申报的，经税务机关审核同意后，可以定期进行纳税申报，具体期限由税务机关根据情况确定。

（二）纳税人按照税务机关核定的税额及规定的期限缴纳土地增值税。

第十六条 纳税人在项目全部竣工结算前转让房地产取得的收入，由于涉及成本确定或其他原因，而无法据以计算土地增值税的，可以预征土地增值税，待该项目全部竣工、办理结算后再进行清算，多退少补。具体办法由各省、自治区、直辖市地方税务局根据当地情况制定。

企业所得税的预收收入申报：

《房地产开发经营业务企业所得税处理办法》

第五条 开发产品销售收入的范围为销售开发产品过程中取得的全部价款，包括现金、现金等价物及其他经济利益。企业代有关部门、单位和企业收取的各种基金、费用和附加等，凡纳入开发产品价内或由企业开具发票的，应按规定全部确认为销售收入；未纳入开发产品价内并由企业之外的其他收取部门、单位开具发票的，可作为代收代缴款项进行管理。

第九条 企业销售未完工开发产品取得的收入，应先按预计计税毛利率分季（或月）计算出预计毛利额，计入当期应纳税所得额。开发产品完工后，企业应及时结算其计税成本并计算此前销售收入的实际毛利额，同时将其实际毛利额与其对应的预计毛利额之间的差额，计入当年度企业本项目与其他项目合并计算的应纳税所得额。

在年度纳税申报时，企业须出具对该项开发产品实际毛利额与预计毛利额之间差异调整情况的报告以及税务机关需要的其他相关资料。

【合规风险的识别】

房地产开发建设项目通常为一次性开发，分期分批销售，大多以银行或住房公积金按揭方式取得房产销售收入。由于此种行业经营特点，房地产开发企业需要按照规定预缴税款，在收到首付款、银行按揭贷款时，应按规定记账并申报纳税，并在商品房全部或基本销售完毕后进行清算。

《房地产开发经营业务企业所得税处理办法》第 5 条规定，销售收入的范围为：销售开发产品过程中取得的全部价款，包括现金、现金等价物及其他经济利益。企业代有关部门、单位和企业收取的各种基金、费用和附加等，凡纳入开发产品价内或由企业开具发票的，应按规定全部确认为销售收入；未纳入开发产品价内并由企业之外的其他收取部门、单位开具发票的，可作为代收代缴款项进行管理。第 6 条针对各种销售开发产品的形式，规定了相应的收入确认时间和原则。

房地产开发企业在申报预售收入税额过程中易产生的不合规事项有：（1）收到银行按揭贷款不计入预售收入，导致少缴纳税款；（2）未按规定及时确认收入、延迟缴纳税款导致未足额纳税；（3）价外费用，如收取的定金、违约金、手续费、代收款项、代垫款项等，未按照规定确认收入，导致少缴税款。

同样，未按规定或未及时向税务机关申报预缴增值税、土地增值税和企业所得税，导致少缴税款的，也存在被税务机关核定征收并被要求限期补缴相应税款、罚金、限期未补缴税款的滞纳金的行政处罚的风险，甚至可能面临逃税罪的刑事责任。

2-2　典型案例

【基本案情】

2014 年 4 月 14 日，某市税务稽查局向 A 房地产公司发出《纳税自查通知书》，要求 A 房地产公司对 2012 年 1 月 1 日至 2013 年 12 月 31 日的纳税义务（扣税义务）的履行情况进行自查。A 房地产公司于 2014 年 5 月 19 日提交《纳税自查报告》，自查结果为无须补缴税费。

2014年6月4日，市税务稽查局决定将A房地产公司2011年度至2013年度的涉税情况进行税务稽查，并于次日向A房地产公司送达《税务检查通知书》《调取账簿资料通知书》，同时调取该期间A房地产公司的账簿、会计凭证、会计报表等资料进行检查。经检查，市税务稽查局制发《税务行政处罚告知书》、组织听证并制作听证笔录。2017年3月23日，市税务稽查局作出《税务行政处罚决定书》，对A房地产公司2011年1月1日至2013年12月31日少申报缴纳的营业税、城市维护建设税、企业所得税、印花税处以少缴税款50%的罚款，罚款合计68,003,406.33元。

A房地产公司对该处罚决定不服，向省税务局申请行政复议，经复议审查后省税务局作出维持市税务稽查局作出的税务行政处罚的决定。A房地产公司因不服税务处罚决定和行政复议决定向相关人民法院提起诉讼。

【裁判要旨】

关于企业所得税。企业应纳税所得额的计算，以权责发生制为原则，在房产销售中，一旦房产已经完工，取得预售许可，企业与购买方签订《房地产销售合同》或《房地产预售合同》并取得相应价款，双方即已发生权责（权利义务），应确认为销售收入的实现，首付款应于实际收到日确认收入的实现，余款在银行按揭贷款办理转账之日确认收入的实现。本案中，根据各方当事人认可的收入、成本、费用、预付账款等明细账及日记账、企业所得税申报表等证据，A房地产公司2011年度至2013年度销售房产时，正常收取首付款及银行按揭贷款。A房地产公司未按国税发〔2009〕31号文的规定确认不动产销售收入，未按纳税年度在法定期限内对企业所得税进行如实的纳税申报，存在少缴企业所得税的行为。

A房地产公司称其开发的房产被暂缓登记，按照国税函〔2008〕875号文的原则，未确认房产销售收入及纳税申报不违反法律的规定，不构成偷税。法院认为，即使A房地产公司所述原因导致无法确认收入，由于A房地产公司2011年度的销售在涉案楼盘被暂缓登记之前，该年度的销售款项也应确认为收入，并在法定期限进行企业所得税纳税申报；2012年度至2013年度的企业所得税在2013年8月23日被解除暂缓登记后，也应在法定期限内进行纳税申报。但A房地产公司不仅没有在法定期限内进行纳税申报，而且在市税务稽查局在2014年4月向其发出税务自查通知后，仍称无须补缴税款。综合上述理由，A房地产公司已经构成了税收征管法上的偷税行为，A房地产公司称其按照国税函〔2008〕875号文的规定未确认销售收入及申报纳税不违法的意见，法院不予采纳。

【处理结果】

法院判决驳回A房地产公司要求撤销区地税分局作出的征税文件的行政行为及行政复议决定书的诉讼请求。

2-3　纠正机制和合规路径

【纠正机制】

若发生未按规定将销售产品过程中取得的全部价款均作为预收收入确认入账的情况，或未及时确认收入，导致少缴纳税款，应及时补缴税款及罚款。如对决定结果有异议，应及时要求税务处罚听证、行政复议、行政诉讼等，及时行使法定的陈述、申辩权，争取最大限度地降低税务行政风险对房地产企业的不利影响。

强化与税务机关的沟通，若被税务机关立案调查，应积极配合税务机关询问、账簿资料调取、账户信息调查及实地检查等工作，在调查过程中对相关预收收入是否入账及入账时间进行合理解释。房地产开发企业5年内因偷税受过二次行政处罚，且逃偷税税额在10万元以上的，将以逃税罪被立案追诉定罪处罚。故补缴税款及罚款后，应注意及时进行内部核查，弥补企业税务筹划漏洞，强化企业内部税务合规管理，避免因同一事项被二次处罚及与此相关的刑事风险。

【合规路径】

房地产开发企业采取预收款方式销售产品的，在收到预收款时，应按规定及时确认预售收入。其中，采取银行按揭贷款和公积金贷款方式付款的，应注意在相应款项到账时及时入账；定金、违约金、手续费、代收款项、代垫款项等价外费用均应及时按规定入账。房地产开发企业应当按照《房地产开发经营业务所得税处理办法》第6条的规定，各类预收账款的确认收入的时间入账，并根据增值税和土地增值税相关规定关注增值税和土地增值税纳税申报及缴纳时间：

（1）增值税：房地产开发企业应当在收款的次月纳税申报期内及时向主管税务机关报送预缴申报表并在取得预收款后及时预缴增值税税款。

（2）土地增值税：纳税人应在转让房地产合同签订后的7日内，到房地产所在地主管税务机关办理纳税申报，并提交相关资料。

三、视同销售业务未按规定申报

3-1 合规义务的来源及合规风险的识别

【合规义务的来源】

企业所得税视同销售情形：

《国家税务总局关于企业处置资产所得税处理问题的通知》（国税函〔2008〕828号）

二、企业将资产移送他人的下列情形，因资产所有权属已发生改变而不属于内部处置资产，应按规定视同销售确定收入。

（一）用于市场推广或销售；

（二）用于交际应酬；

（三）用于职工奖励或福利；

（四）用于股息分配；

（五）用于对外捐赠；

（六）其他改变资产所有权属的用途。

《房地产开发经营业务企业所得税处理办法》

第七条 企业将开发产品用于捐赠、赞助、职工福利、奖励、对外投资、分配给股东或投资人、抵偿债务、换取其他企事业单位和个人的非货币性资产等行为，应视同销售，于开发产品所有权或使用权转移，或于实际取得利益权利时确认收入（或利润）的实现。确认收入（或利润）的方法和顺序为：

（一）按本企业近期或本年度最近月份同类开发产品市场销售价格确定；

（二）由主管税务机关参照当地同类开发产品市场公允价值确定；

（三）按开发产品的成本利润率确定。开发产品的成本利润率不得低于15%，具体比例由主管税务机关确定。

增值税视同销售情形：

《增值税暂行条例实施细则》

第四条 单位或者个体工商户的下列行为，视同销售货物：

（一）将货物交付其他单位或者个人代销；

（二）销售代销货物；

（三）设有两个以上机构并实行统一核算的纳税人，将货物从一个机构移送其他机构用于销售，但相关机构设在同一县（市）的除外；

（四）将自产或者委托加工的货物用于非增值税应税项目；

（五）将自产、委托加工的货物用于集体福利或者个人消费；

（六）将自产、委托加工或者购进的货物作为投资，提供给其他单位或者个体工商户；

（七）将自产、委托加工或者购进的货物分配给股东或者投资者；

（八）将自产、委托加工或者购进的货物无偿赠送其他单位或者个人。

第十六条 纳税人有条例第七条所称价格明显偏低并无正当理由或者有本细则第四条所列视同销售货物行为而无销售额者，按下列顺序确定销售额：

（一）按纳税人最近时期同类货物的平均销售价格确定；

（二）按其他纳税人最近时期同类货物的平均销售价格确定；

（三）按组成计税价格确定。组成计税价格的公式为：

组成计税价格=成本×（1+成本利润率）

属于应征消费税的货物，其组成计税价格中应加计消费税额。

公式中的成本是指：销售自产货物的为实际生产成本，销售外购货物的为实际采购成本。公式中的成本利润率由国家税务总局确定。

土地增值税视同销售的情形：

《国家税务总局关于房地产开发企业土地增值税清算管理有关问题的通知》（国税发〔2006〕187号）

……

三、非直接销售和自用房地产的收入确定

（一）房地产开发企业将开发产品用于职工福利、奖励、对外投资、分配给股东或投资人、抵偿债务、换取其他单位和个人的非货币性资产等，发生所有权转移时应视同销售房地产，其收入按下列方法和顺序确认：

1. 按本企业在同一地区、同一年度销售的同类房地产的平均价格确定；

2. 由主管税务机关参照当地当年、同类房地产的市场价格或评估价值确定。

（二）房地产开发企业将开发的部分房地产转为企业自用或用于出租等商业用途时，如果产权未发生转移，不征收土地增值税，在税款清算时不列收入，不扣除相应的成本和费用。

……

【合规风险的识别】

房地产企业的资产经营行为的种类日趋增多，其中就包含视同销售行为。视同销售行为是指会计不作为销售收入核算，而在税法上需要确认收入并缴纳税金的商品转移行为。[①]

企业所得税、增值税和土地增值税等不同税种的相关规定对视同销售情形的表述有所不同：

（1）企业所得税视同销售的情形：用于市场推广或销售；用于交际应酬；用于职工奖励或福利；用于股息分配；用于对外捐赠；其他改变资产所有权属的用途。

（2）增值税视同销售的情形：将货物交付其他单位或者个人代销；销售代销货物；设有两个以上机构并实行统一核算的纳税人，将货物从一个机构移送其他机构用于销售，但相关机构设在同一县（市）的除外；将自产或者委托加工的货物用于非增值税应税项目；将自产、委托加工的货物用于集体福利或者个人消费；将自产、委托加工或者购进的货物作为投资，提供给其他单位或者个体工商户；将自产、委托加工或者购进的货物分配给股东或者投资者；将自产、委托加工或者购进的货物无偿赠送给其他单位或者个人。

（3）土地增值税视同销售的情形有：房地产开发企业将开发产品用于职工福利、奖励、对外投资、分配给股东或投资人、抵偿债务、换取其他单位和个人的非货币性资产等，发生所有权转移时应视同销售房地产。此外，《国家税务总局关于土地增值税清算有关问题的通知》（国税函〔2010〕220号）规定，房地产企业用建造的本项目房地产安置回迁户的，安置用房视同销售处理。

视同销售业务的确认收入时间：《房地产开发经营业务企业所得税处理办法》第7条规定，房地产开发企业的视同销售行为应于开发产品所有权或使用权转移，或于实际取得利益权利时确认收入（或利润）的实现。

视同销售业务的收入额的确定方式：

---

① 参见刘天永主编：《中国房地产企业税务风险管理实务》，中国税务出版社2014年版，第203页。

（1）企业所得税：①按本企业近期或本年度最近月份同类开发产品市场销售价格确定；②由主管税务机关参照当地同类开发产品市场公允价值确定；③按开发产品的成本利润率确定。开发产品的成本利润率不得低于15%，具体比例由主管税务机关确定。

（2）增值税：①按纳税人最近时期同类货物的平均销售价格确定；②按其他纳税人最近时期同类货物的平均销售价格确定；③按组成计税价格确定。

（3）土地增值税：①按本企业在同一地区、同一年度销售的同类房地产的平均价格确定；②由主管税务机关参照当地当年、同类房地产的市场价格或评估价值确定。

若发生前述视同销售情形，房地产开发企业应当按规定确认收入。未按规定确认收入导致少缴税款，经税务机关检查后被要求核定征收的，则同样面临：限期补缴相应税款、罚金、未按期补缴税款的滞纳金等行政处罚风险，甚至是逃税罪的刑事风险。

3-2 典型案例

【基本案情】

2011年10月24日，A公司名下××项目（含土地使用权及地上附着物）通过司法拍卖程序，按成交价人民币93,834,944元拍卖给买受人B房地产有限公司。

2016年10月11日至2017年5月11日，市城区地税分局分别作出土地增值税清算通知书、税务事项通知书、限期提供资料通知书，要求A公司限期办理纳税申报及提供土地增值税清算资料，该公司逾期未申报，也未提供资料。

2017年9月30日，市城区地税分局作出土地增值税核定征收税务事项告知书，认为A公司开发的××项目符合土地增值税项目清算条件，但未按照规定的期限办理项目清算手续，经税务机关责令限期清算，逾期仍不清算，遂决定对该项目采取核定征收方式进行土地增值税清算：作出土地增值税核定征收通知书，根据《税收征收管理法》、《土地增值税暂行条例》及实施细则、《国家税务总局关于房地产开发企业土地增值税清算管理有关问题的通知》的有关规定，决定对××项目按确定的销售收入106,488,675元和按5.5%的核定征收率核定征收土地增值税5,856,877.13元；作出土地增值税清算决定书，责令A公司收到决定书后15日内补缴土地增值税5,856,877.13元；作出税务事项通知书，核定A公司应缴纳营业税4,691,747.20元、城市维护建设税328,422.30元、教育费附加140,752.42元、地方教育附加93,834.94元、堤围防护费93,834.94元、企业所得税3,284,223.04元，责令A公司自通知书送达之日起15日内前往该局缴纳。

A公司不服，向市地税局申请行政复议，请求撤销上述征税文书。市地税局经受理、审查，于2018年1月25日作出行政复议决定，根据《行政复议法》(2017年)第28条第1款第1项的规定，决定维持该市城区地税分局对A公司作出的征收行为。A公司仍不服，诉至法院，请求判令：(1)撤销市城区地税分局作出土地增值税核定征收税务事项告知书、土地增值税核定征收通知书、土地增值税清算决定书、税务事项通知书的具体行政行为。(2)撤销市地税局作出的行政复议决定书。

【裁判要旨】

法院经审理认定，本案中，涉案标的即A公司开发的××项目经司法拍卖给受让人B地产开发公司，A公司也确认此次司法拍卖的前提是其需偿还债务，根据《国家税务总局关于房地产开发企业土地增值税清算管理有关问题的通知》第3条第1项“房地产开发企业将开发产品用于职工福利、奖励、对外投资、分配给股东或投资人、抵偿债务、换取其他单位和个人的非货币性资产等，发生所有权转移时应视同销售房地产”的规定，此次司法拍卖应视为A公司销售房地产的行为。根据《企业所得税法》第1条、《营业税暂行条例》第1条、《城市维护建设税暂行条例》第2条、《征收教育费附加的暂行规定》第2条、《某省地方教育附加征收使用管理暂行办法》第6条、《某省堤围防护费征收使用管理办法》第2条的规定，A公司是企业所得税、营业税、城市维护建设税、教育费附加及地方教育附加围防护费的法定缴纳义务人，市城区地税分局作出涉案征税行为认定事实清楚，适用法律正确。

【处理结果】

A公司不服一审、二审法院判决后，向省高级人民法院提起再审申请。法院裁定驳回A公司的再审申请。

3-3 纠正机制和合规路径

【纠正机制】

首先，房地产开发企业若未将视同销售行为按规定确认收入，若被税务机关立案调查，应积极配合税务机关询问、账簿资料调取、账户信息调查及实地检查等工作，在调查过程中对相关预收收入是否入账及入账时间进行合理解释。

其次，对调查结果不服的，应及时要求税务处罚听证、行政复议、行政诉讼等，及时行使法定的陈述、申辩权，争取最大限度地降低税务行政风险对房地产企业的不利影响。

最后，若已被税务处罚，则应当及时缴纳税款及滞纳金等，并应在税务处罚事件完成后及时进行内部核查，弥补企业税务筹划漏洞，强化企业内部税务合规管理，避免因同一事项被二次处罚及与此相关的刑事风险。

【合规路径】

在发生视同销售行为时，企业应理顺法律关系，并基于交易的经济实质，进行正确的会计核算与税务处理。企业财务部门及时了解企业是否存在将开发产品用于捐赠、赞助、职工福利、奖励、对外投资、分配给股东或投资人、抵偿债务、换取其他企事业单位和个人的非货币性资产等视同销售的行为，并应注意于开发产品所有权或使用权转移，或于实际取得利益权利时确认收入（或利润）的实现。无论是企业所得税、增值税还是土地增值税，其视同销售的关键在于是否发生所有权转移。例如，在处理企业所得税时，需要关注采取“卖方赠物”促销的，赠送潜在客户的物品，应按视同销售进行税务处理；同时应注意区分商品房销售的营业赠送行为中，视同销售行为与混合销售行为。

此外，房地产开发企业除熟悉视同销售业务的情形；也要关注视同销售业务的收入确认时间和收入额的确认方式。

同样，房地产开发企业的视同销售行为未按规定确认收入并申报税款，导致少缴税款的，也面临被税务机关核定征收并被要求限期补缴相应税款、罚金、限期未补缴税款的滞纳金的行政处罚，甚至逃税罪的刑事责任。

四、开发产品完工后不及时进行项目清算

4－1 合规义务的来源及合规风险的识别

【合规义务的来源】

《房地产开发经营业务企业所得税处理办法》

第九条　企业销售未完工开发产品取得的收入，应先按预计计税毛利率分季（或月）计算出预计毛利额，计入当期应纳税所得额。开发产品完工后，企业应及时结算其计税成本并计算此前销售收入的实际毛利额，同时将其实际毛利额与其对应的预计毛利额之间的差额，计入当年度企业本项目与其他项目合并计算的应纳税所得额。

在年度纳税申报时，企业须出具对该项开发产品实际毛利额与预计毛利额之间差异调整情况的报告以及税务机关需要的其他相关资料。

第三十五条　开发产品完工以后，企业可在完工年度企业所得税汇算清缴前选择确定计税成本核算的终止日，不得滞后。凡已完工开发产品在完工年度未按规定结算计税成本，主管税务机关有权确定或核定其

计税成本，据此进行纳税调整，并按《中华人民共和国税收征收管理法》的有关规定对其进行处理。

【合规风险的识别】

房地产开发企业开发产品完工前，仅需将销售未完工开发产品取得的收入，按照预计计税毛利率计算出的预计毛利额计入当期应纳税所得额中申报缴纳企业所得税，处理方式较为简单。房地产开发企业完工年度，则需要及时结算完工产品计税成本与销售收入之间的实际毛利额，同时将其实际毛利额与其对应的预计毛利额之间的差额，计入当年度企业本项目与其他项目合并计算的应纳税所得额。《国家税务总局关于印发〈房地产开发经营业务企业所得税处理办法〉的通知》中也对房地产开发产品达到完工条件年度企业所得税处理作出了详细的规定。

房地产开发企业产品的完工时点：开发产品竣工证明材料已报房地产管理部门备案；开发产品已开始投入使用；开发产品已取得了初始产权证明。(《国家税务总局关于印发〈房地产开发经营业务企业所得税处理办法〉的通知》第3条)

无论工程质量是否通过验收，或是否办理完工（竣工）备案手续以及会计决算手续，当企业开始办理开发产品交付手续（包括入住手续）或已开始实际投入使用时，开发产品应视为已完工。[①]

房地产开发企业开发产品完工后，应及时结转确认收入和对应的计税成本，否则主管税务机关有权确定或核定其计税成本，并以此进行纳税调整。经税务主管机关确认少缴税款的，房地产开发企业将面临：限期补缴相应税款、罚金、未按期补缴税款的滞纳金等行政处罚风险，甚至是逃税罪的刑事风险。

---

① 《国家税务总局关于房地产开发企业开发产品完工条件确认问题的通知》（国税函〔2010〕201号）

4-2 典型案例

【违法事实】

A房地产开发有限公司2021年年底各项目预收含税销售款余额67,359,883.43元，预收含税销售定金款余额56,464,919.43元。各项目均开始投入使用，符合已完工条件，存在未确认企业所得税应税收入的问题，合计未确认企业所得税应税收入（不含税）97,996,373.20元，未确认预收收入（不含税）19,932,010.48元。另查发现，该公司已确认企业所得税应税收入（不含税）316,948,178.41元，已确认计税成本229,799,294.80元。各项目总可售面积111,359.51平方米，已售面积80,895.17平方米。各项目总计税成本449,187,740.57元。根据企业所得税有关规定，2021年应调增企业所得税应税收入（不含税）97,996,373.20元，应调增企业所得税计税成本98,819,541.70元，应调增房地产开发企业特定业务调整额1,993,201.05元，合计调增应纳税所得额1,170,032.55元，弥补以前年度（2020年）亏损443,071.45元，应纳税所得额726,961.10元，少缴2021年度企业所得税181,740.28元。综上，A房地产开发有限公司少缴2022年4月的增值税970.87元、城市建设维护税67.96元、教育费附加29.13元、地方教育附加19.41元、水利建设基金24.28元，少缴2021年度企业所得税181,740.28元，合计少缴税费约182,851元。

【处理结果】

对该A公司少缴的增值税970.87元处以少缴税款1倍的罚款970.87元，对少缴的城市建设维护税67.96元、企业所得税181,740.27元处以少缴税款50%的罚款90,904.12元。

4-3 纠正机制和合规路径

【纠正机制】

在开发产品完工后未及时进行项目清算，被税务机关核定征收并被要求补缴税款的，应及时补缴税款及罚款。如对决定结果有异议，应及时要求税务处罚听证、行政复议、行政诉讼等，行使法定的陈述、申辩权。争取最大限度地降低税务行政风险对房地产企业的不利影响。

强化与税务机关的沟通，若被税务机关立案调查，应积极配合税务机关询问、账簿资料调取、账户信息调查及实地检查等工作，对企业是否符合完工条件以及项目清算等事项进行合理说明。

【合规路径】

房地产开发企业应当根据《国家税务总局关于印发〈房地产开发经营业务企业所得税处理方法〉的通知》及相关规定，在企业完工年度按规定及时结算开发产品计税成本并计算此前以预售方式销售开发产品所取得收入的实际毛利额，同时将开发产品实际毛利额与其对应的预计毛利额之间的差额，计入当年（完工年度）应纳税所得额。①

若在完工年度以后进行成本追调，《国家税务总局关于企业所得税应纳税所得额若干税务处理问题的公告》（国家税务总局公告2012年第15号）规定，对企业发现以前年度实际发生的、按照税收规定应在企业所得税前扣除而未扣除或者少扣除的支出，企业做出专项申报及说明后，准予追补至该项目发生年度计算扣除，但追补确认期限不得超过5年。房地产开发企业应当与相关税务机关充分沟通，按规定提交专项申报及说明，以降低税务风险。

五、票据不合规导致少缴税款

5－1 合规义务的来源及合规风险的识别

【合规义务的来源】

《企业所得税税前扣除凭证管理办法》

第十二条　企业取得私自印制、伪造、变造、作废、开票方非法取得、虚开、填写不规范等不符合规定的发票（以下简称“不合规发

---

① 参见《房地产税务风险防控手册》，国家税务总局四川省税务局2017年11月发布。

票”），以及取得不符合国家法律、法规等相关规定的其他外部凭证（以下简称“不合规其他外部凭证”），不得作为税前扣除凭证。

《增值税暂行条例》

第九条　纳税人购进货物、劳务、服务、无形资产、不动产，取得的增值税扣税凭证不符合法律、行政法规或者国务院税务主管部门有关规定的，其进项税额不得从销项税额中抵扣。

《发票管理办法》

第二十一条　开具发票应当按照规定的时限、顺序、栏目，全部联次一次性如实开具，开具纸质发票应当加盖发票专用章。

任何单位和个人不得有下列虚开发票行为：

（一）为他人、为自己开具与实际经营业务情况不符的发票；

（二）让他人为自己开具与实际经营业务情况不符的发票；

（三）介绍他人开具与实际经营业务情况不符的发票。

第三十六条　私自印制、伪造、变造发票，非法制造发票防伪专用品，伪造发票监制章，窃取、截留、篡改、出售、泄露发票数据的，由税务机关没收违法所得，没收、销毁作案工具和非法物品，并处 1 万元以上 5 万元以下的罚款；情节严重的，并处 5 万元以上 50 万元以下的罚款；构成犯罪的，依法追究刑事责任。

前款规定的处罚，《中华人民共和国税收征收管理法》有规定的，依照其规定执行。

《刑法》

第二百零五条　【虚开增值税专用发票、用于骗取出口退税、抵扣税款发票罪】虚开增值税专用发票或者虚开用于骗取出口退税、抵扣税款的其他发票的，处三年以下有期徒刑或者拘役，并处二万元以上二十万元以下罚金；虚开的税款数额较大或者有其他严重情节的，处三年以上十年以下有期徒刑，并处五万元以上五十万元以下罚金；虚开的税款数额巨大或者有其他特别严重情节的，处十年以上有期徒刑或者无期徒刑，并处五万元以上五十万元以下罚金或者没收财产。

单位犯本条规定之罪的，对单位判处罚金，并对其直接负责的主管人员和其他直接责任人员，处三年以下有期徒刑或者拘役；虚开的税款数额较大或者有其他严重情节的，处三年以上十年以下有期徒刑；虚开的税款数额巨大或者有其他特别严重情节的，处十年以上有期徒刑或者无期徒刑。

虚开增值税专用发票或者虚开用于骗取出口退税、抵扣税款的其他发票，是指有为他人虚开、为自己虚开、让他人为自己虚开、介绍他人虚开行为之一的。

【合规风险的识别】

《企业所得税税前扣除凭证管理办法》规定，发票不合规的情形有：企业取得私自印制、伪造、变造、作废、开票方非法取得、虚开、填写不规范等不符合规定的发票。除此以外，多个税务行政法规对企业的开票行为作出规定，要求企业在日常的经营活动过程中，应根据法律法规规定合法合规开具发票。

虚开增值税专用发票的行为方式包括：为他人虚开；为自己虚开；让他人为自己虚开；介绍他人虚开等。具体违法行为表现为：签订“阴阳合同”，设置“账外账”“阴阳账簿”，公私资金混同，购销业务票货分离，虚开普通发票税前扣除，等等。

房地产企业经营过程中，未取得合法、有效凭证，或取得的发票不合规（如发票出具方与合同方、收款方不相符），均属于票据不合规的情形。

房地产开发企业取得不合规增值税专用发票的法律后果：

（1）对企业所得税的影响。如果纳税人企业在境内发生的支出项目属于增值税应税项目并且对方为已办理税务登记的增值税纳税人，必须以发票作为企业所得税的税前扣除凭证，若发票不合规，根据《企业所得税税前扣除凭证管理办法》第 13 条、第 14 条、第 15 条和第 16 条的规定，要求上游企业补开或换开发票，无法补开或换开发票，提供相关资料证实其支出真实性的，可税前扣除；提供不了的，相应支出不得在发生年度税前扣除，就需要补缴企业所得税。《企业所得税税前扣除凭证管理办法》第9条规定，如果纳税人企业在境内发生的支出项目属于增值税应税项目但对方为依法无须办理税务登记的单位或者从事小额零星经营业务的个人，其支出以税务机关代开的发票或者收款凭证及内部凭证作为税前扣除凭证，不以发票作为企业所得税的税前扣除凭证。即使取得的发票不合规，其支出能够取得税务机关代开的发票或者收款凭证及内部凭证的，可以作为税前扣除凭证，不会因不合规发票而无法支出税前扣除补缴企业所得税。如果明知开票方发票是以非法手段获得的，则其不仅不能作为企业所得税的税前扣除凭证，还将构成偷税。

（2）对增值税的影响。《增值税暂行条例》第9条规定，若取得的发票是增值税专用发票，其增值税进项税额不得从增值税销项税额中抵扣。已经抵扣的进项税款应依法追缴。如有证据表明购货方在进项税款得到抵扣时知道该专用该发票是销售方以非法手段获得的，对购货方应按虚开增值税专用发票相关规定进行处理。

若房地产开发企业被主管税务机关认定为虚开增值税专用发票，相应发票除不得作为企业所得税的税前扣除凭证、不得从增值税销项税额中抵扣外，还将面临以下行政处罚：由税务机关没收违法所得，销毁作案工具和非法物品，并处1万元以上5万元以下的罚款；情节严重的，并处5万元以上50万元以下的罚款；构成犯罪的，依法追究刑事责任。符合虚开增值税专用发票罪或逃税罪构成要件的，会被依法追究刑事责任，单位违反此规定的，对单位判处罚金，并对其直接负责的主管人员和其他直接责任人员判处相应刑罚。

房地产开发企业因开具或取得发票不合规，导致少申报、缴纳税款的，则：（1）需要补缴应纳税款；（2）未在税务机关责令限期缴纳的期间内缴纳的，按日加收滞纳税款5‱的滞纳金；（3）如被认定为构成“偷税”，还将面临不缴或者少缴税款50%以上5倍以下的罚款；（4）此外，构成逃税罪的，将被追究刑事责任。

5-2 典型案例

案例1：行政责任

【违法事实】

A房地产公司于2021年4月至2021年12月，利用他人虚开的增值税专用发票，向税务机关申报抵扣税款，进行虚假的纳税申报，造成少缴当期税款。

（1）建筑服务情况：A房地产公司与B建筑公司签订的建筑工程合同流于形式。A房地产公司与B建筑公司签订的××项目建筑工程合同主要目的是使用B建筑公司的建筑资质向住房和城乡建设局审批报建楼盘施工。A房地产公司实际上没有接受B建筑公司提供的楼盘建筑施工服务，并且A房地产公司实际将B建筑公司新开设的公司银行账户用于购买建筑材料等。××项目的实际施工方与B建筑公司没有挂靠关系。A房地产公司以及相关的管理人员分别与各施工班组签订项目的工程合同，对应的工程款通过银行转账结算。各施工班组与B建筑公司没有任何关于楼盘工程的转包或分包关系，各施工班组没有支付任何的管理费或挂靠费用给B建筑公司。B建筑公司没有委托A房地产公司组建施工班组进行楼盘的建筑施工，也没有委托房地产公司支付实际施工班组相应的工程款和工人工资。

（2）发票流情况：经查，在2021年4月至2021年12月，针对××项目楼盘建筑工程，A房地产公司取得B建筑公司开具的增值税专用发票总计81份，金额总计74,220,183.27元，税额总计6,679,816.73元，价税总计80,900,000.00元。A房地产公司已分别于收到增值税专用发票当期全部抵扣了增值税进项税额6,679,816.73元（未作进项税额转出），款项通过银行转账结算。

（3）资金流情况：经检查相关银行账户交易记录，A房地产公司支付B建筑公司上述81份发票所对应的“工程款”，均是从A房地产公司的银行账户转账至B建筑公司为楼盘项目新开设的公司银行账户，然后再由A房地产公司出纳梁某操作直接转账到A房地产公司的银行账户或者转账到李某（某房地产公司采购经理）、梁某的个人银行账户。A房地产公司与B建筑公司签订的《工程项目合作协议》中约定，A房地产公司需按照承包工程总收入（开票金额）的4.5%向B建筑公司支付。B建筑公司通过关联个人银行账户来收取A房地产公司支付的手续费。

综合上述对建筑服务、发票流、资金流等的查证结果，根据相关证据资料认定：A房地产公司没有接受B建筑公司提供实际建筑服务，且通过签订虚假建筑合同、支付开票费用和虚假资金流转来伪装正常的楼盘建筑施工业务，让B建筑公司为自己开具与实际经营业务不符的增值税专用发票81份，A房地产公司利用上述的增值税专用发票向税务机关申报抵扣税款，进行虚假的纳税申报，造成当期少缴税款。结合A房地产公司增值税纳税申报当期留抵情况，经计算A房地产公司2021年少缴的增值税为5,936,697.44元、城市维护建设税为415,568.82元（5,936,697.44×7%=415,568.82）。

【处理结果】

对A房地产开发有限公司少缴的增值税税款5,936,697.44元、城市维护建设税税款415,568.82元，分别处以50%的罚款合计3,176,133.13元（其中，增值税罚款2,968,348.72元，城市维护建设税罚款207,784.41元）。

案例2：刑事责任

【违法事实】

A置业有限公司成立于2006年9月13日，注册资本人民币5000万元，公司实际控制人、董事长为卢某，股东刘某、林某、黄某。

2010年，被告单位A置业有限公司在投资建设某市区××小区项目过程中，公司董事长卢某、股东林某等人召集股东会，被告人刘某等人参加，会议决定在没有实际业务的情况下，通过签订虚假合同的方式，虚开发票，从而达到增加工程成本、减少缴纳税款、增加股东分红的目的。嗣后，在被告人卢某、林某的安排，被告人陈某等人的具体参与下，B 公司、C 公司于 2011 年至 2013 年为 A 置业有限公司虚开建筑业统一发票合计 8 张，票面金额合计 9404.5856 万元，偷逃税款合计 27,355,774.56 元。

在案件审理期间，被告单位 A 置业有限公司及各被告人退回全部偷逃税款 27,355,774.56 元，并积极履行财产刑。

【裁判要旨】

法院认为，被告单位 A 置业有限公司、被告人卢某、林某等人虚开增值税专用发票或者用于骗取出口退税、抵扣税款的其他发票以外的发票，情节特别严重，均构成虚开发票罪。被告单位 A 置业有限公司系单位犯罪，被告人卢某系直接负责的主管人员，被告人林某系其他直接责任人，被告人卢某与被告人林某等人系共同犯罪。被告单位 A 置业有限公司，被告人卢某等人自动投案，如实供述自己的罪行，是自首，可以从轻或者减轻处罚。在侦查期间，被告人冯某等人退回全部非法所得；在法院审理期间，被告单位 A 置业有限公司及各被告人退回全部偷逃税款，并积极履行财产刑，对被告单位 A 置业有限公司及各被告人均可从轻处罚。

【处理结果】

（1）被告单位 A 置业有限公司犯虚开发票罪，判处罚金人民币 30 万元；

（2）被告人卢某、林某等人犯虚开发票罪，判处有期徒刑 1 年至 2 年不等，并处罚金人民币 10 万元至 20 万元不等。

（3）被告单位 A 置业有限公司及被告人卢某等人退出的款项 27,355,774.56 元人民币及侦查机关扣押的非法所得均由扣押机关上缴国库。

5-3 纠正机制和合规路径

【纠正机制】

如房地产开发企业因开具不合规增值税专用发票导致被主管税务机

关核定征收，应及时积极配合税务机关的检查，对相关不合规开具发票的原因作出合理解释，如被要求补缴税款，应及时缴纳相应税款避免因延迟缴纳税款产生滞纳金。在因增值税专用发票不合规而被税务处罚后，应及时对企业内部财务及发票管理制度进行完善，防止因同一事项被二次处罚。

如房地产企业发现获取的增值税专用发票不合规，或与实际业务情况不相符，应当及时与交易方联系，要求对方换开、补开增值税专用发票，重新获取符合法律规定的发票。换取、补开的，应关注不合格发票换票的时间节点：一是当年年末，即业务发生当年取得合规发票；二是次年 5 月 31 日前，即所得税汇算清缴最晚截止日前应取得相关合规发票。未及时换票的，不得在汇算清缴时扣除，必须进行纳税调整处理。

如无法重新获取合法的增值税专用发票，则应首先对已抵扣的虚开发票作进项税额转出处理，并及时保存好双方存在真实交易的完整资料，用以证明与销售方之间存在真实交易。在应对税务机关的稽查时，应加强与主管税务机关的正面沟通，争取“善意取得”的认定，避免承担滞纳金和罚款。

如已经进入刑事侦查或审查起诉阶段，房地产开发企业同样需积极配合公诉机关的案件调查，并积极沟通反馈企业已建立完善的合规机制，争取达到合规不起诉的目标。

【合规路径】

建立完善的财务管理制度和内部审计制度，尤其是加强对税务的审计。通过税务审计，加强对房地产开发企业纳税行为的合规监督与检查；并通过税务审计，严格监管企业开发建设房地产项目过程的交易采购行为、经营行为等税务缴纳行为的合规性，全面评估企业的税务风险，及时发现和控制企业的涉税风险，防止因发票管理不合规导致无法扣除相应税款的风险，并预防相应行政处罚和刑事责任。

房地产开发企业在建立完善的企业合规管理体系时，应重视对发票的合规管理，完善优化对发票的合规管理。把发票管理、费用报销、会计核算、纳税申报等纳入企业合规监管之中，建立相应的监督检查部门，全面审核企业经营往来发票、报销凭证的合法性，审核业务资料留存的完整性，实现业务资料的完备齐全，与进项发票所匹配。

而在日常交易采购活动中，则应当对供应商的资信状况和业务流程有充分的了解，要求交易方应提供合法有效的增值税专用发票。房地产开发企业在开票时应注意开票方、收款方、销售方的对应关系，避免取得不合规发票。此外，房地产开发企业须妥善保存相关业务付款凭证、采购合同等业务往来资料，货物入库出库等内部凭证、企业会计核算记录等资料。如非因企业原因导致取得虚假增值税专用发票，应有充分的证据用以主张“善意取得”，作为免除相应行政、刑事处罚的抗辩理由。

后　记

窗外日光弹指过，席间花影坐前移。本书构思于癸卯之春，奋笔在炎炎仲夏，斟酌修改于绚烂暖秋，成书于临安初冬。感谢在这一年间我的家人和团队给予我在本书写作上的大力支持和帮助。尤其是我团队律师们，协助我完成了大量的案例及法规检索、资料观点的收集整理等，他们是李铃妹、张若晴、张培锋、苑瑾瑶、屠沈檪、郑晗等，本书在一定程度上也是我们集体智慧的体现。同时要一并感谢在二十年执业生涯中帮助和提点过我的众多客户、师长和朋友，感谢信任，并向你们致敬！

吴方荣

于京杭大运河畔